Shiyong Gonggong
Guanxixue

实用公共关系学

肖　辉◎主编
赵卫宏　蔡寿春　程德林◎副主编

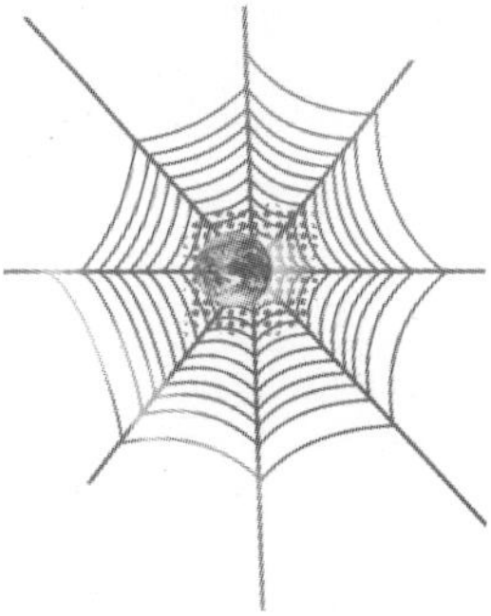

北京大学出版社
PEKING UNIVERSITY PRESS

图书在版编目(CIP)数据

实用公共关系学/肖辉主编．—北京：北京大学出版社，2001.9

ISBN 978-7-301-05217-4

Ⅰ.①实…　Ⅱ.①肖…　Ⅲ.①公共关系学—高等学校—教材

Ⅳ.①C912.3

中国版本图书馆 CIP 数据核字(2001)第 060322 号

书　　　名：实用公共关系学

著作责任者：肖辉　赵卫宏　蔡寿春　程德林

责 任 编 辑：胡利国

标 准 书 号：ISBN 978-7-301-05217-4/C·0218

出 版 发 行：北京大学出版社

地　　　址：北京市海淀区中关村北京大学校内　100871

网　　　址：http://cbs.pku.edu.cn　　电子信箱：1766262377@qq.com

电　　　话：邮购部 62752015　发行部 62750672　编辑部 62753121

印　刷　者：北京大学印刷厂

经　销　者：新华书店

850mm×1168mm　32 开本　11.875 印张　308 千字

2001 年 9 月第 1 版　2016 年 2 月第 17 次印刷

定　　　价：26.00 元

前　言

2001年7月13日晚，北京沸腾了！中国人民喜笑颜开，全球华人心花怒放！在北京坚定地走过既充满艰辛，也充满希望的八年申奥路之后，终于获得了2008年奥运会的主办权！这是中国人民的一大胜利，也是北京市在国际公共关系方面取得的巨大成功！

大到申办奥运，小到商店开张，都需要处理好公共关系。这说明，公共关系是一种客观存在，人们在社会生活中会遇到各种公共关系方面的问题。公共关系学正是这样一种帮助人们正确处理公关问题的学问。

虽然现代公共关系学诞生至今还不足百年，但伴随近百年来人类社会的迅猛发展，公共关系学也发展得很快。由于公共关系学既是一门管理科学，又是一门行为艺术，因而越来越受到人们的重视。人们学习公共关系学，运用公共关系学于社会实践的自觉性也越来越高。随着知识经济时代的到来，公共关系事业必将更加蓬勃地发展，公共关系学的理论体系也将更加完善。

本书是一部公共关系学的新著。虽然该书与其他公关学著作一样，把公共关系学的理论与公共关系实务的知识分为两大板块进行阐述，但该书也有其自身的特点，那就是尽可能反映公共关系学研究与公关实践的最新动态，并且尽可能地把阐述公关学的理论与分析公关实践的案例有机地结合起来。

参与本书编撰工作的既有来自江西省的作者，也有来自北京市的作者。他们中既有多年从事公共关系学教学与研究并躬身公关实践的大学教师，也有多年从事高等教育管理的专家。因此，本书是集体智慧的结晶。

当然，在本书的编撰过程中，作者也参考并借鉴了国内外一些专家学者在公关学方面的研究成果，并引用了部分公关案例资料。谨此说明，并向有关专家学者致以谢忱！

令作者们感到十分荣幸的是，本书的出版得到了北京大学出版社的大力支持。借此机会，谨向北大出版社表示衷心的感谢！

作者

2001 年 7 月

目　录

前　言 ……………………………………………………………………（1）
第一章　公共关系概述 ………………………………………………（1）
第一节　公共关系的基本涵义 ……………………………………（1）
第二节　公共关系的学科范畴 ……………………………………（8）
第三节　公共关系的基本特征 ……………………………………（11）
第四节　公共关系的历史与现状 …………………………………（14）
第二章　公共关系运作主体——社会组织 …………………………（35）
第一节　社会组织的涵义与分类 …………………………………（35）
第二节　公共关系组织机构 ………………………………………（39）
第三节　公共关系从业人员 ………………………………………（45）
第三章　公共关系运作客体——社会公众 …………………………（60）
第一节　社会公众的涵义、特点和分类 …………………………（60）
第二节 主要公众关系 ……………………………………………（66）
第三节 公众心理分析 ……………………………………………（79）
第四章　公共关系运作手段——信息传播 …………………………（94）
第一节 传播的基本原理 …………………………………………（94）
第二节 公共关系传播 ……………………………………………（102）
第三节 公共关系的传播技巧 ……………………………………（116）
第五章　公共关系运作目的——塑造组织形象 ……………………（124）
第一节 组织形象概述 ……………………………………………（124）
第二节 组织形象塑造 ……………………………………………（140）
第三节 组织修炼 …………………………………………………（158）
第六章　公共关系的职能和原则 ……………………………………（165）
第一节 公共关系的职能 …………………………………………（165）

第二节 公共关系的原则 …………………………………（177）
第七章 公共关系运作程序(上)…………………………（193）
第一节 公共关系调查 ……………………………………（193）
第二节 公共关系策划 ……………………………………（206）
第八章 公共关系运作程序(下)…………………………（225）
第一节 公共关系实施 ……………………………………（225）
第二节 公共关系评估 ……………………………………（234）
第九章 人际沟通技巧……………………………………（252）
第一节 人际吸引 …………………………………………（252）
第二节 人际沟通 …………………………………………（262）
第三节 影响人际沟通的因素及障碍排除 ………………（272）
第十章 公关言语技巧……………………………………（290）
第一节 公关语言概述 ……………………………………（290）
第二节 公关口语表达技巧 ………………………………（301）
第三节 公关书面语表达技巧 ……………………………（312）
第十一章 公关礼仪………………………………………（319）
第一节 公关礼仪概述 ……………………………………（319）
第二节 公关人员的仪表美 ………………………………（324）
第三节 公关人员的仪容美 ………………………………（326）
第四节 公关人员的仪态美 ………………………………（328）
第五节 公关礼仪基本规范 ………………………………（331）
第十二章 公关专题活动…………………………………（343）
第一节 新闻发布会 ………………………………………（343）
第二节 庆典活动 …………………………………………（348）
第三节 展览会 ……………………………………………（354）
第四节 赞助活动 …………………………………………（359）
第五节 开放参观活动 ……………………………………（366）
后 记………………………………………………………（371）

第一章　公共关系概述

公共关系作为一门现代管理科学和艺术，在风靡世界近百年之后，于20世纪80年代随着改革开放的浪潮涌入中国大陆，迅即从沿海向内陆广泛地传播，在华夏大地掀起前所未有的“公共关系热”。20多年来，公共关系作为一种管理职能、经营策略、传播行为及现代交往方式，以其独特的魅力在各类社会组织及组织各部门，在经营管理、市场营销、大众传播及社会交往等领域发挥着独特的作用，受到人们的高度重视。有人曾把公共关系同技术、管理一起比作现代企业的三大支柱。还有的学者把以电脑为代表的科学技术水平、以旅游业为代表的富裕生活程度、以公共关系为代表的经营管理效能，并列为衡量一个国家发达程度的三大标志。知识经济时代的到来，为公共关系的应用与发展提供了更高、更广的平台，每一个当代大学生、每一个未来的经营管理者、社会活动者都应当学习和掌握公共关系的基本理论和应用技巧。

第一节　公共关系的基本涵义

在公共关系成为一门学科以来的半个多世纪里，人们对公共关系的基本涵义作出的解释就有成百上千种，这些不同的解释，反映了公共关系在各个不同的历史时期和在不同社会中所发挥的不同功能和作用。了解和把握公共关系的基本涵义，是我们学习和应用公共关系的基础。

一、“公共关系”的译名

“公共关系”一词是“舶来品”，是英语“Public Relations”的汉语译称，其缩写符号为 PR。“public”既可以译为形容词“公共的”和“公众的”，也可译为名词“公众”。“relations”可译为“关系”。由于“relations”是“relation”的复数形式，显然，这个“关系”指的是与“众多人”间的关系，故“public relations”可译为“公众关系”。但这种“公众关系”既可以理解为“与公众的关系”，也可以理解为“公众间的关系”，对于一个社会组织来说，前者具有单向性，后者则具有无关性，因而，译为“公共关系”还是比较贴切的。本书采用“公共关系”这种译称。一则因为公共关系的“公众”不仅由人群构成，还包括政府、社区、媒介等机构，这些机构在国人心目中是公共事业单位，因此译为“公共关系”，理解上更为准确；二则因为“公共”一词与“私人”一词相对应，准确地表达了“公共关系”与“私人关系”的不同本质；三则因为全世界华人著述多是这种译法，已成为约定俗成的主流译法。

二、众说纷纭的“公共关系”定义

据一位学者的不完全统计，目前世界上关于公共关系的定义已有近千条之多。人们从各种角度对公共关系作出定义，这绝不是在玩文字游戏，而是在力图科学地认识公共关系的本质并用准确的语言来阐述公共关系要领的内涵和外延，为公共关系的理论研究和实践活动打下坚实的基础。正如其他边缘性学科一样，公共关系作为一门综合性的应用学科和一种正在发展中的管理功能，对其定义的讨论众说纷纭，莫衷一是，已构成公共关系学理论研究的一部分。这里我们列举国内外一些有代表性的定义，以帮助我们更好地把握公共关系的实质。

（一）公共关系是一种特殊的管理职能——管理职能说

管理职能说突出公共关系的管理属性。其代表人物是美国公共关系研究和教育基金会的雷克斯·哈罗（Rex L. Harlow）博士，他指出："公共关系是一种独特的管理职能，它帮助建立和保持某一组织和它所面临的公众之间建立交流、理解、认可和合作关系；它参与处理各种问题和事件；它帮助管理部门了解公众舆论，并对之作出反应；它明确并强调管理部门为公众利益服务的责任；它作为社会变化趋势的监视系统，帮助管理者及时掌握并有效地利用社会变化，保持与社会变动同步；它运用健全的、正当的传播技能和研究方法作为主要的工具。"这条特别详尽的定义是哈罗博士在研究分析了472条不同的公共关系定义后提出来的。它比较详细地说明了公共关系的主要功能和作用，使人看了以后便明白公共关系是做什么的。美国学者卡特利普和森特（Scott M. cutlip & Ailen H. Center）认为："公共关系是这样一种管理功能：它确定、建立和维持一个组织与决定其成败的各类公众之间的互益关系。"广州中山大学廖为建、王乐夫等教授所著的《公共关系学》将公共关系定义为："公共关系是一种内求团结完善、外求和谐发展的经营管理艺术。即一个社会组织在自身完善的基础上，运用各种信息沟通传播的手段，协调和改善自身的人事环境和舆论气氛，使本组织机构的各项政策、活动和产品符合于相关公众的需求，争取公众对自己的理解、信任、好感与合作，在双方互利中共同发展。"这以后，人们择"内求团结，外求发展"为公共关系最简洁的定义。

（二）公共关系是社会组织与公众之间的传播沟通活动——传播沟通说

传播沟通说突出公共关系的传播属性。其代表人物英国著名公关学者弗兰克·杰夫金斯（Frank Jefkins）认为："公共关系就是一个组织为了达到与它的公众之间相互了解的特定目标，而有计划地采用一切向内和向外的传播沟通方式的总和。"

我国学者，上海复旦大学居延安、赵建华等人在他们编著的《公共关系学》中定义："公共关系是一个社会组织在运行中，为使自己与公众相互了解、相互合作而进行的传播活动和采取的行为规范。"

(三)公共关系是社会组织与公众之间的关系状态，

是社会关系的一种——社会关系说

美国普林斯顿大学教授蔡尔滋(H·L·Chils)说："公共关系是我们所从事的各种活动、所发生的各种关系的通称，这些活动和关系都是公众性的，并且都有社会意义。"

(四)公共关系的目的就是塑造组织形象——塑造形象说

这类定义是从塑造形象的角度揭示公共关系的本质属性，强调公共关系的宗旨是为组织塑造良好的形象。中国社会科学院新闻研究所明安香研究员主编的大陆第一本公共关系学专著《塑造形象的艺术——公共关系学概论》定义是："所谓公共关系，就是一个企业或组织，为了增进内部及社会公众的信任与支持，为自身事业发展创造最佳的社会环境，在分析和处理自身面临的各种内部外部关系时，采取的一系列政策与行动。"这可理解为"塑造形象说"的雏形。

深圳大学余明阳、熊源伟等教授在全国通用教材《公共关系学》中又提出了以塑造形象为核心概念的简洁定义："公共关系是社会组织为了塑造组织形象，通过传播、沟通手段来影响公众的科学和艺术。"

(五)公共关系的核心工作是决策咨询——决策咨询说

这类定义侧重于公共关系的决策咨询功能，最有代表性的是国际公共关系协会于 1978 年 8 月发表的《墨西哥宣言》："公共关系是一门艺术和社会科学。它分析趋势、预测后果，向机构领导人提供意见，履行一系列有计划的行动，以服务于本机构和公众的共同利益。" 这是一种功能描述式的定义，目前在国际上有一定的代表性和权威性。

以上这些定义,或长或短,或繁或简,但都是人们在研究公共关系要领时形成的成果。对这些成果进行分析和总结,有助于我们更好地认识公共关系。

此外,还有一些实务性的定义如“公共关系就是先把事情做好,然后再告诉别人。”“公共关系就是争取对你有用的朋友。”“公共关系就是说服和左右大众的技术”等,以及舆论说、技术说、协调平衡说、科学与艺术说等多种流派分别从不同的角度,对公共关系加以阐述。

三、公共关系的核心定义

下定义是一件比较困难的事情,尤其是下一个准确、全面的定义更难。不过,只要我们努力探索,“接近真理”总是有希望的。怎样为“公共关系”下一个较为科学的定义呢?本书遵循“积极利用已有研究成果,力求用词准确、精炼,尽量概括本质属性”等原则,对“公共关系”作出如下界说:

公共关系是社会组织以现代传播沟通为手段,以建立互利合作的公众关系为重点,以塑造良好的组织形象为目标的管理科学与经营艺术。

本定义揭示了公共关系的下列内在逻辑联系:

1. 公共关系的主体——社会组织,是发起和实施公关活动的各种群体,而不是个体。(具有主导性,公共关系行为取决于组织。)

2. 公共关系的客体——公众,包括构成组织生存环境的各类公众。(具有权威性,关系好坏取决于公众。)

3. 公共关系的中介——传播沟通,是功能性的传播,传播是手段,不是目的。(具有效能性,连接主客体。)

4. 公共关系的工作重点——与公众的合作关系的建立,公共关系活动是围绕满足公众需求，争取公众支持而展开的。（具有互动性，是一种双向活动。）

5. 公共关系的目的——塑造组织形象，进而谋求组织的生存与发展。（具有决定性，指明了公共关系活动的方向。）

6. 公共关系的性质——是一门管理科学，又是一种经营艺术。（具有统一性，从理论上说是科学，从应用上说是艺术，公共关系是科学与艺术的统一体。）

四、延伸属性的公共关系定义

公共关系是一个多义词，除本原属性外，它在现实生活中已延伸出公共关系状态、公共关系活动（或工作）、公共关系意识（或观念）、公共关系学、公共关系事业、公共关系职业等多重属性。

（一）公共关系状态

公共关系状态是指一个组织所处的社会关系和社会舆论状态，也就是这个组织在公众心目中的现实形象。社会关系状态是指一个组织与其相关公众之间联系的程度，如社会组织的知名度是否高，与公众间的相互关系是紧密还是疏远，是融洽还是紧张，是合作还是对抗等等。社会舆论状态是指一个组织在公众舆论中的反应程度，如社会组织的美誉度是否高，公众对其是赞赏还是反对，是热情还是冷漠等等。当人们说"要注意组织的公共关系"的时候，就是指要注意维护组织的良好的公共关系状态。公共关系状态是无形的，却是客观的。一般来说，人们可从良好或不良、自觉或自然两种角度来分析一个组织的公共关系状态。

（二）公共关系活动（或工作）

公共关系活动（或工作），是指一个组织为创造良好的社会环境，争取公众舆论支持而采用的政策、行动和手段，主要包括协调、传播、沟通等活动，也就是以创造良好的公共关系状态为目的的一种信息沟通活动。如人们问话中的："贵单位是如何开展公共关系的?”这里的“公共关系”就是指公共关系活动(或工作)。公共关系活动有自觉的活动与自发的活动、日常的活动与专门的活动、单一的活动与系列的活动之分。

(三)公共关系意识(或观念)

公共关系是现代社会的一种文明观念,又是一种开明的现代经营管理思想。公共关系意识体现在方方面面,主要包括有:形象至上意识、公众中心意识、信息沟通意识、协调均衡意识、全员公关意识、整体效益意识等。公关意识的自觉与完善,是公共关系活动取得成效的前提和保证。人们现在常说“在社会主义市场经济条件下,人人都要有公共关系的头脑”。这里的“公共关系”就是指公共关系意识。

(四)公共关系学

公共关系学作为一门现代管理科学,它是以组织与公众间利益关系发生发展规律的理论和解决二者间矛盾关系的实践为研究对象的,具有很强的实践性和综合性。其主要内容包括公共关系史、公共关系原理、公共关系实务等三部分。有人说“我在大学学习过公共关系”,这里的公共关系就是指公共关系学。

(五)公共关系事业

公共关系事业,不仅是指公共关系活动和活动方式,也包括公共关系的行业、机构、从业人员、公关科研事业和公关教育事业等方面,是综合概括一个国家和地区公共关系发展情况的总体指标,是一个更为广泛的概念。如我们说:“我国公共关系的发展十分迅速。”这里的“公共关系”就是指公共关系事业。

(六)公共关系职业

公共关系职业是指专门提供公共关系方面的劳务而获得报酬的职业。其职能是协调社会组织同公众的关系,塑造组织良好的社会形象,以促进组织不断发展和完善。公关职业产生于1903年,人们通常把美国的新闻记者艾维·李尊为“公共关系之父”,实际上这里的“公共关系”主要指公共关系职业。正是他在 1903 年创办了世界上第一家公共关系咨询事务所并公开对外营业，才使社会上出现了公共关系职业。

由以上分析可以看出，“公共关系”一词在实际的使用上并没有严格的规定，人们在不同的情况下使用往往有不同的涵义。人们在使用“公共关系”这一概念时，应尽量区分以上各种涵义，在不同的场合使用不同的术语，这样可以避免因语义不同而导致的许多不必要的争论和混乱。

第二节 公共关系的学科范畴

明确公共关系的学科范畴对于公共关系的学科发展、研究角度和研究方法的确立都具有重要意义。

一、对公共关系认识偏差的分析

由于公共关系是商品经济发展的产物，传入我国历史不长，因而在对公共关系学科范畴的认识上仍存在一些偏差。

(一)公共关系不同于庸俗关系

庸俗关系是指人们常说的“拉关系”、“走后门”、“套私情”等不正当的人际交往活动。从表面上看，庸俗关系与公共关系的协调沟通是一致的，目的都是为解决问题或获取利益。但实际上二者是有本质区别的：

其一，两者产生的条件不同。庸俗关系搞的是不正之风，是生产力不发达、市场经济发育不完善、商品供应不充足的产物。而公共关系则是生产力高度发达，市场经济高度发展，商品竞争日益激烈的产物。

其二，两者运用的手段不同。庸俗关系运用的手段大都是行贿受贿、吃喝玩乐、吹拍拉扯等不可见人的私下交易，以达到损人利己、损公肥私、相互利用并满足私欲的目的。公共关系则是运用科学的、艺术的信息传播与双向沟通来促成交往双方相互理解与真诚合作。

其三，庸俗关系反映的是违反正常管理规范，不顾国家利益和公众利益，一切为谋求个人或小团体的利益，为谋求眼前利益而非长远利益而进行活动。双方间的关系因利益而维系，既不牢固也不持久，甚至可能反目。而公共关系则以维护公众利益为前提，依靠合法的、公开的、道德的行为来运作，谋求组织利益与公众利益的一致，谋求组织与公众长久的合作，最后取得双赢。

因此，公共关系同庸俗关系具有本质的不同。随着社会生产力的发展和人类文明程度的提高，公共关系必将淘汰庸俗关系。

(二)公共关系不同于宣传

人们看到公共关系常常借助于报纸、广播、电视等新闻媒介开展信息传播活动，且时常印制大量的宣传性刊物、简报、小册子等，因而把公共关系等同于宣传。这实质上是一种误解，其实，公共关系与宣传是有区别的：

其一，宣传是以灌输为原则的教育活动，侧重于意识形态领域，是思想政治工作的重要组成部分。刻意的宣传容易产生报喜不报忧、文过饰非、夸张渲染等情况，易使公众产生“王婆卖瓜，自卖自夸”之疑。而公共关系则是一种以互惠互利为原则的信息传播活动，侧重于经济管理领域，是社会组织经营管理的重要组成部分。它强调尊重事实，力戒偏激，既报喜也报忧，以真诚赢得公众理解和支持。

其二，宣传通常只是一种单向的信息传播、灌输，仅仅强调对外宣扬，要对方接受，不因对方而改变自己的观点，缺乏一个信息“反馈”系统。公共关系则强调双向交流、沟通，既向外输出信息，也收集向内的信息反馈，并根据反馈信息适时调整组织行为，奉行组织行为适合公众需求的原则。

(三)公共关系不同于广告

公共关系与广告都是以大众传播为活动手段的,公共关系也常通过广告开展对外宣传工作,同时也有一些通过新闻稿的播发而达到免费广告目的的情况存在,因此,不少人认为公共关系就是做广告,这也是对公共关系的一种误解。从一般意义上讲,广告是指通过支付一定数量的资金来宣传组织的产品信息或服务信息,带有推销性的商业活动。因此,支付资金和直接推销产品或服务便构成了广告的基本特征。

由此可见,公共关系与广告有很大的区别:

其一,两者的任务不同。广告限于特定的销售任务,其目标直接与促销或购买联结在一起。公共关系不直接推销产品或服务,它的根本任务是树立组织的良好形象和谋求组织更大的发展。

其二,两者的工作范围和投入产出不同。一般来说,广告业务只与经营部门和广告管理部门有关联,而公共关系工作涉及到组织的每个成员和每项活动,且公共关系在开展活动时往往不需要像广告那样支付大量的资金(虽然有时也需要一定的活动经费),而投入产出效果却比广告更理想。

正如一句俗话说的"广告是要人人买我,而公关是要人人爱我。"关于公共关系与广告的区别,还有人作过一个形象的比喻:广告的作用好比是在赛马时将马骑上跑道,策马快奔;而公共关系则好似清除跑道上的砂石障碍,使马跑得更好。总之,公共关系较之广告来说,范围更广、作用更大、综合性更强。

此外,人们在认识上有时还存在把公共关系等同于"公关小姐搞接待"、把公共关系与人际关系、与推销等混淆的偏差,需要认真澄清。

二、公共关系是现代管理学的分支学科

在前面介绍公共关系的概念时我们已经了解了不同的概念流

派对公共关系的学科属性有不同的认识,但从统领整个公共关系学科领域的角度看,我们认为公共关系归属于管理学范畴更为恰当。当然这并不否认公共关系具有社会联系、信息传播、决策咨询和市场营销等功能,而是在更高层次上强调了这些功能。因为公共关系学需要研究社会组织的行为,但重点是研究社会组织的管理行为,而非直接生产或直接销售行为;公共关系学着重研究的传播活动,实际上是社会组织的传播管理和信息管理职能;公共关系学研究的传播对象也绝不仅限于顾客和消费者,还应包括组织内部的员工、生产协作者、股东、新闻媒介等。因此,公共关系学实际上是一种特殊的传播管理和信息管理的边缘学科,归属于现代管理学范畴,是现代管理学的分支学科。

第三节 公共关系的基本特征

公共关系作为现代社会的一种管理职能和管理科学,具有自身独有的基本特征。

一、从结构上来说,公共关系是指一定的社会组织与其相关的社会公众之间的网状关系

所谓关系,就是指人与人之间的普遍联系。这种关系通常可分为三个层次:一是以国家为主体同他人产生的关系,这是国务关系;二是以个人为主体与其他个人产生的关系,这是人际关系;三是以社会组织为主体与他人产生的关系,这才是公共关系。由此可见,公共关系工作的对象是一个组织面临的公众,是组织与公众的社会关系,而不是私人交往的人际关系。公共关系也讲究人际关系,但并不等同于人际关系。人际关系是以个体为支点,研究个体之间的线性关系;而公共关系则是以一定的组织为支点研究该组织与其公众对象之间的网状关系。

二、从目标上来说，公共关系是以在社会公众中树立良好的组织形象，并优化组织生存与发展环境为目的的

公共关系的最终目的就是树立组织良好的形象，因此，有人说公共关系就是塑造形象的艺术。它追求的就是良好的社会环境、和谐成功的人事关系、最佳的社会舆论，从而赢得社会公众的了解、信任、支持与合作。由此可见，这种以组织形象为目标的传播活动与一般单纯为推销某种产品、劳务（如广告），或宣传灌输某种观念（如宣传）而进行的传播活动有着根本的区别。

三、从原则上来说，公共关系是以组织与公众互惠互利、真诚合作为基础的

我国传统的人际关系是以血缘（如亲戚）、地缘（如老乡见老乡、两眼泪汪汪，远亲不如近邻、近邻不如对门之说）、趣缘（如志趣相投的结义金兰之类）、业缘（如同事、同学、师徒、战友、上下级）等为基础的。公共关系则强调以利益为基础，追求与社会公众的长久合作。所以必须奉行互惠互利、共同发展的原则。另外，真诚是公共关系活动的信条。只有真实、客观地传播信息，才能赢得公众的信任，保持良好的信誉。那种为了自身的利益，请客送礼、吹牛拍马、坑蒙拐骗的行径，便是庸俗关系了。从这个角度上讲，公共关系就是百分之九十靠自己做得对，百分之十靠宣传。

四、从手段上来说，公共关系是以现代信息传播的原理、工具和方法进行运作的

公共关系的手段就是有效、真实的信息交流沟通。正是从这个意义上，国际著名的公关专家弗兰克·杰夫金斯就特别强调公共关系是由“各种有计划的沟通联络所组成的”。公共关系的信息传播通常有四个层次，即信息交流层次、情感层次、态度层次和行动

层次。其中,以信息交流层次为最基本层次,其他三个层次都是在此基础上进行的。公共关系活动就是要在广泛、大量的信息交流活动基础上,激发公众的好感,促使公众改变态度,最后引发公众有利于组织的自觉行动。凡是运用传播手段以外的手段协调和沟通组织与公众的关系,就不属于公共关系的范畴,如行政手段、法律手段、经济手段等。

五、从方针上来说,公共关系着眼于长远打算,着手于平时努力

“不积跬步,无以至千里”,社会组织要想树立良好的形象,绝非一朝一夕之功,需要长期的、有计划的、坚持不懈的努力,需要通过平时点点滴滴的工作,才能逐步地建立起与公众良好的关系。即便有了好的信誉和关系,也需要继续维持、发展与巩固。因此,公共关系活动,不是权宜之计,而是长期的战略性的任务。那种急功近利的、巧取一时的以及临渴掘井的短期行为,是公共关系之大忌。从这个意义上说,任何游离于公共关系整个战略目标的零敲碎打的活动,如一个孤立的广告、一条个别的的新闻报道、一次由个别领导心血来潮举办的特别活动,都不是真正意义上的公共关系。

六、从方式上来说,公共关系注重内外结合、双向沟通

社会组织既有外部的公共关系,又有内部的员工关系,两者必须同时兼顾,不可偏废。公共关系的基本活动方式就是双向信息沟通,使内部和外部的信息传播形成双向沟通的互动过程。一方面要及时、全面地了解、搜集信息,为改善组织的决策和行动提供依据;另一方面还要迅速有效地把组织各方面的信息传播给相关公众,争取公众的了解和支持。

以上六个方面综合地、立体地构成了公共关系的基本特征,正

确地认识这些特征，将有助于我们理解和界定公共关系的概念。

第四节　公共关系的历史与现状

公共关系是商品经济高速发展的产物，它明显带有现代社会文明的“胎记”。然而，作为一种客观存在的社会关系、一种活动方式和一种意识，它却在古代社会已有“孕育”和“萌芽”。“了解过去是明了现在及未来的基本条件。”（伯纳斯语）。因此，探讨公共关系的发展历史与现状，有助于我们加深对现代公共关系的理解。

一、古代的准公共关系

作为公共关系状态、公共关系活动和公共关系意识的公共关系是一种客观存在，它是随着社会组织的产生而出现的。所谓准公共关系，是就其性质而言的，就是说，社会组织的这种公共关系状态和活动同现代意义上的公共关系比较相似，但它又完全是自发的和盲目的，当时人们并没有意识到它就是公共关系，更不会对其进行理论上的概括和总结。这种准公共关系只是后人用现代公共关系的眼光去审视历史而得出的一种概念。从历史分期的角度讲，这种准公共关系属于现代公共关系的前史，也叫“前公共关系”，其时间跨度大约从原始社会到18世纪中期。

在原始社会里，社会组织就是人类的原始部落。从历史的蛛丝马迹中，我们现在似乎仍能感受到原始部落舞蹈的感染力和图腾的绚丽多彩。其实，在原始社会传播媒介相当贫乏的情况下，动作作为一种体态语言，就是原始人规范的传播行为。舞蹈就是原始部落的一种内部公共关系。原始部落正是通过这种震撼人心的舞蹈动作来协调人们的行为，达到团结协作、增强向心力的目的。图腾作为原始部落的典型标志，除了在部落内部树立一种神化的守护权威以外，更主要的是借此扬威群外、震慑敌人，是一种重要的外部公共关系。

自从人类发明文字以来，带有公共关系性质的活动就更为普遍了。考古学家曾经在伊拉克发现距今3790多年的一种农业公告，它告诉农民怎样播种、怎样浇水、如何防止鼠害及怎样收获粮食等等，类似现代公共关系部门发放的宣传材料。

古希腊是当时文化发达、政治民主的国家，社会对于沟通技术非常重视，并十分推崇演说和辩论。有些深谙沟通学问的第一流演说家往往被推为首领，于是一些参加竞选的王公贵族便雇佣和借助演说家的口才为自己树立形象、争取选民。还有的统治者便雇佣诗人为自己写赞美诗，从而使自己的美名到处传扬。古希腊人认为，较强的修辞能力是参与政治过程的基本条件之一，因为政治家与公众之间的桥梁是靠修辞来架筑的。亚里士多德在他的经典著作《修辞学》一书中，对如何使用有感情的语言去争取和影响听众作了详细的阐述，以致西方公共关系学界把它看做人类历史上最早的公共关系学理论著作。

古罗马的原始公共关系活动略晚于古希腊，其中最具代表性的人物便是独裁者凯撒大帝，他认为要获得民众的支持就必须以自己的思想去影响他们。他非常注重民意，信奉“公众的声音就是上帝的声音”。还在他担任执政官时期就设置了官方公告牌，把元老院的活动写在一块涂有石膏的特制本板上，放在公共场所供人们观看(即“每日纪闻”，有人认为它是世界上最早的日报)，通过这种沟通方式争取平民对他的支持。他在以后率军作战的过程中，经常派人把他和军队的情况写成报告送往罗马，并在罗马广为宣传，造成狂热的民族自尊感，树立他自己的神圣形象，甚至还专门写了一本记载其功绩的纪实性著作《高卢战记》。通过这些“公关活动”，最后他终于获得广大民众的拥戴，登上了皇帝的宝座。凯撒创造了原始公共关系成功的典型事例。《高卢战记》也被西方一些著名的公关专家称为“第一流的公共关系著作”。

中国是四大文明古国之一。无论是准公共关系活动，还是零星的公共关系思想，在中国古代的各个方面都有所体现。

在政治上，中国古代统治阶级非常重视自身的政治信誉和争取民心的工作，他们懂得“得民心者得天下，失民心者失天下”的道理。如战国时秦国为了变法图强，商鞅策划了“徙木赏金”的活动来表明朝廷推行变法改革的决心，在民众中树立起可信的形象，使秦国的变法得以顺利进行，为最后统一中国打下了坚实的基础。再如，战国时孟尝君让门客冯谖去他的家乡要债，冯谖则当众把债据全部焚毁，为孟尝君买回民心，使孟尝君“为相数十年，无纤介之祸。”即使在孟尝君被罢官遣回家乡时，也受到乡亲的热烈欢迎。由此可见，冯谖不仅懂得怎样为自己的主人树立形象，而且还有居安思危立足于平时努力的远见卓识。此外，“子产不毁乡校”、“刘备三顾茅庐”、“李世民以人为镜纳谏如流”、“康熙、乾隆微服私访”的故事，都说明了在中国古代政治生活中确有公共关系的技巧。

在军事上，战国时期的“连横合纵”、三国时期诸葛亮“七擒七纵”、明末李信进军京城广泛宣传“迎闯王、不纳粮”的口号等等，都是中国古代军事上成功的“公关”事例。

在经济上，汉朝张骞通西域、明朝郑和下西洋，堪称古代中国的“国际公共关系活动”。此外，“百年老店”、“童叟无欺”、“和气生财”等流传至今的古代商业口号，也都反映了现代公共关系的某些基本原则。

在思想观念上，我国古代智者已经闪耀出不少公共关系思想的火花，需要后人去挖掘、整理和借鉴。西周末年提出的“防民之口，甚于防川”的观点，说明社会舆论好坏关系到政权的稳固与否，强调政府机构要重视社会舆论，进行双向沟通，调节施政措施。墨子主张的“兼爱”、“非攻”的与人为善的交往原则。孔子提出“仁、义、礼、信”，提醒人们要时时保持爱心，把自己的崇高形象建立在信誉的基础之上。孟子提倡的“君轻民贵”的观点以及“天时不如地利，地利不如人和”的成功要素分析，把事业成功的首要因素归于良好的人际关系。这些原则和观点都闪烁着公共关系的思想火花，因此有人说公共关系是一门追求“人和”的艺术。

人类早期的“准公共关系”毕竟不是现代意义上的公共关系，不具备现代公关的内涵和观念。因此，不能等同于现代公共关系。具体来讲，准公共关系具有如下几个特点：

1. 从程度上说，中外古代的某些类似公共关系的观念和活动是零星的、盲目的，没有形成系统的公共关系理论和产生有一定目标、规模及系统的、经常性的公共关系活动。

2. 从范围上讲，由于社会生产力不发达，商品经济发育不全，准公共关系活动与理论较多地应用在政治军事领域，带有强烈的政治色彩和伦理色彩，较少涉及到经济领域。

3. 从传播上讲，准公共关系活动多以舞蹈、诗歌、雕塑、建筑、戏曲等艺术形式以及人际口头传播为主要手段。在传播过程中，社会组织主要不是靠客观真实地报道、靠提供更多事实真相的信息，而更多的是借助艺术创作的表现方法，甚至是靠子虚乌有的造神方法来影响公众、影响舆论。从根本上讲，公众并没有得到真正的重视。

二、现代的公共关系

现代公共关系作为一种全新的思想、一种科学而系统的理论、一种新型而自觉的职业、一种较强的管理职能，还是近百年以来的事情。它的产生和发展大致经历了四个发展时期。

（一）酝酿时期

从 18 世纪中期到 19 世纪末，为了适应战争、政治和经济发展的需要，美国一些革命家、政治家和企业家进行了一系列有目的有组织的大规模宣传活动。这些初具公共关系色彩的宣传活动因其成效显著而引起人们对公共关系的探索。这就是现代公共关系的酝酿时期。

1. 美国独立战争时期的宣传活动。从18世纪中期开始，英属北美13个殖民地为摆脱英国的殖民统治而展开了一系列的宣传活动，代表人物是塞缪尔·亚当斯和亚历山大·汉弥尔顿。亚当斯组建了13个殖民地的通讯网络以团结殖民地人民的革命力量，在1750年到1783年的34年中，共印刷出版了1500多种揭露英国人罪恶的小册子，激起了殖民地人民对英国殖民统治者的仇恨。亚当斯的这些宣传活动为美国独立战争的胜利做了充分的舆论准备。1887年10月到1888年4月，在美国面临如何立国的关键时刻，汉弥尔顿连续在《纽约独立新闻报》上发表了一系列通俗易懂、影响深远的评论文章，阐明了立宪党人的观点，巧妙地引导了当时的舆论，使得宪法得以批准，推动了美国联邦制的实现。史学家阿伦·内文斯称这次活动是“历史上最出色的公共关系工作”。

2. 美国总统的竞选宣传活动。其中以安德鲁·杰克逊为代表。他出身低微，也没有雄厚的经济实力，为了取得竞选的成功，他一方面树立自己的形象，把自己塑造为平等权利的化身和反垄断经济及高利贷资本的战士，一方面聘请著名记者詹姆斯·肯达尔为他的高级智囊来为他写作演讲稿、发布新闻、进行民意测验和分析，创办美国政府最早机关报（即《环球报》）来报道、解释政府的政策。结果，杰克逊于1929年当选为总统。以后又以高于对手5倍的选票再度当选。

3. 企业界利用报纸进行富有戏剧性的广告宣传活动。一些组织为了自身的目的和利益，雇佣报刊宣传员在报刊上进行宣传活动，以制造舆论，扩大影响，即美国的“报刊宣传活动”。19世纪30年代，美国兴起了一场“便士报”（以售价低廉而得名）热潮。便士报运动使报纸完成了大众化、通俗化的飞跃。由于便士报发行量大，影响面广，企业家们便雇佣宣传人员编造各种离奇的新闻来宣传自己。而报刊为了迎合小市民的需要也乐于接受。其中的代表就是巴纳姆，这位当时美国最善于创新和最受赞赏的游艺节目演出经理人，为牟取暴利声称自己的剧团里有一位160岁的黑人老妇海丝在100多年前曾养育过美国第一任总统华盛顿，还说剧团中有一位矮小的汤姆将军，他当年曾率领一群侏儒赶着矮种的马拉的车去觐见维多利亚女王。这一“新闻”引起了美国社会的轰动，于是人们抱着好奇的心理前去观看，巴纳姆财源广进，每周可骗取1500美元的收入。巴纳姆的信条是“凡宣传皆好事”，他说只要报纸上没把他的名字拼错，随便怎么说他都无妨。当海丝逝世后，经医学鉴定她最多不过80岁。巴纳姆作为一个滥用现代传播手段的典型，对公共关系的发展产生了负面影响。有人把这一时期称为“反公共关系的时期”或“公众受愚弄的时期”。它从反面教育人们：公共关系要以诚实、公正、维护公众利益为宗旨。当然，美国的报刊宣传运动也并非清一色“巴纳姆神话”式的宣传，当时也出现了不少更接近于现代公共关系的活动，例如，1889交流电的发明人乔治·威斯汀豪斯为他新创立的电器公司成立公共关系部门，并聘请记者海因希斯为交流电广泛宣传，使交流电的观念为社会所接受。公共关系专家卡特利普把此事看做企业从事现代公共关系活动的先例。

酝酿时期的公共关系有以下两个特点：首先，这个时期公共关系活动的目的更明确，计划更严密，规模更大，显示了舆论宣传的巨大作用。其次，这些活动仍然带有政治宣传的特点，而且是一种单方向的灌输传播方式，不少企业的宣传也以任意编造谎言和“神话”，愚弄公众为主。

(二)产生时期

从20世纪初到20世纪20年代，是现代公共关系的产生时期。主要标志是在美国“扒粪运动”的背景下出现了公共关系职业和公共关系学科。

1. 扒粪运动。又译作“揭丑运动”，指20世纪初美国新闻界大规模揭露企业和政府丑行的运动。19世纪末和20世纪初，美国资本主义进入垄断时期，少数大财团不仅占有了社会大部分财富（约五分之三以上），掌握了国家经济命脉而且还控制政府。他们采取各种卑劣手段，肆意搜刮民财，巧取豪夺，根本无视公众利益。铁路大王冯德比尔特在接受记者采访时，竟破口大骂："去他妈的公众！"这种情况引起了人们的普遍不满。人们把这些巨头骂为强盗、恶魔和吸血鬼。新闻界也掀起了一场揭丑运动，仅1903年到1912年的十年间，报刊揭露企业丑闻的文章多达2000多篇，还有一些宣传小册子和漫画作品。同时，劳资关系紧张，罢工运动风起云涌。一时间，经济巨头们声名狼藉，企业经营也陷入困境。这时企业家们才认识到社会公众和社会舆论的重要。一些具有远见卓识的企业家，开始向新闻界求救，希望帮助企业塑造美好形象，取得社会公众的谅解。于是，一种向社会传递信息、沟通企业与公众联系的公共关系职业便应运而生。

2. 公共关系职业的诞生。现代公共关系的创立是同美国新闻记者艾维·李的名字联系在一起的。艾维·李是一位牧师的儿子，毕业于普林斯顿大学，曾就学于哈佛大学法学院，并在《纽约日报》等报刊做过记者。他认为单纯地揭露企业的丑行是一种消极的作法，积极的作法应该是帮助企业同公众进行沟通，达到理解和合作，从而促进企业的发展。为了实现自己的理想，他于1903年同派克创办了世界上第一家宣传顾问事务所，也称"派克·李公司"，成为向企业提供塑造形象服务而收取佣金的第一位职业公共关系专家，被尊为"现代公共关系之父"。"派克·李公司"的创建，标志着公共关系职业和公共关系事业的诞生。1906年，早已被人们骂作"强盗大王"的石油大亨洛克菲勒的煤矿被工人罢工浪潮所包围，暴力镇压已不起作用，企业危在旦夕。在这种情况下，他们聘用艾维·李为公司顾问来收拾残局。艾维·李上任后首先发表著名的《共同原则宣言》，声明自己是代表企业向社会与公众公布事实真相并诚恳道歉的，宣传了"公众必须被告知"的观念。这个宣言因成为由单纯宣传向正规公共关系发展的转折点而被认为是研究公共关系思想的最早文献。该《宣言》博得了工人们的信任，扭转了局面，工人罢工停止了。继而，艾维·李又建议企业增加工人工资，救困济贫，向慈善事业捐款，以实际行动取得社会公众的谅解。不久，洛氏家族的形象由一个"镇压罢工的财阀"，变为"社会艺术与文化的支持者"，大大提高了企业的声望。艾维·李也因此名声大振而被聘为多家巨型公司的公关顾问。然而作为早期公关职业者之一的艾维·李，他的公关实践因仅凭直接经验而没有运用科学的调查方法而被人认为"只有艺术，没有科学"。

3. 公共关系学的产生。促使公共关系工作走向系统化、科学化的重要人物，是美国著名的公共关系理论家和实践家爱德华·伯纳斯。伯纳斯是奥地利人，他的舅舅就是心理分析专家弗洛伊德。1913年他曾担任福特汽车公司的公关部经理。他为该公司策划并实施了一系列旨在发展公众的福利及社会服务的计划，大大地提高了该公司在公众及社会中的影响，为促进福特公司的发展起了重要作用。第一次世界大战期间他在美国政府的公共关系机构任职，具体的工作是向国外的新闻界提供有关美国参战情况的背景及解释性材料。1919年，他创办了自己的公共关系公司，拥有丰富的公共关系实践经验。战后，伯纳斯主要从事公共关系的理论研究和教学工作。1923年，他出版了《舆论明鉴》，首次提出了"公共关系咨询"概念，阐述了公共关系的职责和整个活动过程应遵循的八个基本程序，成为公共关系学的第一部经典著作。同年，他在纽约大学首次讲授公共关系课程。1925年，他又写作出版了《公共关系学》教科书，1928年，出版《舆论》一书，从而使公共关系学的基本理论和方法成为一个较为完整的体系。他提出了"投公众所好"的思想，促使公共关系成为一种主动塑造形象的艺术。总之，伯纳斯在公共关系理论研究上作出的贡献，对于公共关系学科的形成与发展具有划时代的意义，为公共关系从艺术走向科学奠定了基础。

产生时期的公共关系具有以下几个特点：首先，公共关系由某些方法、技巧向理论化、科学化方向发展，形成了一门科学，当然，其科学性也有待进一步完善和发展。其次，公共关系活动的范围十分有限，主要局限于企业和服务业。第三，公共关系已经成为一种职业，并被运用于企业的经营管理活动中，但是，其目的还主要是应付舆论压力，没有成为社会组织的自觉主动的行为。

（三）发展时期

从 20 世纪 20 年代末到 50 年代末，是现代公共关系的发展时期。主要标志是在世界经济危机的冲击下和罗斯福新政时期以及第二次世界大战以后出现的公共关系工作的自觉化、职业化、普及化和公共关系学的真正科学化。

1. 发展时期的历史背景。如果说产生时期的企业公共关系是在社会舆论的压力下进行的，那么发展时期的企业公共关系则更为自觉。1929 年至 1933 年世界性的经济危机迅速席卷整个资本主义国家，“卖方市场”迅速向“买方市场”转变，良好的形象和社会声誉成为获得企业利润的重要保证。一些企业借助公共关系来维持形象，避免了倒闭。事实证明，良好的公共关系状态和社会舆论是社会组织事业成功的必备因素。从此，美国企业彻底清醒了，纷纷自觉地从事公共关系工作。经济危机之后，美国经济处于大萧条时期。1933 年至 1945 年罗斯福在担任总统期间，利用炉边谈话节目的广播向美国人民进行大量关于“新政”的宣传，赢得了美国公众的理解和支持。罗斯福作为总统进行的政治公关，不仅对美国政府渡过难关、缓和危机起了较大作用，而且大大推动了美国公共关系事业的发展。第二次世界大战期间，为了赢得战争的胜利，各国，尤其是美国都投入了大量的人力物力来进行战时公共关系的宣传和研究，为公共关系在世界的普及起了巨大的推动作用。

另外,自然科学的进步和传播媒介的现代化,为公共关系的发展提供了科学技术保证。

2. 公共关系工作的自觉化、职业化和普及化。自觉化是指社会组织主动开展公共关系工作的自觉意识。据 1938 年美国《商业周刊》统计,当时全美最大的公司中已有 20% 设立了公关部。职业化是指公共关系咨询业成为独立的职业得到迅速发展,公关从业人员队伍迅速壮大。20 世纪初,公共关系事务所只有 3 家。1927 年"希尔·诺顿"公关公司在美国的克利夫兰开张。1930 年卡尔·博雅与人合办博雅公共关系公司。现今这两家公司都发展成世界上最大的公关公司之一。到 1938 年,全美已大约成立了 250 家公关公司,从业人员已达 5000 多人。1948 年,美国公共关系协会成立,并制订了"公共关系人员职业规范守则",使公关职业更为标准化。30 年代以后,各种广告公司也纷纷建立公关业务部,开展公共关系业务。所谓普及化,就是指当时的公共关系的活动范围已从美国发展到世界各地。如 1948 年成立英国公关协会,1949 年成立了日本电通广告公司公关部,50 年代初香港政府设立公关部,1955 年国际公共关系协会宣告成立,1959 年在比利时成立欧洲公共关系联盟,同年在墨西哥成立泛美公共关系联盟等。公共关系的工作范围也从企业服务扩展到政府、文化教育、科学等各个行业的社会组织。

3. 公共关系的真正科学化。从 1939 年至 1945 年,美国出版了《公共关系季刊》、《公共关系杂志》、《公共关系新闻》等刊物,为公共关系的科学研究提供了园地。1947 年,美国波士顿大学开办了第一所公共关系学院(后改名为公众传播学院),并设立公共关系硕士和博士学位。1952 年卡特利普和森特出版了他们的权威著作《有效公共关系》。他们在书中提出了"双向沟通"的公共关系模式,即:一方面要把组织的想法和信息及时传达给公众,并把公众意见及时反馈回组织,以便使组织和公众之间形成一种和谐的关系。双向传播的公共关系模式被认为是现代公共关系学的重要标志。

发展时期的公共关系具有以下特点：首先，公共关系理论在广泛吸收相关学科成果的基础上，逐渐形成自己完整的理论体系，真正走上科学化、系统化的道路。其次，公共关系的方法和手段大量引进和运用了现代科学技术的成就，使公共关系专业化、职业化程度日益提高。第三，公共关系开始进入最高级的决策层，发挥着智囊团参谋咨询的重要作用。

（四）新的发展时期

历史进入20世纪60年代以后，公共关系获得前所未有的发展条件和机遇。在经济上，商品经济的高度发展，导致社会组织专业分工日趋细致，组织间的协作日益增强，交往和沟通日益频繁。市场的成熟促使用户至上主义深入人心，企业必须首先考虑公众的利益。在政治上，随着民权运动的发展和民主政治的推进，社会公众的地位日益重要，公共关系工作已成为众多社会组织的需求。在科学技术上，电子技术的发展带来了电影、无线广播、电视、录像等新的传播媒介的普及。进入信息时代以后，通讯卫星、电子计算机、大规模集成电路创造着更先进的传播媒介，为公共关系的新的发展提供了技术条件。60年代以后各种社会科学与人文科学（如行为科学、广告科学、市场营销学、大众传播学、舆论学等）的建立和发展也丰富和发展了公共关系学的理论体系。

在这一时期，公共关系主要表现在以下几方面：

1. 公共关系的活动范围越来越大。首先，公共关系的应用范围已经从工商企业和政府发展到社会的各个方面，如国际公关、宗教公关、科技公关、学校公关、妇女公关、军队公关、青年公关等，极大地增强了公关工作的针对性和有效性，使其在整个社会领域中发挥的作用越来越广泛。其次，公共关系的地域范围从经济发达国家发展到世界各地。目前，发达国家和发展中国家，资本主义国家和社会主义国家都普遍重视公共关系。国际公关协会于1955年成立之初，只有40个国家的62个团体会员，而今，已发展到有60多个国家和地区的760多个团体会员。此外，各大洲还成立了洲际公关组织，除欧洲和北美以外，亚洲公共关系联盟于1967年成立，1975年在肯尼亚首都内罗毕举行了第一届非洲公共关系工作会议，1981年太平洋公共关系专业协会在香港成立。公共关系从美国走向了全世界。

2. 公共关系的职业化程度越来越高、规模越来越大。首先，公关从业人员数量猛增。当今美国最热门的25个行业中，有关公关的行业占8个。50年代美国公关人员仅2万人，到80年代初人数已超过20万人。其次，公关人员的素质日益提高。据1977年调查，美国公关人员中大学本科生占54%，硕士生占29%，他们中40%学的是新闻学、传播学，其他学的是经济管理、市场营销、广告等专业，而今，公关从业人员已成为高学历、高智商、高能力的高素养群体代表。为了提高公关人员的职业道德修养，美国公关学会曾于1963年和1978年两次修订《公共关系实务职业规范准则》，《国际公共关系行为规则》也于1961年通过。第三，公关人员的社会地位不断改善。过去公关人员被看做“职业说客”，如今其管理与咨询等职能已得到社会的普遍认可，公共关系人员已越来越得到社会的尊重。1960年，美国人口调查局开始把“公共关系从业人员”从“编辑和记者”中独立出来，这标志着公关人员社会地位的确立。据调查，人们普遍认为公关人员的地位不低于物理学家、律师、建筑师、工程师和大学教授，高于飞机驾驶员、新闻记者、广告设计师与推销员。第四，公关公司规模越来越大。仅美国联邦政府就聘用了1200多人来处理公共关系事务，经费支出多达10亿美元。再如，希尔·诺顿公关公司拥有1300多名专职人员，总部设在纽约，在世界各地设有多个办事处和61个联营公司，为全球1800多个官方机构和工商企业服务。全美最大的500家企业，约有三分之一是该公司的客户，年收入达 2800 万美元。1984 年 10 月，该公司在北京设立办事处。

3. 公共关系学术研究与教育的普及。首先，公共关系研究进一步发展，在许多国家，专门从事公共关系学术研究的人越来越多。美国现有多家公共关系杂志，专门进行公共关系研究。英国现在也有《公共关系》、《公共关系简报》、《公共关系年鉴》、《国际公共关系协会评论》等多家杂志研究公共关系。其中的代表人物是英国的公共关系专家弗兰克·杰夫金斯。他从 60 年代开始先后共出版了《公共关系学》、《有效的公共关系设计》、《市场学和公共关系媒介设计》、《公共关系与市场管理》、《广告学》等大量的公共关系学著作，为公共关系理论的发展做出了重大贡献。公共关系在世界各国得到了较大的发展，许多国家的大学都已设立了公共关系专业，到 80 年代，美国有 41 所大学可以授予公共关系学士学位，37 所大学可授予硕士学位，13 所大学还可授予公关博士学位。知识使公共关系这门年轻的学科跻身于神圣的科学殿堂，科班出身的公共关系学者已在世界公关舞台上展示风采，大显身手。

三、中国的公共关系

随着改革开放和社会主义市场经济的酝酿和发展，公共关系于 80 年代初进入中国大陆，迅速被人们认识和接受，并在短短二十年内，得到迅速传播、蓬勃发展，形成神州大地的“公关热”。

(一)从发展阶段来看，我国公关事业的发展大致经历了三个阶段

1. 传播和引进阶段。从 1980 年到 1985 年，公共关系在我国从无到有，逐渐发展，是引进学习和初步尝试的阶段。

2. 迅猛发展阶段。从 1986 年至 1989 年初，公关风迅速吹遍神州大地，掀起了一阵又一阵的公关热浪，公关关系进一步被人们认识，也被一些人所严重曲解(如有的地方认为公关就是“攻难

关”)。这个阶段是公共关系大发展,也是在某些方面走入误区的阶段。

3. 稳定持续的发展阶段。从1990年以来公关界对“公关热”进行了“冷思考”,认真吸取教训、总结经验,并在实践中不断完善操作规范,这是中国公共关系事业走上健康发展的道路阶段。

总之,中国公共关系的发展大致经历了“引进、模仿、尝试、发展”的过程。

(二)从发展现象上来看,中国的公共关系在各方面都有较大的发展

1. 公关组织和人员队伍发展迅速。从80年代初深圳竹园宾馆成立大陆第一个公关部开始,沿海经济开放地区的三资企业纷纷成立公关机构,开展公关活动。1984年白云山制药厂在国营企业中率先成立了公关部。1986年中国环球公共关系公司成立。1987年中国公共关系协会正式成立。1991年又成立了中国国际公共关系协会。据不完全统计,目前全国已有1000多个大小不一的、专门的公共关系机构,初步形成了全国性的公共关系网络。公共关系从业人员已达到10多万人,再加上或多或少接受过公关培训的人数,至少有四五十万之众。而在公共关系的发展已走过近百年历程的美国,其正式的公关职业人员才不到20万人。

2. 公关教育多方面多层次展开。1985年1月深圳市总工会举办第一期全国公关培训班,9月深圳大学第一次设立了公关专业。1987年国家教委把公共关系正式列入高校的课程,有50多所高校设立公关专业。电视大学和成人高等教育也正式设立公关专业。各种层次、各种形式的公共关系培训数不胜数。虽然近年来高等教育专业目录调整后公共关系没有作为一级专业设立,但仍有不少高校在管理学科下设有公共关系专业方向,积极培养公关人才。

3. 公共关系科学研究日趋繁荣。从1988年1月中国第一家

《公共关系报》在杭州出版以来,以后又有《中国公共关系报》、《公关博览》、《公关世界》、《公共关系》杂志等 30 多家报刊杂志(包括国内非公开发行的)问世。这些专著、教材、报刊的出版发行,为我国公共关系的科学研究作出了巨大贡献。

(三)从中国公共关系面临的问题与对策看,有以下几个方面

1. 中国公关实践发展迅速但水平较低。公共关系在实践中通常有三个层次:初级层次是迎来送往,交际应酬;中级层次是指销售、协调和传播沟通;高级层次是指公关创意策划。各层次互相配合、携手共进,才能取得最佳效果。目前我国公关实践大多处于低中层次,据近年厦门经济特区的一项调查资料显示:在实践中把公关主要用于接待服务性工作的占 57.1%,用于对外联络的占 48.6%,用于市场推销的占 40.4%,参与组织决策的仅占 25%。公关是一门充满创造的综合艺术,它要求公关人员凭借超越一般学识与管理经验之上的创新意识和能力,使社会组织能化险为夷、化凡为奇,顺利发展。公关工作的重点应该是富有创意的高层次的公关策划。

2. 中国公关理论建设活跃,但移植照搬的成分过多。公共关系理论只有汲取不同民族文化精华并构建与此相适应的理论形式,才能更好地发挥对实际的指导作用。以后公关理论研究应该从三个方面努力:首先大胆引进国外公关的科学思想与理论,特别是技术与手段,认真学习美国、日本及“亚洲四小龙”的公关经验;其次汲取中国传统文化的精华,借鉴继承中国古代准公共关系活动的经验;还要在马列主义毛泽东思想的指导下,认真总结我国近现代中国革命的政治公关实践经验和增强改革开放中的公共关系意识。

3. 公关人员数量发展较快,但文化素质和专业水平偏低,呈现“三多一少”的局面。在中国公关人员中,从教人员约 2000 多人,他们大多从新闻、经济、管理、哲学、历史、中文等专业转过来

的，真正公关或传播科班出身的人较少；10万公关操作人员的素质和专业水平更低，据平均文化水平较高的厦门经济特区1987年调查，绝大多数的公关操作人员是大专和大专以下文化程度；中国公关从教、受教、操作这三种人员过多，而既有高深的理论功底又有丰富的实践经验的人员过少。这种局面将严重影响中国公关事业的健康发展。我们必须鼓励广大公关理论工作者敢于深入到经济建设和改革开放的实践中去锻炼，当然也要求公关操作人员接受严格的、专门的、高层次的理论培训。

4. 我国公关发展速度快但不均衡。从地域上说，南北差异大，东西不平衡。东南沿海地区得改革开放之先，市场经济发达，从而形成了强烈的公关意识和现代化的公关行为；西北内陆地区科技落后，国际交往少，观念比较保守，公共关系的发展还相对落后。随着西部大开发政策的实施和推进，这种状况必将得以改善。公关人员任重道远，在发达地区加强引导，在落后地区加强教育普及，是公关人员的职责。从公关本身来说，这种不均衡还体现在“外热内不热”上，即外部公关工作热热闹闹，内部公关工作冷冷清清。社会组织在开展公关工作时只重视“外求发展”而忽视了“内求团结”。一些有识之士提醒社会组织，做公关工作，莫忘了自家后院！

四、知识经济时代的中国公共关系

21世纪是一个充满生机和活力，对人类社会的发展提供更多挑战与机遇的世纪。21世纪也是唱响知识经济主旋律、倡导“知识产业”的新世纪。知识经济时代已经到来，它必将对中国公共关系事业的发展产生深远的影响。

(一)知识经济与中国公关面临的挑战

占国际经济主导地位的、以知识和信息为基础的知识经济，像对其他社会领域形成的影响一样，它带给公共关系的，可谓机遇与挑战并存。公共关系如果善于用新的思维方式,用知识和信息激活现有的明显滞后的理论和运作模式,将会在新世纪的知识经济中大有用武之地;反之,如果原地踏步,徘徊观望或沾沾自喜,则必将被关在知识经济时代的大门之外。

日益发达的公关咨询业在欧美国家一直被视为"知识产业"或"智业"的一个重要组成部分。这项被称为"第四产业"的新兴产业,以提供知识和信息咨询服务为主要内容,其作为企业家或政界领袖的"智囊"或"外脑"的角色地位,早已得到社会的广泛认知,已具有典型的知识经济职业特征。

对中国公关业而言,知识经济时代的到来首先意味着挑战。公共关系80年代初传入我国大陆地区后,从南到北,从东到西,在很短的时间内即得到了大范围的普及,而且90年代中期以前在某些地区、某些行业,公关还非常红火。但近几年公关热却降了温。究其原因,这与公关业还有些混乱无序,公关专业队伍也有些参差不齐,加之当代社会不断更新的新理论、新知识的冲击不无关系,已经引发了人们对新世纪公共关系的生存与发展的思考。

另一方面,公共关系自本世纪初在美国正式登上社会舞台后,其影响早已超越国界。战后迄今其在国际范围持续发展的势头更清楚不过地表明,它所倡导的精神代表了现代社会的发展方向。而我们毕竟已有20多年对公共关系理论和实践的探索。面对悄然临近的21世纪,中国公关界应当正视眼前困难和差距,重新审视自己的目标和使命,尽快建立与知识经济相适应的公关体系。这是我们面对知识经济的挑战必须达成的共识。

(二)知识经济为中国公关带来的机遇

知识经济在给中国公关界带来巨大挑战的同时,也为中国公关业的发展带来了难得的机遇,提供了理想的、富有希望的发展环境,从主、客观两个方面来看,开创中国公共关系事业的新局面,不仅条件已经具备,而且正逢其时。

从主观方面看,中国公关业在经历了20多年的风雨历程后,公关界反思自身的差距和不足,已经萌发了开创中国公关新局面的愿望。1997年11月,经过精心筹划的全国公关职业审定委员会在北京宣告成立,当即引起公关界和新闻界的关注。1999年1月,受国家劳动与社会保障部的委托,该委员会主持通过了《公共关系人员国家职业标准》鉴定。本世纪初诞生于美国的公共关系职业,在走过了风雨飘摇的百年历程后,能够在异国他乡率先获得等同于法律意义的认可(包括美国在内的其他国家还没有这种职业标准),这是意义深长的。诚然,这仅仅是一个良好的开端,围绕职业资格考核所展开的工作是一项浩大的系统工程,其最终成果尚需接受实践的检验。但这项工作本身是令人鼓舞的,因为它是千百万中国公关人的意愿所在。

发生在中国社会经济、政治、文化诸领域的深刻变革,正急切地呼唤着一种新的思维方式和行为规范,以便应付各种新情况,协调好已经和正在变化着的各类复杂关系。从人类社会业已取得的文明成就看,目前能当此大任者,只有公共关系。原因在于:1. 公共关系是商品经济社会的产物。商品经济的交换原则要求交换各方必须妥善地协调处理相互间的关系,否则,交换就不能顺利地进行。公共关系即以平等互利作为社会组织处理各类公众关系的第一要则。环视国内现状,由于市场机制推行之初,拜金主义泛起,游戏规则模糊,中国社会正需要公共关系这一体现崭新经济伦理思想的戒尺。2. 公共关系是社会组织而非个体的主体行为。现代社会的发展趋势已经十分清楚地表明:社会进步或徘徊、倒退,其决定因素或基本动力乃是有组织的群体行为,而非个人行为。公共关系在诞生的近一个世纪里,其追寻的目标一直是围绕"与公众一同发展"的社会效益来定位的。即使它的生命基因和活动舞台均与资本主义相牵连,我们依旧清楚地分辨出它弹拨出的分明是清雅之音。3. 公共关系的基本方法是关于组织信息的公开传播。而公开经营、公开立法和执法行政,并通过媒体传播接受社会公众的监督,正是现代文明社会的基本理念之一。公共关系在实践中已建立了一套较为科学完善的采集、分析、研究、了解公众意愿的企业或社会管理机制,并以此作为企业或政府机构运作的支持系统。

人们企盼着中国公关事业以"有准备的头脑",成为跨世纪的弄潮儿。世纪之交的企盼,汇聚了天时与人和,中国公关界推出自己的科学体系,应是适逢其时。

(三)建立面向知识经济时代的公共关系体系

建立面向知识经济时代的中国公共关系体系,不仅要把握国际公共关系发展趋势,尊重公共关系发展规律,更要研究中国国情,瞄准国家战略目标,适应我国社会主义市场经济发展和民主制度建设的需要,为国家的振兴和富强作出贡献。

科学的中国公关体系,应当包括目标导向、理论创新、职业规范、知识传播四个系统。

1. 目标导向系统

目标导向系统由总目标和分目标组成。

总目标应定位于:优化社会主义市场经济和民主制度建设环境,为两个文明建设服务。这个目标与江泽民同志在党的十五大的报告中所阐述的"富强、民主、文明"的国家目标是一致的。

分目标包括:学科目标、职业目标和行为目标。

学科目标:普及公关知识,矫正由于庸俗关系学的谬传而在人们心目中形成的对公共关系的片面的、错误的认识;尽快进行公共关系学科的配套,争取早日在高校设置公关学位点。

职业目标:确立公关人作为社会组织或社会领袖的智囊者与传播者的职业地位和声誉。为此必须旗帜鲜明地与伪公关、假公关作斗争。这是公关人立身立业立功的内在精神动力,建议写进全国公关职业审定委员会的有关文件中。

行动目标：公共关系的战略规划应围绕组织的目标统一制定。其战术行动，则有几个目标层次：提升员工士气；传播组织信息；协调公众关系；完善形象管理。将“提升员工士气”放在第一位考虑，意在强调内部公众关系的重要意义，也印证了“内求团结，外求发展”的公关内涵。

2. 理论创新系统

公关理论系统的创新，可以走综合创新的路子。即在现有基础上，吸收新的理论成果；在西方理论的基础上，吸收中国优秀的传统文化思想；以相关学科为基础，升华公关理论。属于新理论范畴的有企业文化理论、CIS（企业识别系统）理论、CS（顾客满意）理论等。还有近年风靡世界的第五项修炼理论，中国优秀的传统文化理论如儒家思想中的“仁”与“和”，以及“外圆内方”，都可以升华为公共关系的核心思想。公共关系理论的创新系统应当是个金字塔结构；居于顶端即统帅地位的，是公共关系赖以独立存在的核心理论。公共关系学的核心理论，现在的基本来源是人群关系论、行为科学和传播学。创新理论则应当是以此为基础的，融合儒家“仁和”思想和 CIS 理论、企业文化理论的进一步演绎和升华。顶端以下构件，涉及管理学、新闻学、舆论学、广告学、人际关系学、社会学、心理学、政治学、语言学、逻辑学、统计学、文化学、高品学、信息科学、系统科学、控制论、CIS 理论、第五项修炼理论以及社交礼仪、演讲、谈判等。这些基础理论或新学科领域是公共关系理论和方法的取之不尽用之不竭的源泉。公关理论只有不断汲取人类文明成果的营养才能获得永久的生命力。

3. 职业规范系统

没有规矩，不成方圆。公关业从混乱无序到规范有序，需要时间，更需要科学的职业规范。中国公关职业规范系统应当包括人员职业道德与行为准则、公关人员知识技能与考评晋级系统、公关活动效果鉴定与仲裁系统等。令人欣慰的是，我国公关界围绕这一重大课题的学术研究已经展开，职业规范的操作程序也已启动。我们相信职业公关人的未来一定会更美好。

4．知识传播系统

本系统承担三个职能：其一是业内动态信息的横向沟通；其二是在中外公关界之间架起知识信息传输和业务合作的桥梁；其第三个职能特别重要，应当引起业内同仁的特别关注：利用多种渠道在社会上传播公关知识信息，为公关在中国社会的立足发展创造良好的舆论氛围。

知识经济的曙光映射着21世纪的中国，对于中国公共关系事业的跨世纪发展来说，这的确是千载难逢的机遇。抓住机遇，迎接挑战，是时代赋予我们每个公关人的神圣使命。

第二章　公共关系运作主体——社会组织

公共关系是社会组织运用各种传播手段，来维持和发展与公众之间的良好关系的互动过程，其运作的要素构成是：主体——社会组织，手段——信息传播，客体——社会公众。了解公关运作要素的构成及其相互联系，是有效开展公关活动的前提。

第一节　社会组织的涵义与分类

一、社会组织的涵义

所谓社会组织，指的是由一定的社会成员、按照一定的规范、围绕一定的目标聚合而成的社会团体。它是一个与“个体”相区别的概念，是人们有意识地为实现某个特定的目标，依照一定的结构形式而打造成的有机整体。

社会组织一般具有如下特点：

1. 导向性。社会组织是人们为实现某个特定的目标而建立起来的，它的行为有较强的目标导向。建立组织的目的就是为了达成某个特定的目标，组织的成员根据目标属性和特定的功能，相互凝聚，结合成群。

2. 协作性。社会组织都有与实现其特定目标相适应的结构形式。通过这种结构纽带，把分散的、没有联系的人、财、物、时间、信息与环境等因素，在一定范围内联系起来。它要求组织成员之间相互协作、相互制约。

3. 动态性。社会组织是社会发展的产物，它的存在受到社会环境的制约。因此，组织无论形式还是目标，都不是一成不变的“铁打江山”。环境的变化，必然带来组织的相应改变，因为组织的存在意义在于完成社会分工任务，而这只有通过组织自身的动态运作来实现。

二、社会组织的分类

社会组织是具有特定目标、职能及一定独立性的社会群体。根据组织目标、职能、成员、结构、行为方式等要素的不同，可以将组织划分为不同的类型，如按组织职能的不同，可将组织划分成经济组织、政治组织、文化组织等。

由于公共关系研究的是组织形象的树立问题，因此，我们划分组织的类型要便于把握公共关系的核心及实质。而组织类型对于公共关系行为的核心及实质有较大影响的因素主要有两个：一个是营利，一个是竞争。据此，我们可将社会组织划分为竞争性营利组织、竞争性非营利组织、独占性营利组织、独占性非营利组织四大类。

1. 竞争性营利组织。这类组织为了自己的经济利益，为了在市场竞争中争取顾客，一般都会比较主动地去争取公众的支持，树立良好的组织形象。但比较容易偏重与市场活动直接相关的公众，其公关行为的营利性较为明显。

2. 竞争性非营利组织。这类组织没有营利动机，但由于需要在竞争中赢得舆论的理解和公众的支持，因此，也十分重视公共关系，会尽可能广泛地去建立和发展自己的公众关系。

3. 独占性非营利组织。由于利益驱动及压力竞争的缺乏，这类组织往往容易忽略自己的公众，甚至脱离公众，公关意识相对薄弱，公关行为相对滞后。

4. 独占性营利组织。由于对产品或服务具有独占性，管理机制上又不容易输入公众的信息而又有营利的机会，因此，这类组织容易产生违背公众利益的行为，从而陷入不利舆论的困境。

三、公共关系组织

作为公共关系运作的具体执行者，公关组织是主动开展公共关系活动，向公关客体施加影响的工作承担者，其构成要素主要包括公关意识、公关人员和公关管理三个方面。

(一)公关意识

公关意识是指社会组织为生存和发展而主动与公众进行沟通、协调、理顺和改善各种关系的意识。没有公关意识的社会组织便不可能成为公共关系的主体。在公共关系活动中，主体和客体划分的标准，在很大程度上是看哪一方主动，哪一方被动。社会组织也并不总是以主体的角色出现，在很多时候它又是其他主体的活动对象，成为别的公共关系运作的客体。主体和客体的相对性说明，公共关系运作主体的地位是主动争取的。如北京亚都公司以真诚讨教的方式——选派 100 名受过训练的大学生赴天津，在各大商场门口高悬“亚都有偿讨教”的横幅，散发 20 多万张求教印刷品，从而缩短了公司与消费者之间的距离，一举扭转了加湿器产品在天津市场滞销的被动局面。亚都公司以主动的沟通行为，改善了企业形象，获得了公众的认可，从而也获得了市场认同。

公关意识的内容包括五个方面：

一是对公共关系主体的认识，即对自身主体地位的认识，主要包括整体意识和形象意识；

二是对公共关系客体的认识，主要包括社会意识和公众意识；

三是对公共关系主客体关系的认识，包括开放意识和互利意识；

四是对公共关系运作过程的认识，包括传播意识和服务意识；

五是对公共关系活动动力的认识，包括危机意识和成就意识。

(二)公关人员

有些社会组织中由于公关意识深入人心,组织的每一个成员都可能成为公共关系主体的代表者。但在具体的公共关系实践中,公共关系主体并不是全员上阵一起出动的,它常常是组织团体中的某些人在开展公共关系活动。这些人中有组织的领导、销售科长,但主要是专职公关人员,如果没有这样一批公关人员,公关活动便无从运作。

必须说明的是,公关运作主体必然是社会组织,即社会组织如何与公众沟通,如何树立良好形象,但公关活动中,个人也要同社会公众发生联系,或者代表社会组织与公众发生联系。这是一种公共、公开的公众关系,不能等同于一般的人际关系或私人关系。

(三)公关管理

公共关系管理是指对组织与公众之间传播沟通的目标、资源、对象、手段、过程和效果等基本要素实施的管理。这种管理同样也包括了决策、计划、组织、指挥、控制、协调和监督等基本环节,因此,公关管理也是对组织的公众传播沟通活动进行决策、计划、组织、指挥、控制、协调和监督。其主要内容有:

1. 公众信息管理

公众信息管理即组织与公众之间信息流通的管理,既包括对社会公众信息的收集、整理、如何提高信息质量和效率;又包括组织对公众环境的信息输出。

2. 公众关系管理

公众关系管理即对组织与公众之间的关系,包括现实或潜在关系、直接与间接关系所进行的管理。

3. 组织形象管理

组织形象指组织的知名度与美誉度,是组织素质、实力和表现在公众中获得的认识和评价,是现代组织的一种无形资产。公众对组织的认识与评价是组织形象管理的主要内容。

第二节 公共关系组织机构

公共关系是市场经济的产物，公共关系职业的出现，也是市场经济发展的必然结果。美国是公共关系职业的发源地，这与美国市场经济的高度发达有密切关系。公共关系组织机构的发展与公关职业化的推进密切相关。目前，美国几乎所有初具规模的企业或公司都有专门人员和专门机构从事公共关系职业，此外，还有数千家各种类型的专业公司进行包括政治、经济、金融、新闻、文化、军事等业务的公关职业活动。美国政府也十分重视这项职业，联邦政府雇佣了1200多名工作人员处理公共关系业务，经费支出高达10亿美元。

近几年，随着我国社会主义市场经济的稳步发展，公共关系职业化特点越来越明显，公共关系组织机构也越来越健全。根据公共关系实践的历史和现状，我们可以将公关从业人员的岗位归属分为三类组织机构：组织内部的公共关系部、社会上的各种公共关系公司、类型众多的公共关系社团。

一、公共关系部

公共关系部是社会组织为了实现组织目标，贯彻公共关系思想，由专业公关人员组成的以塑造形象，协调关系为任务的专门机构。它与组织内部的人事、财务、计划、业务、技术等部门一样，是组织的重要职能部门。公共关系部的具体称呼在不同组织有不同叫法，如公共事务部、公关广告部、社区关系部等。

（一）公共关系部的组建

一般来说，公共关系部的规模与组织的规模、效益、区域范围成正相关关系，组织规模大，其公关部规模相应也大。此外，不同性质的组织面临着不同的公众，其公关工作重点也不相同。因此，公共关系部要有针对性地设置，突出工作特点，不能采用千篇一律的模式。

（二）公共关系部的工作内容

公共关系部的工作内容极为丰富，英国公关专家弗兰克·詹夫金斯将之归为26条，全面地概括了公共关系部在对内关系、对外关系以及专业制作三方面的职能。这26条正好可用26个英文字母来标列，故又称“公共关系的从A到Z”：

A. 写作并向报刊发布新闻、照片和特写，发布前编好报刊的名单；

B. 组织记者招待会，接待参观访问；

C. 向媒介提供信息；

D. 为管理部门安排接见报刊、广播和电视记者的访问；

E. 为摄影师作情况介绍，保存照片资料；

F. 编辑出版供员工阅读的杂志或报纸，组织其他形式的内部通讯，诸如录像带、幻灯片和墙报等；

G. 编辑、出版以经销商、用户、顾客为对象的对外刊物；

H. 编写并提供各种资料，诸如培训资料、企业的历史年度报告、新员工须知，以及供学校用的教育招贴；

I. 制作视听材料，诸如记录片，同步幻灯片、录像带，包括分发编目、放映以及维护工作；

J. 组织有关展览会，提供陈列品，并提供交通工具；

K. 创制并维护企业识别标志，诸如商标配色图案，专用印刷的风格以及车辆上的标志等；

L. 主办有关公共关系活动；

M. 组织参观工厂等活动，并提供各种方便；

N. 参加董事会和生产、市场营销及其他主要负责人会议；

O. 出席销售和经销商的会议；

P. 代表企业出席行业性会议；

Q. 负责同公共关系顾问联系；

R. 培训公共关系员工；

S. 进行意见调查或其他调研活动；

T. 监督广告——和广告专业单位联系(如果广告工作也由公关部管理)；

U. 和政治家或公职人员联系；

V. 当新厂房或办公楼落成举行开幕式时，接待来宾和新闻界；

W. 安排官员和国外人士来访、参观；

X. 举办纪念活动，如百年纪念或获奖纪念；

Y. 从报纸、广播、电视或其他外界的报告中获得反馈，进行组织整理；

Z. 分析反馈，评估预定目标的实现结果。

(三)公共关系部的人员设定

为了保证公共关系部26项任务的落实，必须科学合理地配备公关人员，以企业为例，公关部人员的配置常由企业的定期销售额决定，其比率可参照下表：

定期销售额	企业公关部人数
10亿美元以上	65人
5~10亿美元	20人
2.5~5亿美元	13人
1亿~2.5亿美元	12人
0.5~1亿美元	6人
0.5亿美元以下	4人

二、公共关系公司

公共关系公司是专门从事公共关系咨询或向社会组织提供公共关系服务的、具有法人地位的独立组织。1903年，艾维·李首创了公关公司性质的事务所,1920年,美国人N·W·艾尔正式开办了公共关系公司。40年代,美国建有75家公关公司;80年代,已有约1500家此类公司;90年代,突破2000家,其中仅纽约市就有近500家。美国目前约1/3的工商企业与公关公司有经常性业务往来,1/2以上的工商企业除自设公关部外,还长期从公关公司聘请职业顾问。日本目前有70%以上的工商企业利用公关公司开展公关工作,香港也有公关公司20多家。

(一)公共关系公司的基本职能与工作内容

公共关系公司的基本职能是:指导其委托人(或客户)的公关活动,帮助委托人沟通与公众的情感联系,为委托人传播良好声誉,促进委托人的运行朝有利的方向发展。基此,公共关系公司工作的主要内容则有:

1. 帮助委托人确定公共关系目标,并对影响公共关系目标的行为或政策,充当委托人的顾问和指导。

2. 协调委托人与各类公众之间的关系,帮助委托人与公众实现双向信息交流。

3. 帮助委托人确定公关宣传的内容和沟通方式。

4. 协调委托人开展内部公共关系工作。

5. 从公共关系角度,对委托人的经营管理决策提供建议或忠告。

6. 帮助委托人培训公共关系人员。

7. 代理专门的公共关系实务活动。

8. 为小型企业或没有公共关系机构的委托人全面代理服务。

9. 协助委托人编制公共关系预算,并评估公共关系计划的实施效果。

由于公共关系公司长期致力于公关工作,见多识广,经验丰富,网络完善,人才众多,设施齐备,开展公关工作往往能取得较大的影响,收效明显。加之公关公司为超脱于委托人的局外人,分析问题时有“旁观者清”的外在优势,可以避免先入为主的观念,因而受到委托人的欢迎。

(二)公共关系公司的选择与考核

随着公关事业的蓬勃发展,公共关系公司在我国如雨后春笋般地涌现出来,一大批知名度高、信誉度好的公共关系公司在竞争中脱颖而出,这就为客户挑选优秀的公关公司作合作伙伴提供了良好的条件。一般来说,客户选择公关公司,必须至少考察公关公司五个方面的表现:

1. 信誉、声望、知名度状况。这项可以通过调查其已有业绩(如以前获得成功的公关策划与实施)或先前客户的评价来完成。

2. 业务专长。有的公司可能擅长于处理政府关系,有的公司拿手的是市场营销,有的公司则长于调解内部矛盾……因此要根据委托人自身的需要,选择熟悉业务的公关公司。

3. 人才优势和设备状况。显然,那些人才齐备、设备先进的公关公司在同行中更有竞争力。

4. 经济状况。经济实力强,说明公司的客户多、业务量大。同时,经济有实力又容易吸引一流人才的加盟,提高公关公司整体运作能力,保证委托人利益的充分实现。

5. 收费标准。“少花钱,多办事”,“花小钱,办大事”这是经济活动的共同要求。公关公司的收费方式一般分项目收费和计时收费两种。项目收费参照市场收费水平,经双方协商来确定,可以预收一部分,也可全部预支,等项目完成再实报全部费用。计时收费则按完成该项目所需的实际时间计付报酬。一般的计时标准为每小时收费为该工作人员每小时基本工资的2.5~3倍,如美国纽约市的公共关系收费最高为97美元/人时,加利福尼亚为74美元/人时,中西部和南部地区为69美元/人时。我国的公共关系收费也正逐步走向规范化。

三、公共关系社团

公共关系社团指的是自发组织起来的、非营利性的，从事公共关系理论研究和实务活动的群众组织或团体，其工作涉及面很广，主要包括如下几方面：

1. 会员联络

各个公关社团都由一定数量的会员组成。社团的任务之一就是与分散的会员建立经常性联系，对内加强凝聚力，把社团变成“会员大家庭”；对外加强横向联系，与其他公关团体建立合作往来关系，形成有效的社会网络。

2. 规程制订

公共关系的规程主要包括各公关社团的组织宗旨、工作任务、工作要求以及公关从业人员的职业道德规范等。制订、宣传并监督执行规程的落实，这是公关社团的一项基础性工作。世界各国公关社团都极其重视规程的制订，美国、英国、日本还有中国的公关协会，都制订了详细的从业人员职业道德规范。

3. 专业培训

进行公共关系专业知识和技能的培训，是公关社团的一项经常性工作，有的公关社团本身就是一所培训学校，如博雅公关学校，沈阳立人公关培训所等。英国公关协会还经常举办 AM 证书和文凭两个层次的考试。

4. 知识普及

公关社团肩负着向公众宣传公关基本知识、介绍公共关系发展历史、反映国内外公关现状的义务，同时还有为会员和公众提供从事公共关系管理深造的义务。

5. 资料编制

编辑并印制公共关系的图书、报刊和其它资料，是公共关系社团进行公关信息交流，传播公关知识，营造公关氛围的重要手段。

在美国影响较大的公关出版物有《国际公共关系评论》、《公共关系新闻》、《公共关系杂志》等;英国的公关资料主要有《公共关系简报》、《公共关系年鉴》、《国际公共关系协会评论》等;在中国大陆,也涌现了《公共关系报》、《公关导报》、《公共关系》杂志、《公关世界》等具有较大影响的出版物。

职业化是公共关系事业成熟的一个重要标志,而完备的组织机构,又是促进公共关系事业健康发展的组织保证。

第三节　公共关系从业人员

1997 年 11 月 15 日,我国公关职业审定委员会在北京成立,其主要工作是对公关职业的名称、定义、工作描述、技能标准及鉴定进行规范。经讨论研究,公关职业定义为专门从事组织机构信息传播、关系谐调、形象管理、咨询策划实施的实务工作人员,其名称为公关员和高级公关员。

公关从业人员既是公共关系活动的设计者,又是公共关系活动的组织者。公关工作的推进既会受到组织负责人态度的影响,也会和受到组织所处客观环境的制约,但最根本的方面还在于公关从业人员的素质与能力。

一、公关从业人员的素质

素质是人们平素所表现的气质、风格、修养、学识等方面的基本品格,是一种以人的生理条件为基础,在社会生活中逐渐发育成熟的心理特征。公关从业人员的素质,指的是具有公共关系职业特点的现代人全面发展的品格特征,如现代人的思维方式,现代人的思想观念,现代人的知识结构,现代人的形象意识,现代人的价值取向等等。这些素质可以概括为如下几个方面:

(一)品德素质

费尔巴哈说过:“品德不是别的,而只是人的真实的、完全健康的本性。”这里的品德,是做人做事的基础,是各行各业都应该具有的品质。公共关系作为一种职业,经过长期的发展,已经形成了一套自身特有的职业道德体系,公关从业人员应把这优良品质和高尚道德内化为自己的自觉行为。

1. 基本品质

公关人员处世立身的基本品质是诚实、公正、谦和与宽容,不具备这些品质,就不可能事业有成。

(1)诚实无欺。公关从业人员做的工作是与人打交道,而人是有感情的,“士可杀,不可辱”,欺骗他人就是一种“辱人”行为。因此,公关人员无论在什么场合、什么条件下,都必须以诚待人,不撒谎,不隐瞒,诚实做人,诚心做事。诚实无欺本身也会产生强大的人格魅力。

(2)公正无私。为人正直,处事公平,不偏私心,不谋私利,这是公关人员处理内外关系时必须遵守的一条原则。组织内部,无论亲疏远近、职位高下,都应一视同仁、平等相待;在对外交往中,既不能为了组织利益损害公众利益,也不能一味迎合公众而置组织利益于不顾。只有对内对外都正派公允,才能赢得公众信任。

(3)谦和不骄。公关工作是一种群体工作,合作、互助、友爱、信任是顺利开展工作的前提条件。因此,公关人员待人接物要温和礼让,和蔼近人;对同事、同行甚至新老客户要态度谦虚,善解人意;取得成就时乐于和大家共同分享,不能独占功劳、居功自傲。

(4)宽容大度。公关从业人员在接触各类公众的同时,难免遇到一些不愉快的人和事,只有胸怀宽广,大度容事,不计较得失,不牵扯恩怨,才能创造出和谐的人际关系气氛。特别是遭遇紧急情况或尖锐矛盾时,不能急躁冲动、大动肝火,要有忍一时屈辱的度量。因为有理不在声高,时间能检验一切。

2. 职业道德

诚实无欺、公正无私、谦和不骄、宽容大度,这是公共关系从业人员做人、做事的基础,但仅仅这些,还适应不了公共关系职业的要求。正如医生有医德,教师有师德一样,公共关系从业人员也有自己的职业道德。恩格斯说过,世界上有多少种职业,便有多少种职业道德。公共关系的职业道德,是在实践中逐渐形成的对职业行为的道德要求。各国和国际公共关系组织为公共关系职业道德的系统化、正规化、制度化作了巨大努力,形成了大量的"职业准则"、"行为准则"。在众多的公关职业准则中,《国际公共关系道德准则》、《英国公共关系协会行为准则》和《美国公共关系协会标准准则》的影响最大。我国也于 1989 年提出了《中国公共关系职业道德准则》。

《国际公共关系道德准则》于 1965 年 5 月在雅典召开的国际公共关系协会全体大会上通过,1968 年 4 月德黑兰大会对该《准则》进行了修改。准则条款分"应该努力做到"、"应该保证做到"和"应该避免"三部分,共 13 条。英国和美国的公共关系协会行为准则的条例部分,内容非常接近。《中国公共关系职业道德准则》是以我国公认的道德规范和公共关系实际为出发点,借鉴《国际公共关系道德准则》、英美公共关系协会准则以及其它有价值的参考文献的结果,全文如下:

总　　则

中国的公共关系是在改革开放形势下出现的新生事物,它的诞生和发展对贯彻执行党的"一个中心、两个基本点"的基本路线,对我国市场经济的发展、社会主义精神文明建设起着特定的推动作用。中国公共关系从业人员在从事公共关系活动中,以塑造不同的个人、团体和社会组织的形象以及他们之间的沟通、理解、和谐、拓展、合作,推进社会主义的公共关系事业为最高境界。由于公共关系从业人员能够借助现代化的大众传播媒介手段直接或间接地与成百万人进行接触，并深刻地影响到公众的思想和生活，因而公共关系从业人员的这种能力必须受到严格的职业道德准则的制约。有鉴于此，凡认同并在下述职业道德准则上签字的所有公共关系组织都应该以本准则所规定的各项原则自律。如果发现某个公共关系组织或个人在履行职责过程中违反了本准则，则将被认为犯有渎职行为而受到相应的处罚。

条　款

1. 每个公共关系从业人员必须使自己的公共关系实践理论符合我国的宪法、法律和社会公认的道德规范，必须铭记他自身的一举一动都将影响到社会公众对这种职业的总体评价。

2. 在任何情况下，公共关系从业人员必须做到全心全意为我国的社会主义事业服务，都应该考虑到有关各方的利益，首先应该考虑社会公众的利益，同时也应该考虑自己所在组织的利益。

3. 公共关系从业人员在进行公关活动的时候，力求真实、准确、公正和对公众负责。

4. 从事各种专业公共关系的专职人员应该在借鉴、钻研和实践的基础上努力提高各自的公共关系业务水平。

5. 公共关系教育工作者应该以一种严肃、认真、诚实的态度对待公共关系高等教育和普及教育。

6. 公共关系从业人员不得参与不道德、不诚实或有损于本职业尊严的行为。

7. 公共关系从业人员不得为了个体利益故意传播虚假的或使人误解的信息。

8. 每个公共关系从业人员不应该有意损害其他公共关系从业人员的信誉和公共关系实务。但是如果有证据证明其他公共关系从业人员有不守法或不公正行为，包括违反准则行为，应该向自己所属的公共关系组织如实反映。

9. 公共关系从业人员不得借用公共关系名义从事任何有损

公共关系信誉的活动。

10. 公共关系从业人员不得利用贿赂和其他不正当手段来影响传播媒介人员真实、客观的报道。

11. 公共关系从业人员在国内外公共关系实务中应该严守国家和各自组织的有关机密。

(二)文化素养

公共关系是一门包容多元知识结构的学科,它融自然科学、社会科学和技术科学相关学科为一体,注重多重知识的综合运用。美国经济一直处于世界领先地位,与其拥有一支高文化素养的公关队伍是分不开的。公共关系从业人员的文化素养有三个层面的内涵:

1. 基础知识。主要包括社会学、心理学、舆论学、政治学、语言学、经济学、统计学、文化学等基础学科的基础知识。

2. 专业知识。主要指公共关系学、大众传播学、信息决策学、市场营销学、组织行为学、商品学、管理学、人际关系学、广告学等相关学科的基本知识。

3. 应用知识。具体有市场调查、公关策划、新闻写作、演讲与口才、计算机应用、主持会议、书法绘画、形象设计、外语口语、采访等公共关系专业应用知识。只有拥有丰厚的文化修养,广博的知识积累,才能站得高、想得深、看得远、测得准,才能出色完成公共关系的各项工作。

(三)心理素质

美国著名心理学家特尔曼和西尔斯经过长达半个世纪的追踪研究证明:人的个性心理素质与人才的成功关系非常密切。近些年的公关研究者也发现:同样的公关策略或任务,由不同心理特征的人来执行,结果会出现很大差异。可见,公关活动的成败,不仅取决于公众态度,而且与公关从业人员的心理素质有很大关系。

公共关系从业人员的心理素质要求是由公共关系工作的特殊

性决定的,主要反映为四个方面:

1. 兴趣广泛。兴趣是最好的老师,是人们力求认知某种事物或爱好某种活动的倾向。兴趣越广,求知欲越旺盛,思想也越活跃,处理问题的能力就越强。公共关系工作涉及面广,所接触的各类公众有着不同的文化背景,所组织的公关活动有着千差万别的内容。如果公关人员不具备广泛的兴趣,不了解不同区域的文化差异,就很难发现公众的关注热点,产生不了共同语言,难以与公众达成共识,因而也就实现不了与公众的情感沟通。

曾有人说,公共关系是通才的事业。通才是现代社会对人才的需求趋势,而广泛的兴趣则是走向通才的必由之路。公关人员应根据自身积累和职业需要,广泛吸收新知识、新信息,不断增长才干,把自己培养成公共关系各种实务的多面手。

2. 性格开朗。性格是个体对现实稳定的态度和习惯化了的行为方式。人的性格是在社会生活环境的作用下形成的,并且能够在实践活动中重建。为了适应公关工作的需要,公关人员应当在自己的性格重建中保持和发扬开朗、热情、勤奋、坚韧等优良品质。

一般来说,性格可分为外向型和内向型两种。外向型性格的人,心理活动倾向于外露,对周围环境怀有浓厚兴趣,表现为开朗、活泼、善于交际。内向型性格的人,心理活动倾向于隐含,不容易为外人所察觉,表现为沉静、缓慢、孤僻、适应能力较差。由于公关人员要经常性地与组织内外各类公众交往,即使是偏重研究咨询的公关人员,也要求有一个比较广泛的联系网络。多数学者认为,外向型性格有助于人际间的沟通和信息交流,因而更适合从事公关工作。

如前所说,性格并不是一成不变的,它可以在实践中不断重塑,性格内向的人,只要他努力克服迟缓、孤僻等不适于公关活动的因素,也同样能较好地胜任公关工作。而性格外向的人,如果他放任自己的举止，大大咧咧，好表现，好为人师，同样与公共关系无缘。

3．情绪乐观。公共关系工作是社会性极强的工作，要求公关人员有干劲、有热情，遇到困难不妥协、不泄气。特别是当组织面临突发事件，公关人员更应该情绪饱满，态度从容，切忌在公众面前流露出畏惧、惊恐和败落的神情。公关人员如果能够始终在工作中保持稳定、乐观的情绪，不仅可以提高自身的工作效率，而且还能感染公众的情绪，使公众感到亲切、可信，精神愉快。显然，这样的情绪状况对建立互信互惠的双边关系是极为有利的。

4．意志坚强。海明威著名小说《老人与海》的主人公有一句名言：你可以战胜他，但你永远打不垮他。“打不垮”的不是指人的躯体，而是指人的意志。意志是自觉地确定目的，并根据目的去支配、调节行动，克服各种困难，实现预定目的的心理过程。

现代竞争的激烈演进，把企业推到了不进则退的经济洪流中。公关人员肩负着优化组织生存环境，帮助组织克服自身弱点，抵御外界压力冲击的使命。只有具备坚强的意志，才能以充沛的精力去战胜困难，排除险情。那些经营成功的企业，都是凭着一股百折不挠的勇气，坚韧不拔的毅力开辟出求生道路的。作为一名公关人员，如果立志无常，遇难变向，便无法取得工作成效。

（四）生理素质

公共关系职业虽然不要求从业者要有运动员的体格、演员的容貌、外交家的风度、学者的记忆，但由于公关人员必须经常出入社交场合，甚至在许多正式场合代表组织最高领导同外界交往，如接待国际友人的来访，接受新闻记者的采访，与客户谈判等等。因此，公共关系还对其从业人员的体型、仪表、容貌、风度及记忆、思维、反应等生理素质有一定要求。研究表明，适中的体型、端庄的仪表、得体的举止、健康的体格，在公关交往中能增加交往魅力，吸引公众注意，并激发公众好感，给公众留下良好的第一印象。有了良好的第一印象,也就为组织进一步开展公关活动提供了有利的基础。

为了加深与公众的友好联络,公关人员除了应该具有上述外在生理条件外,还应有旺盛的精力,清醒的头脑,敏捷的思维和准确的记忆。这些内隐的生理条件有助于公关人员有效地捕捉信息、融通感情、审时度势、把握良机。拿破仑对在检阅中询问过的士兵,事隔多年仍能准确无误地说出那些士兵的姓名与爱好,这一非凡的记忆力为拿破仑的形象增添了一道耀眼的光环,极大地强化了他的领袖风采,在激励斗志、鼓舞士气方面起到了巨大作用。

二、公关从业人员的基本能力

良好的素质,最终还必须通过综合、具体的实践与锻炼,才能形成实际工作能力。公共关系要求是通才与专才的结合,在现实生活中,每个人的能力都是有限的。作为公关人员,我们认为必须具备以下几种基本能力。

(一)组织能力

公关人员的组织能力主要表现为在落实和实施公共关系计划过程中,有效地排除可控因素的干扰,最大限度地保证公关方案实施的指挥与控制能力。公关工作过程中的信息传递、资料整理、编辑出版,以及各种纪念会、庆典、记者招待会、展览等,都需要周密的策划和精心的组织。如果公关人员要安排一次联谊活动,至少须做好五项工作:一是选择联谊对象,及时向其发送联谊信息;二是联谊现场安排,包括选择场所、布置现场、准备茶水食点、安排联谊节目等;三是确定工作人员,明确各自分工,层层落实责任;四是经费预算,包括场地租金、现场布置材料费、茶水食点费、纪念品采购、交通费、请帖信函及邮资等;五是预防意外,如音响失效、停电、食物中毒、纪念品不够、交通障碍等等。如果有必要,公关人员还可以将联谊会的情况整理成小消息,向新闻媒介投送发布。组织能力强的公关人员总是能把纷繁复杂的活动安排得有条不紊。

(二)表达能力

表达能力是组织能力及其他能力的直接实现工具。公共人员的表达能力主要包括口头表达能力、书面表达能力和形体表达能力等几方面。

口头表达要求公关人员做到:一是言能尽意,能准确地将自己的思想告知对方;二是口齿清楚,声音动听,感染力强,能引起公众注意;三是现场控制,能应付来自各方面的提问,机智幽默,巧妙答话,驾驭谈话方向,营造良好的交谈氛围。书面表达要求公关人员能写作各种应用文稿,如公文、柬贴、楹联、消息、通讯、人物特写、报告文学、公关广告、演讲稿、各种合同文书等。特别是新闻稿件的写作,是公关人员必备的基本功,许多公关专家在列举公关从业人员的工作内容时,都把撰写高质量的新闻稿件放在首位。

形体表达要求公关人员能够根据不同的场合与目的,运用手势、表情、姿势、发型、着装来传达那些口头和书面难以或不便表达的信息。举止端庄、表情自然、言行礼貌、服饰得体的公关人员,即使他不说一句话,公众仍能从他的形体表现中获得许多的信息。

(三)社交能力

公关人员是组织对外关系的外交家。由于他们经常参加社交活动,负责接待工作,社交能力对公关人员维护组织形象是极为重要的。社交能力主要表现在三方面:

1. 审美能力。公关人员要有对自身形象的审美评价和选择能力。当公关人员仪表堂堂、容光焕发地在公众面前亮相时,能激发公众与之交流的愿望,从而引发对其所属组织兴旺发达的联想。公众透过公关人员的个人形象,看到的是组织的良好形象。

2. 司礼能力。公关人员应具有熟练安排社交活动程序、通晓各种礼仪礼节的能力。如对等接待礼节、提早等待礼节、主动自我介绍原则、站式座式礼节、进出迎送礼节、守时原则、不随便打断谈话礼节等等。

3．交友能力。公关人员要树立公众即朋友的观念，广交新朋友，不忘老朋友。与各界交朋友，必须以诚相待，不断联系。逢节遇喜，可向公众寄发贺卡、礼品或直接登门问候；对方有困难，要慷慨相助，不计得失。只有这样，才能永远保持良好的人际关系。

（四）专业技术能力

公关人员按分工要求，应该掌握相应的一整套专业技能。如编辑排版、绘图、打字、摄影、摄像、录音、美工、民意测验等技术与技能。此外书法、弹琴、唱歌、跳交谊舞、下棋、桥牌、集邮、服装设计、烹调等技能的掌握，也有利于公关人员顺利完成公关工作。

（五）应变能力

组织在其运行过程中，难免遇到这样那样的突变情况，公关人员要有随时应付各种变化的心理准备和应变能力。当不利于组织发展的事件突降时，应迅速采取措施，摸清事实原委，控制事态发展，引导舆论，妥善处理后事。应变能力还表现在灵活的处理方法和技巧上。要善于从不同角度去分析，特别是对日常公关工作中遇到的问题，更应该能屈能伸，避开冲突，以迂回形式达到既定目标。

（六）创新能力

公共关系的生命在于创新。照葫芦画瓢，人云亦云，拾人牙慧是不可能有新突破、新成就的。“创新”要求公关人员解放思想，大胆设计，果断行动，敢于尝试，敢于突破。做到人无我有，人有我新，人新我精。位于北京中关村的猎奇门啤酒馆在啤酒市场供大于求，各大商家叫苦不迭的时候，推出一项全新的服务措施：让啤酒爱好者到酒馆亲自酿酒，两星期后自酿自饮。这一做法使众多啤酒爱好者结帮而来，在师傅的指导下，他们摆开阵式，清缸、配水、磨料、加温、忙活不停，完了封桶加盖，贴上酿酒人的名字。两星期后当这些酒友们重返酒馆搬桶拆封时，一股股清冽的酒气扑鼻而来，众酒友兴奋得“哇哇”大叫，那场面令每一个在场的人都深受感染。猎奇啤酒馆于是连酒带馆一起飘香了北京。

值得一提的是，上述所说的公关人员的素质和能力，是就公共关系工作总体而言的，并非雷打不动地要求每一位公关人员都必须具备所有的条件。金无足赤，人无完人，对公关人员也不可求全责备，过于苛刻。

四、公关人员的培训和选聘

据资料统计，美国当今最为热门的25个行业中，公共关系占了8个。随着世界经济的发展，社会对公关专业人员的需求必然会呈增长趋势。公共关系在我国兴起的时间虽然不长，但发展迅猛。由于目前我国现有公关队伍中的多数成员未受过公关专门教育和培训，其素质和能力适应不了公关工作的需要。要进一步发展我国的公关事业，推动公共关系队伍健康成长，就必须开展多种形式的公共关系教育和培训活动，使有志于公共关系事业的从业者有条件受到严格系统的教育和培训。

(一)公关人员的培训

从教育学角度看，公关从业人员培训的方式主要有理论教育和职业实践两种。

1. 理论教育

一定的公共关系理论功底，是公关从业人员顺利开展公关工作的重要资本。理论知识的掌握一般可以通过院校教育和社会教育两条途径来实现。

(1)院校教育。这是一种有明确的培养方向和目标，有系统的教学计划、教学大纲，并配有专业师资和专业教材的正规教育方式。从中外公共关系教育的历史和现状来看，院校教育主要是在高等院校开设公共关系课程或招收公共关系专业学生。其课程主要有：基础课——主要包括大学语文、经济学、经济法学、社会学、心理学、外语、计算机应用等。专业基础课——主要有管理学、传播学、文学、美学、商品学、市场营销学、行为学、广告学等。专业课——主要包括公共关系原理、公关调查、形象策划、案例分析、交际与口才、文案写作、形体训练等。

(2)社会教育。除了院校教育培养公关专业人才外,社会教育也是提高公关从业人员理论水平和业务素质的重要途径。社会教育是一种非学历教育,有普及型和提高型两种方式。普及型教育的重点是向非专业人员普及公共关系知识,这些非专业人员在接受公共关系知识后,再经过进一步的学习深造和实际锻炼,有可能成为公关专业人员。提高型教育侧重对现有公关人员进行集中培训,以提高整个公关队伍的理论和工作水平。

无论普及型还是提高型,教育都要有针对性。培训的具体方法可以是走出去也可以是请进来。"走出去"即组织选派人员或者参加短训班,或者到院校旁听公关专业课程,或者委托院校代培等等;"请进来"即半脱产或不脱产培训,由组织聘请公关方面的专家学者或实业界人士举办讲座或短训班,进行公关专业理论和技能培训,也可以参加业余大学、函授和自学考试等等。

社会教育是正规教育的有益补充。"活到老,学到老",即使是受过正规教育的公关人员,也必须定期进行知识、技能的更新,在岗位上接受继续教育。我国劳动和社会保障部规定,从2000年开始,公关岗位从业人员必须持有公共关系职业资格证书。

2. 专业实践

公共关系是一门应用性极强的学科,诸如公共关系调查,公关方案策划、CIS导入、社会人情的练达,这些都是仅靠理论教育难有收效的。优秀的公关人才只有在理论教育的基础上,通过丰富的专业实践才能锻炼出来。

(1)企业生产经营实践。即熟悉企业购、运、存、产、销各业务环节的基本程序、工艺和方法,对由于产销业务引起的人流、商流、物流、信息流的变化情况了如指掌。公关人员首先应该是企业生产经营活动的行家里手。

(2)企业管理实践。对企业来说,管理是永恒的主题。公关人员作为企业决策的参谋,必须积极参与企业的各项管理活动,必须了解企业人、财、物、信息等生产经营要素运动引起的计划、组织、指导、控制、协调管理等活动情况。通过有效管理,实现人尽其才,物尽其用,财尽其力,信息畅通。

(3)基本技能实践。主要是组织能力,表达能力,社交能力,应变能力,创新能力的实践和提高。通过反复实践,使之掌握筹划公关专题活动的技巧,学会巧妙处理人际关系,掌握各种宣传材料的制作,积累处理突发事件、化解内外冲突的经验。

(4)专业技能实践。开展公关活动需要许多专业技能,如制作广告、编辑文稿、演讲谈判、计算机操作、市场调研、摄影摄像,以及琴、棋、书、画、牌、舞等等,这些技能也只有通过实践才能提高。

(二)公关人员的选聘

公共关系诸要素中,人是最活跃的因素,没有合格的公共关系人员,公共关系事业就不可能健康发展。选拔和聘用合格的公关人才,是有效开展公共关系工作的重要保证。

1. 公关人员的选拔

公共关系对公关从业人员提出了一系列素质和能力要求,这些素质和能力如何测定,目前还没有直截了当的方法,这就增加了准确选拔公关人员的难度。为了减少人为因素和人才测定技术因素对选拔行为的影响,我们应该尽量做到如下几点。

(1)掌握用人原则。选拔合格的公关人员,首先要遵循一定的用人原则和标准。通常情况下,必须把握两条:第一,唯贤是举。公共关系本质上是一种高智力、高水准的创造性活动,它要求从业者既要有较高尚的品德境界,又要有较深厚的公关专业实力。只有那些德才兼备者才能较好地承担真正意义的公共关系工作。因此,在选择公关人才时,必须审慎对待,坚持严格考核,任人唯贤的原则,不设人情岗,不搞拉郎配。第二,用人所长。现实中每个人都不可能十全十美,公共关系要求从业人员应具备的素质和能力是就公关队伍整体而言,即一个公关组织机构的人员匹配中必须考虑的方方面面,而就单个人员来说,往往很难达到所有的要求。选拔公关人才,如果完全按上述标准去套,十有八九要落空。事实上,公关事业既需要能力素质全面发展的通才杂家,又需要具有特殊能力和技巧的专才。“取人之长”,“避人之短”,由性格各异,专长互补的人员组成的公关机构,一定会有生龙活虎的气概。

(2)严格选拔程序。按程序办事,既可以避免人为因素的干扰,又可以有效地保证人才选拔的质量。公关人员的选拔程序可分四步:第一步,明确目标,即确定人才标准、所设岗位、活动组织者等问题。目标明确了,选拔工作才能有的放矢。第二步,制定计划,包括确定招聘人数和男女比例,拟定招聘广告,设计考试内容,确定主持人、阅卷人名单,拟定评分标准,设计制作报名表,作好选聘活动开支预算等。第三步,考查与考核,包括公布招聘消息,组织报名,分析报名者提供的有关资料,进行口试笔试。第四步,确定人选,即对每位应聘者的各种资料进行测评汇总,并据综合评分的高低排序,然后按“看分不唯分,重在实际需要”的原则进行取舍。

2. 公关人员的聘任

聘任工作一般分两步,先约见面谈,然后举行聘任仪式。约见面谈是根据选拔结果个别约见入选的每一位成员。面谈的内容一般为介绍组织基本情况,提出公关工作的任务和要求,告知所聘职务、职责和工作待遇。举行仪式即在征得聘任对象同意之后,商定一个日期发放聘书的形式。聘用可根据实际需要而定,仪式上可以要求受聘者进行职业宣誓,誓言内容主要是公共关系职业道德准则。

3. 公关人员的考评

选聘工作结束,并不等于公关事业就能自行推进,还必须加强对公关人员定期或不定期的考核。考核的标准可参照上述有关公关人员的素质和能力要求及其业绩状况，考核的方法可参照公关组织其他岗位的做法。

第三章　公共关系运作客体——社会公众

社会公众是公共关系的构成要素之一。在公共关系活动中，公共关系的运作主体——社会组织的形象的建立，是由公共关系的运作客体——社会公众来评定的，因此，公共关系的工作对象就是社会公众。要开展公共关系工作，树立良好的组织形象，就要了解公众、认识公众、分析公众和把握公众。

第一节　社会公众的涵义、特点和分类

一、社会公众的涵义

社会公众是公共关系学中最重要的概念之一。它的英文是“public”，意思是指具有“合群意识”的社会群体。在日常生活中，社会公众是指群众、群体；在《现代汉语词典》中，社会公众为社会上大多数的人；而公共关系中，社会公众是指一些特定的利益群体，即指与特定的公共关系主体相互联系、相互影响及相互作用的个人、群体或组织的总和，是公共关系对象的总称。

公共关系学中的社会公众，与人民、群众、人群等概念相近，但还是有所区别：

人民，属于政治哲学及社会历史学的范畴，指以劳动群众为主体的社会基本成员。

群众，泛指人民大众，是人民中从事物质资料和精神资料生产的劳动者。

人群，作为社会学用语，指成群的人，不一定需要合群的整体

意识和相互联结的牢固纽带。

公众，特指公共关系主体交流信息的对象，它与公共关系主体有相关的利益，与公共关系活动密切相关。

二、社会公众的特点

作为公共关系的运作客体，社会公众有其自身的特点。

（一）整体性

社会组织所面临的公众不是单一的群体，而是复杂多样的、与某一组织运行有关的整体环境。任何组织的生存和发展都离不开一定的公众环境，公众环境是指组织运行过程中必须面对的社会关系与社会舆论的总和。这些社会关系与社会舆论范围很广，涉及组织内部和外部、社会方方面面，并且相互关联，构成复杂的整体。例如，一家企业，既有内部的职工公众、股东公众，又有外部包括供应商、销售商、顾客、银行、政府、新闻界、社区等在内的社会公众。公共关系工作不可只注意其中某一类公众，而忽略其他公众。对其中任何一种公众的疏忽，都可能致使整个公众环境恶化，从而影响组织的生存和发展。因此，公共关系工作中应将组织面对的公众视作一个完整的环境，用全面、系统的观点来分析自己所面临的公众。

（二）共同性

社会公众的形成是由社会组织的性质决定的，公众的成员具有某种内在的共同性，有着共同的背景、共同的兴趣、共同的意向、共同的利益、共同的目的、共同的问题等。这样一些共同点，使一群人或一些团体有着相同或相似的态度或行为，成为某一社会组织的公众，并由于涉及利益的互动关系使该组织和这些公众联系紧密。例如，汇集电影院看电影的观众，因为面临“看电影”这一共同问题，使他们具有态度和行为上的一致性。再如，同住一个社区的居民和团体，互相之间没什么联系，当受本社区内某工厂的环境污染威胁时，他们的态度和行为就具有内在联系，不约而同或有组织地向该工厂施加公众压力、舆论压力。因此，了解和分析自己的公众，必须了解和分析其内在的共同性和相互间联系，才能在公众整体中区分出不同的特定公众，从而做好相应的公共关系工作。

（三）多样性

社会公众存在的形式不是单一的，而是复杂多样的，可以有多层次、多类型的形式。“社会公众”仅是一个统称，具体的公众形式可以是个人，可以是群体，也可以是团体或组织。日常的公共关系工作对象，包括各种各样的个人关系、群体关系、团体关系、组织关系等。即使是同一类的公众，也可以有不同的存在形式。既有组织内部的公众，又有组织外部的公众；既有关系密切的公众，又有关系疏远的公众。比如消费者公众，可以是松散的个体，也可以是特殊的利益团体（如消费者协会），还可以是一个严密的组织（如使用产品的其他公司乃至政府）等。公众形成的多样性，决定了公共关系的沟通方式和传播媒介的多样性。

（四）变化性

社会公众不是封闭、一成不变的对象，而是一个开放的系统，始终处于不断变化发展的过程之中。任何组织所面临的公众，其性质、形式、数量、范围、利益等，都会随着社会的发展、主体条件与客观环境的变化以及时间的推移而产生变化。这种变化既有公众和组织的联系程度的变化：有的关系产生，有的关系消失；有的关系扩大，有的关系缩小。也有公众成分的变化：昨天的竞争对手转化为今天的协作伙伴，过去的友好关系转变为现在的敌对关系。公众环境的变化，必将导致公共关系目标、方针、策略、手段的变化。反之，组织自身的变化也会导致公众环境的变化。如组织的政策、行为、产品的变化，使公众的意见、评价、态度或行为发生相应的变化，其结果可能对组织产生影响、制约作用。例如，一家企业为适应市场的需要，停止生产纺织品，转而生产电子产品。这样,原有的纺织品消费公众不存在而产生了新的电子产品消费公众。因此,开展公共关系工作必须以发展的眼光来认识公众。

(五)相关性

社会公众不是抽象的、各组织“通用”的,而是具体的、与特定组织相关的。社会公众总是相对一定的社会组织而存在的,社会中的群体和个人只有同某一社会组织发生联系时,才会成为该组织的公众。如果不与某一社会组织发生关系的公众,就不是该组织的公众。一群人之所以成为某一社会组织的公众,是因为他们与该组织具有一定的相关性和互动性:公众的观点、态度、意见和行为对组织的目标、发展具有影响力、制约力;另一方面,该组织的决策和行为也对这些公众有影响力、作用力,影响着公众利益的实现、需求的满足、问题的解决等。社会组织的特定公众要求从社会组织中取得某些权益,该组织也通过公众实现相应的目标。这种相关性是组织与公众形成公共关系的关键,寻找公众、确定公众工作中的重要点就是寻找、确定这种相关性,并把它们具体地揭示出来、分析清楚、进而确定自己的工作目标。例如,电影院的观众到电影院是为了观赏电影,得到视听的满足;电影院是为了实现票房销售目标,获得商业利润。二者的利益是相关的。

从社会公众的整体性、共同性、多样性、变化性、相关性五个方面来把握公众的特定涵义,有利于我们理解公众这一概念与人民、群众、人群等概念之间的区别,帮助我们了解、研究公众,从而更好地开展公共关系工作。

三、社会公众的分类

从公众的涵义和特点可以知道,公众有着广泛的含义和复杂的结构,一个社会组织要开展公共关系工作,就必须认清本组织所面对的公众,就需要根据公众的内在规律性进行分类,才能使公关人员对各类公众进行了解、分析和判断,进而在公共关系实践中针对不同类型的公众,采取行之有效的策略、运用科学的方法、制定正确的政策,从而取得良好的公关效果。对公众的分类,可以依据不同的标准从不同的角度来进行划分。常见的公众分类有以下几种:

(一)按公众在社会组织中所处的位置划分类别

1. 内部公众。是指社会组织内部环境所面临的公众,即组织系统内自身的成员。包括:内部职工、职工家属、领导,企业还有股东、董事会等公众。社会组织所开展的职工关系、干群关系、股东关系等公关活动,就是针对这类公众所做的工作。

2. 外部公众。是指社会组织外部环境中所面临的公众,即除内部公众以外的其余公众。包括:主管单位、政府部门、传播媒介;原材料、燃料、动力的供应单位;科学技术、人才、动力来源渠道;产品的销售对象等有关组织、群体和个人。外部公众数量多,情况复杂,需要作进一步的分类,以便有的放矢地开展公共关系工作。

(二)按公众对社会组织的重要程度划分类别

1. 重要公众。是指与社会组织的生存和发展具有重大影响和制约力的公众。如工厂的用户,商店的顾客,医院的病人,学校的学生等。当然,也包括该组织的内部职工。这些重要的公众,是组织开展公共关系工作的主要对象。

2. 次要公众。是指与社会组织不发生直接利益关系,但对组织的生存和发展有影响的公众。如工商企业公众中的社区、政府机关、科研部门、新闻媒介等公众,对社会组织不发生直接的利益关系,但并非不重要,从某种意义上讲,这部分公众可能对工商企业的影响更大。

(三)按公众在社会组织中的发展状态划分类别

1. 目前公众。是指现在已经同社会组织发生联系的公众。如现在已经签订了购销合同的社会组织和社会群体。它是该组织当前和今后应该积极开展公共关系活动的主要对象。

2. 潜在公众。是指有可能与社会组织建立超“公众”关系，但尚未建立正式公共关系的公众。如潜在的消费者，随着企业销售市场的不断开拓，这部分潜在的消费者就会逐步变成该组织的公众。否则，如果经营不当，或者产品质量低劣，现有的公众也可能转变为潜在的公众，或其他组织现实的公众。公关人员应尽量使潜在的公众转化为本组织的现实公众。

3. 未来公众。是指在组织的发展过程中，将来可能与之发生公共关系的公众。如某棉纺厂计划由生产纯棉纱向生产涤棉混纺发展，那么生产涤棉化纤的厂家，自然就成了该棉纺厂将要与之打交道的厂家了，变为该棉纺厂的未来公众。社会组织对于将来的公众，应依据自身的发展，有计划分步骤地开展公关活动。

(四)按公众对社会组织的态度划分类别

1. 和谐型公众。是指组织与公众在互惠互利基础上，公众理解组织，支持组织；组织也关心这部分公众，尽量满足他们的要求，使双方都处于一种良好的状态之中。

2. 逆意型公众。是指组织一方愿意建立良好的公共关系，但公众还不理解组织，不支持组织，甚至持反对态度。这是开展公共关系的重要对象，只有通过公关活动，消除了误解，加深理解，才能变逆意型公众为和谐型公众。

3. 中间型公众。是指对组织的政策和行为持怀疑态度或观望态度的公众。这部分公众是属于组织推一把就会失掉的公众，拉一把则可能成为和谐的公众。对待这一类公众，应通过大力宣传，做好工作，使这部分公众能全面理解组织所作的努力而转为和谐型公众。

(五)按社会组织对公众的看法划分类别

1. 受欢迎的公众。这部分公众对组织的目标、利益、发展都是有益的，而且往往利益一致，因而能很主动对组织表示兴趣，组织对他们也很重视。如企业的股东、赞助者、中间商等公众。

2. 不受欢迎的公众。这些公众对组织的目标、利益、发展都是无益的，甚至成为组织的阻力因素，组织害怕受其困扰而力图躲避。如索取赞助费、吃喝拿检查团等公众。

3. 被追求的公众。组织之所以会对这些公众感兴趣，是因为这些公众能给组织带来好处。

但他们对组织不一定感兴趣，为了争取这类公众，组织往往主动追求并努力做好工作，使他们理解并转而支持这个组织。如工厂的用户、中间商、新闻媒介等公众。

另外，还有按公众的功能划分为生存性公众、功能性公众、协作性公众、扩散性公众；按公众的稳定程度划分为稳定性公众、临时性公众；按公众的性质划分为内部职工、业务单位、政府部门、新闻媒介、社区等公众；按公众的自然情况划分为不同民族、不同宗教信仰、不同职业、不同地区、不同经济状况等。以上的公众分类，概括了组织经常发生的公众关系的方方面面。但对上述各类关系，也要依据对组织生存和发展所产生的影响力的不同，进行工作顺序排队，以便判定一定时期内的公共关系活动的目标、方案和策略。

第二节　主要公众关系

我们以公共关系应用最普遍的企业组织为例，对主要公众关系进行分析。我们分析的企业公众包括员工关系、股东关系、顾客关系、社区关系、政府关系、媒介关系、名流关系、国际公众关系等，这些均是企业公共关系工作最基本的目标公众。而对于其他类型的社会组织来说，了解企业组织的公众，也可以触类旁通、举一反三。同时，我们在分析过程中会注意适当兼顾这些关系对象在不同组织中的意义。

一、员工关系

员工关系是指在企业内部管理过程中形成的人事关系,其具体对象包括全体职员、工人、管理干部。员工是企业最重要的内部公众,是内求团结的首要对象。任何一种组织都会有自己的内部公众,都需要首先处理好自己的内部关系。由于员工是企业组织的成员,因此从内部公共关系的角度看是对象,从外部公共关系的角度看又成了主体。这是一种与公共关系主体关系最密切的公众。

员工是形成组织力量的主体,是组织创一流产品(或服务)的主力军,是塑造和推销组织形象的积极因素。员工直接影响公共关系主体的声誉、地位和作用。由此,公共关系工作的重要一环是搞好员工关系。

建立良好的员工关系,可以培养组织成员的认同感和归属感,形成向心力和凝聚力。其意义可以从以下两个方面加以认识。

第一,组织需要通过员工的认可和支持来增强内聚力。

一个组织的存在价值和整体形象在取得社会的认可以前,首先要得到自己成员的认可;组织的目标和任务在赢得社会支持之前,首先要赢得自己成员的配合与支持。否则,企业的价值和目标将会落空,组织将无法作为一个整体面对外部社会公众。每一个员工都是企业组织的细胞,他们对企业的认同和依附,是这个企业得以存在的基础。因此,企业组织的内部公共关系工作首先要增强内聚力,使员工组合成为一个有机的整体,与企业组织凝结在一起。

要争取员工的理解与支持,就需要将员工视作传播沟通的首要对象。这一点恰恰容易被忘记。有了什么消息,公共关系人员不会忘记告诉记者,不会忽略及时对外传播,但偏偏忘记了自己人,忽略了需要告知员工。不少组织的员工对本组织的消息并没有了解的优先权，内部的消息往往是“出口转内销”以后才知晓，甚至于外部社会早已沸沸扬扬了，自己的员工还不知道。我们不是说所有消息都必须首先告知自己的员工，但有关本组织的许多事情总是外人比员工先知道、外人比员工更清楚，那样就不可能期望员工有很强烈的“主人翁”意识，不可能要求员工对组织有自发或自觉的向心力、归属感。当自己的员工总在外人面前说“我不知道”的时候，他可能感到已被冷落，也可能表示出一种麻木不仁，还可能感到羞耻和愤怒。由于忽略了内部的沟通与传播，组织与员工之间也就缺乏最基本的相互了解与信任。在这样的气氛下，组织的政策和行为便很难得到自己员工的理解和支持。

因此，从公共关系的角度说，协调内部员工关系的首要任务就是重视内部传播，将员工视作公共关系沟通的首要对象，尊重员工分享信息的优先权，使员工在信息分享中与组织融为一体，形成信任与和谐的内部气氛。如广州市某厂在厂门口宣传栏办了一份新闻墙报《每日新闻》，每日早晨八时半以前贴出，除厂休和节假日外从不中断。职工每天进厂先花 5 分钟看看《每日新闻》，里面的消息短、快、新，内部情况从生产到生活样样齐备，看了就能及时了解全厂的重要信息和动态。久而久之，看《每日新闻》已经成为职工生活中不可缺少的一部分。由于大家的信任，职工及各部门的许多问题都会反映到编辑部，新闻墙报起到了上情下达、下情上传、多向联系、分享信息的作用，有效地缓解了各种矛盾，理顺了人际关系，促进了工作。办好一份小小的新闻墙报，就能将全体职工凝聚在一起，这就是内部公共关系传播的魅力。

第二、组织需要通过全员公共关系来增强外张力。

公共关系对外树立组织形象、扩大社会影响的工作有赖于组织全体成员的努力与配合。因为每一个员工都是企业与外部公众接触的触角，都处在对外公共关系的第一线，企业组织的形象必须通过他们在生产、服务岗位上的实际行动具体体现出来。电话总机的接线员，服务台、问询处、接待室的工作人员，直接与顾客打交道的售货员、服务员、业务员、推销员等等，都是兼职的公共关系人员，他们的一言一行都代表着企业的形象。即使是生产线上的工人，也都有自己的亲属、朋友和社交圈子，都可能在频繁的接触和交往中给外界留下或好或坏的印象。可见，员工在对外交往中是非常重要的公共关系行为主体，这种主体性能否充分调动和发挥，就看他们对企业组织有多大程度的认同感和归属感，有多强的向心力和凝聚力。一个企业组织如果希望员工能时时处处自觉地去维护企业的形象，就应该时时处处善待员工、尊重员工，将员工作为重要的公共关系对象，注意协调好员工关系，努力培养员工对企业的认同感、归属感，不断增强员工对企业的向心力、凝聚力。

从管理哲学的角度看，公共关系工作要处理好团体价值与个体价值之间的矛盾。从公共关系工作的目标来说，它追求的首先是团体价值，即塑造本组织良好的整体形象，提高本组织的社会地位，争取较高的知名度和美誉度。而从公共关系工作的实际着眼点来说，又要从确立个体价值入手，使团体中的每个成员(以及与这个团体有关的所有个人)都能在团体的环境中追求和实现个人的价值。当你创造了这样一种团体环境：在这个环境中，个体能够充分展示自己的个性和追求自己的价值，那么这个团体就具备了足够的凝聚力，并且使团体价值通过许许多多的个体活动得以充实和体现。也就是说，追求团体价值与个体价值辩证地、有机地结合为一体。如广州花园酒店提出了“员工第一”的口号，他们认为，优质服务和产品是酒店成功之要素，而服务和产品是由员工提供的，所以员工就是酒店最宝贵的财富。只有把员工放在第一，尊重他们的劳动和尊严，使他们处处感受到自己作为“花园”不可或缺的一分子的“主人翁”价值，认识到“花园”的荣辱与他们的工作形象和经济效益都息息相关，这个酒店才能成为成功的酒店。根据这一思想，花园酒店最高决策层制定出一系列协调员工关系、激励员工士气的措施。比如:每月固定一天为员工日,届时高层管理人员一起下厨房为员工炒几道拿手菜;酒店公共关系部定期邀请员工亲属出席"酒店与员工家庭亲善会",征询意见,争取"后院"的了解和支持;哪位员工工作有成绩,会收到总经理签发的嘉奖信;每一位员工生日的当天,都会收到总经理赠送的生日贺卡;酒店设立意见奖,最高管理层对有建设性的意见保证在三天内作答,并给予奖励等。"员工第一"的理念,使广州花园酒店的形象和经济效益都得到很大的提高,2000 名员工的内聚力使酒店整体的外张力大大增强了。相反,"太阳神"集团公司由于后期管理不善,不注重员工的主动参与性,与员工的沟通不足,最后导致企业效益大幅滑坡。可见,正确处理员工关系是影响企业发展的重要因素。

二、顾客关系

顾客关系即企业与本企业产品或服务的购买者、消费者之间的关系。在现代社会,顾客关系的对象是广义的,泛指一切物质产品、文化产品及服务的购买者、消费者。比如工业企业的用户,酒店的客人,电影院的观众,报社的读者等等。其中包括个人消费者和社团组织用户。顾客是企业首要的外部公众,与企业具有直接的利害关系,也是企业市场关系的具体对象。顾客与企业之间已不是一种简单的买卖关系,顾客已成为企业赖以生存和发展的基础,顾客的要求已成为推动企业活动的轴心,顾客第一的观念已成为现代企业经营的核心。因此,公共关系工作必须重视搞好顾客关系。

建立良好的顾客关系,可以促使顾客形成对企业及其产品的良好印象和评价,提高企业及其产品在市场上的知名度和美誉度,为企业争取顾客、开拓和稳定市场关系。其意义可以从以下三个方面加以认识。

第一,良好的顾客关系能够为企业带来直接的经济利益。

公共关系所讲的顾客关系不同于市场经营中的销售关系,其活动方式不是产品和货币之间的直接交易,而是在企业与顾客之间建立良好的信息交流关系和协作关系。虽然公共关系所讲的顾客关系不是直接的买卖关系(买卖关系应该是市场部门、营业部门的事),但顾客的确是企业公共关系对象中利益关系最直接的外部公众。在现代商品经济的条件下,顾客就是市场,有了顾客就有了市场,有了市场,企业的经济效益就有可能实现。因此,所谓市场导向就是顾客导向,顾客关系是企业市场经营的生命线。良好的顾客关系给企业带来的是直接的利益。

企业与顾客的联系不仅仅是商品和货币的交换关系,还包括广泛的信息交流关系,感情沟通关系。没有正常的信息联络,没有融洽的感情沟通,经济利益关系难以建立,更难以稳定和持久;良好的信息交流和感情沟通,必然有助于巩固和发展商业性的交易关系。公共关系为市场销售服务的功能,首先集中体现在顾客关系上,公共关系部门当然不是代替销售部门直接去推销产品,而是配合运用各种传播、沟通的方法疏通渠道,理顺关系,清除障碍,创造机会,为产品的销售营造一个良好的气氛和环境。

第二,建立良好的顾客关系能够帮助企业树立正确的经营思想。

认真做好对顾客的公共关系工作,更重要的是帮助企业树立起"顾客就是上帝"的经营思想。即企业的一切政策和行为都必须以顾客的利益和要求为导向。所有成功的企业,都实践了这一思想。认真做好顾客的公共关系工作正是这一思想的具体体现。

"利润第一"还是"顾客第一",这是从商品经济生产直到今天一直存在的两种对立的经营观念。毫无疑问,追求利润是商品经济条件下企业发展的基本动因。但是,企业怎样才能实现自己的利润目标?最根本的,就是企业所生产的产品或提供的服务必须得到市场的认可与接受,也就是必须有顾客需要,有顾客喜欢,有顾客购买和使用。企业必须通过顾客和社会的需要来换取自己所希望的利润。利润不应该是企业贪婪的追求,而应该是顾客重视和赞赏企业产品及服务所投的信任票。只有赢得顾客信任与好感的企业,才可能较好的获得自己的利润。所以,从企业的政策和行为的基本导向来说,应该把顾客放在第一位。正如美国企业公共关系专家加瑞特(Paul Carrett)所说的"无论大小企业都必须永远按照下述信念来计划自己的方向,这个信念就是:企业要为消费者所有,为消费者所治,为消费者所享。"

公共关系部门应该运用各种传播方式,在企业经营管理的各个环节去培养和树立上述经营思想,并将这一经营思想转化为全体员工的实际行动。占有世界计算机设备市场40%份额的IBM公司,为了树立"为顾客提供最佳服务"的市场形象,专门挑选一批优秀的业务人员担任为期3年的主管助理。在3年之中,他们惟一的任务就是:对任何顾客的抱怨和疑难必须在24小时之内给予解决。为了使顾客满意,他们不计成本,不惜一切,因而成功地树立起"IBM意味着最佳服务"的良好企业形象。

第三,建立良好的顾客关系,能够引导和培养积极、健康的消费意识,形成稳定的消费者系列。

认真做好顾客公共关系工作还有一层容易被忽略的意义,即培养具有现代消费意识、自觉维护消费者权利的消费者公众。也就是为现代社会营造一个健康、良好、稳定的消费公众环境。企业离开了这样一个环境,就像植物离开了优质肥沃的土壤,是无法良好发育、生长的。试想一下,企业遵循"顾客就是上帝"的宗旨,但"上帝"却缺乏"上帝意识"、幼稚无知或丧失理智、淡漠无情或反复无常,在这样的"上帝"面前,企业再有本事也会感到难以应付,在市场上会感到处处被动。为了建立良好的市场秩序,稳定企业的市场关系,有眼光的企业就应该主动通过顾客公共关系工作,去引导和培养与现代企业、现代市场相适应的现代消费者公众。

20世纪60年代初，美国前总统肯尼迪在给国会的报告中概括了消费者的四项基本权利：安全的权利、知晓的权利、陈述的权利、选择的权利。引导消费者认识、理解和运用自己的这些权利，尊重和维护消费者的这些权利，应该成为顾客公共关系工作的任务。

顾客公共关系在这方面的意义，比较突出地体现在“消费管理”这个理念上。所谓消费管理，就是对消费者进行消费教育、消费引导，组织消费者的系列化。与生产管理、技术管理、财务管理、内部人事管理相比，消费管理更加直接地面对消费者公众，更加强调运用信息传播、沟通的方法，更加强调管理的社会效益，因此应该划入公共关系的职责范围。

消费教育是消费管理的基本途径，其目的在于消费引导，引导消费者接受新的消费意识，形成科学的消费行为。消费教育与引导是一种长期的公共关系战略，必须有耐心和长远的眼光。长期坚持消费教育和消费引导的结果，便能形成消费者的组织化，也称为消费者的系列化。即在公众中培养起本企业产品和服务的使用者、崇拜者，形成企业对消费者的凝聚力，表现为本企业产品在市场上有较高的“商标指名率”和“商标统一率”。日本实现消费者系列化比较成功的是经营化妆品的资生堂，20世纪60年代初，它的消费者俱乐部“花椿会”就有500多万会员。这就是形同“在鱼池中养鱼”。商品竞争的汪洋大海有太多的风险和未知因素，资生堂不是盲目地去撒网、捕捞，而是投资开挖鱼塘、建造水库，将500万尾“鱼”(花椿会员)引导到稳定的消费序列中来，做长期的买卖，从而形成了一支稳定的消费大军，构成了一个稳固的市场。

可以说，消费管理是顾客公共关系活动的较高层次。过去，“厂商便是上帝”，企业生产什么，顾客就购买什么。现在“顾客就是上帝”，顾客需要什么，厂商便生产什么。将来可能是“厂商与顾客同享繁荣”，企业扮演起消费者的教育者、引导者、组织者的角色，与“顾客上帝”一起设计生活、美化生活，从而构成相互依赖、相互推动、互惠互利的亲密友好关系。

三、媒介关系

媒介关系也称作新闻界关系，即与新闻传播机构(包括报刊、广播电台、电视台和互联网等)以及新闻界人士(记者、编辑等)的关系。新闻界公众是专司传播之职的人员，拥有广泛的读者、听众和观众，具有广泛的影响力。因此，是公共关系工作对象中最敏感、最重要的一部分。这种关系具有明显的两重性：一方面，新闻媒介是社会组织与公众实现广泛、有效沟通的必经渠道，是公共关系主体与公众建立良好关系的桥梁，具有工具性；另一方面，新闻媒介人员又是社会组织必须特别重视的公众，具有对象性。媒介与公众的合一，决定了新闻界关系是一种传播性质最强、公共关系操作规程意义最大的关系。因此，从对外公共关系实务工作层次来看，新闻界关系往往被摆在最显著的位置，或被称之为对外传播的首要公众。不管哪一种类型的社会组织均不例外。

与新闻界建立关系的目的就是争取新闻界对本组织的了解、认识和支持，以便形成对本组织有利的舆论气氛。通过新闻界实现与广大公众的沟通，密切组织与社会公众之间的联系。其意义可以从以下两个方面加以认识：

第一，好的媒介关系等于好的舆论关系。

这一判断，虽然不是绝对的，但几乎每一个与新闻界保持良好关系的个人或组织，都容易获得良好的公众舆论；而几乎每一个与新闻界交恶的个人或组织，都会在公众舆论中遇到麻烦。因此，建立和保持良好的新闻界关系，对于营造良好的公众舆论气氛是个关键。媒介关系与公众舆论关系几乎是等价的。只要了解新闻界在现代信息社会、传播时代的特殊功能，就可以理解这一点。

在现代信息社会，新闻界是社会信息流通过程中的“把关人”，他们决定着哪些信息应该中转、疏导、传播，哪些信息应该中止、抑制、封闭。公众每天所接触到的信息，大部分是经过层层把关人的精心筛选以后报道出来的。一个组织、一个人物、一个事件或一件产品等等，一旦被新闻界选中，成为集中或连续报道的热点，便立即会成为广大公众讨论的中心，成为具有公众影响力的舆论话题，这就是新闻界所谓"确定议程"的社会功能，即确定公众舆论的中心论题。从另一个角度说，一个组织、一个人物、一个事件或一件产品等等，一旦能够成为公众的话题、舆论的热点，也就自然地获得较高的社会知名度，被赋予较重要的社会地位，这就是新闻传播界所具有的"授予地位"的功能，即能够授予被传播者特殊的社会地位。"把关人"、"确定议程"、"授予地位"这些特殊的功能，便使新闻界在公共关系沟通中具有极重要的地位。

公共关系工作的一项重要任务就是组织创造良好的公众舆论，争取公众舆论的理解和支持。这项任务是否能够完成好，很大程度上取决于组织与媒介的关系。与"把关人"(记者、编辑、总编等)的关系好，组织的信息就容易通过传播渠道中的层层关口，就能有更多的机会被确定在公众生活的"议事日程"上，从而吸引公众的注意力，获得公众舆论的认可，被授予显赫的社会地位，树立良好的组织形象。这是一个传播的连锁反应。所以，我们说，好的媒介关系等于好的舆论关系。在大众传播时代，建立和保持良好的新闻界关系被称为公共关系工作的"第一要务"并不过分。

第二，建立良好的媒介关系是运用大众传播手段的前提。

社会组织只有与少数部分公众是可以直接面对面，大部分公众是没有机会直接接触的，不少公众是远距离的、大范围的接触。实现远距离、大范围沟通的最好途径，就是运用大众传播。大众传播借助于现代印刷、电子等传播技术，大量地、高速度地复制信息，传送给分散、匿名的大众。因而，大众传播是现代公共关系不可缺少的手段。

但是，与其他传播手段不一样，大众传播媒介一般不是由组织内的公共关系人员直接掌握和控制的。组织的有关消息能否被大众媒介所报道，以及报道的时机、频率、角度等等，决定权不在组织的公共关系机构，而在专业的传播界人士如记者、编辑、总编等那里。除非花钱作广告，直接购买大众媒介的使用权（如报纸的版面、电视的播映时间）。否则，公共关系对大众媒介的使用必须通过新闻界人士的协助才有可能办到。特别是新闻宣传这种“免费传播”形式，完全借助记者、编辑的口和笔来进行传播，这种传播没有良好的新闻界关系作基础是不可想像的。因此，与新闻界人士建立广泛、良好的关系，是成功运用大众传播媒介的重要前提。与新闻界关系越多，组织的有关信息的见报率、上镜率就越高；与新闻界关系越好，本组织的有利报道就越多。

媒介关系的这种特质即公关效用性之强，恐怕是其他任何一种公众所不能比拟的。虽然，我们不应该采取纯功利主义态度来对待媒介关系，而应该首先将新闻界人士列为必须特别厚待的公众，诚心诚意为新闻界人士提供服务，以争取理解和友谊。但是，在实际工作中，公共关系人员与新闻界人士总是互相需要，互相依赖，互为中介的。一方面，公共关系人员需要通过记者、编辑将组织的信息传递给大众，因此，记者、编辑成为组织与大众沟通的中介；另一方面，新闻界人士需要通过公共关系人员了解有关组织的信息，请公共关系人员协助提供各种有新闻价值的材料，因此，公共关系人员也成为新闻界与组织之间的中介人。美国报纸头版新闻中有30%来自各界公共关系人员，此情况还有继续上升的趋势。没有公共关系人员的帮助，新闻工作人员的采访、编辑工作难以涵盖大量发生的事件和素材。可见，新闻界关系的这种中立性、公共关系效用性不是单向的，而是双向的。

不过，由于需要和角度不同，新闻界人士与公共关系人员互为中介打交道时，动机常常不一样：新闻界人士可能喜欢寻找问题和内幕;公共关系人员则倾向于提供好消息。这往往酝酿着相互间的对立和磨擦。许多记者热衷于报道事情的阴暗面,用“问题新闻”吸引读者,美国著名企业家艾科卡在谈到这一点时幽默地说道:“当某一个人因某事遭到谴责时,新闻界立即予以公布。但当这个人后来被澄清是无辜的时候,新闻界的报道往往很迟缓。对人们的起诉似乎总在头版见报,而对于他们被判无罪的消息却被登在报纸的末尾,仅仅排在寻人广告前面。”这说明新闻界人士与组织公共关系人员的立场、需要和动机是存在差距的。构建良好的新闻界关系,应设法缩小或跨越这种差距,不缩小或跨越这种差距,公共关系人员就很难从正面的、积极的意义上去利用大众传播,或者根本不可能通过大众传播媒介向公众传递信息。

关于这一点,艾科卡有几点经验之谈:1. 善于与新闻界接近,无论是在顺境中还是在逆境中。2. 坚持每季度召开记者招待会公布生产经营结果,无论是好的结果还是坏的结果。3. 讲真话,坦率诚实地对待新闻界人士。4. 对于有意刁难的记者不必恼怒和驳斥,故意不理睬他就够了。5. 当记者陷入困境需要帮助时,给他提供真心实意的帮助,如连夜为记者提供图片和新闻资料等。由于艾科卡善于处理媒介关系,因此,他总能赢得新闻界80%的好评。

总之,应该清醒地认识到,虽然公共关系人员与新闻界人士之间具有“血缘的”、内在的联系,但他们之间不可能总是融洽、一致,也会有不愉快乃至对抗的时候。公共关系人员必须记住,其他关系对象可能是变化不定的,唯有新闻界关系是伴随终生的——除非不再从事公共关系工作。作为一个公共关系人员,与新闻界人士交恶是所有愚蠢行为中最愚蠢的。一个得不到新闻界“把关人”的信任与好感的公共关系人员,对任何组织来说就是有害的。如果能够得到记者、编辑的信任,这将是一个公共关系人员所拥有的最重要的财富,是他的职业“本钱”。因为,只有新闻界关系才会给组织带来大众传播的机会和好处。现代社会组织都十分重视同媒介搞好关系，注意同媒介长期保持联系，及时为媒介提供信息，真诚相待避免冲突。

四、其他关系

上述的员工关系（重要内部关系）、顾客关系（直接利害关系）、媒介关系（首要外部关系）是最有代表性的三种关系。除此之外，基本的目标公众还可以举出以下几种：

1. 股东关系。指企业与投资者的种种关系，包括三个层次：董事会、董事局，广大股东，金融舆论专家。从本质上来说，这种关系属于内部关系。从形式上看，又似外部关系（特别是众多的、分散的股东）。这是一种分散于外部的内部关系。股东们是一群具有“老板意识”的外行。但是，他们又是企业的“财源”和“权源”所在（对于股份制企业来说）。随着我国经济的发展，股东关系也将成为一个新的课题。建立良好的股东关系，加强企业与股东的沟通，能够争取现有股东和潜在的投资者了解、信任、帮助企业，能够创造有利的投资环境，稳定股东队伍，吸引新的投资者，最大限度地扩大企业的社会财源。

2. 社区关系。即组织与所在地的地方关系，包括与当地的权力机构、地方团体组织、左邻右舍居民百姓等等的关系。亦称区域关系、地方关系、睦邻关系。社区关系的特点是区域性强，有较明显的空间范围；联系面广，涉及当地的政治、经济、文化、教育等各个方面、阶层；共同的背景如历史、风俗、传统、语言、环境等等，带有“准自家人”的特点。建立良好的社区关系体现着组织的社会责任感，能有效地争取人心，获得社会公众的好感与支持，并为组织谋求稳定、顺利的发展打下牢固的根基。

3. 政府关系。即组织与政府及各职能机构、政府官员之间的沟通关系。政府关系是任何社会组织者不能回避的一种关系，因为任何组织都不能超越政府的管理。与政府机构及其工作人员建立良好关系,基本目的是争取政府对企业的了解、信任与支持。政府的认可和支持将是最具权威性和影响力的认可和支持。

4. 名流关系。社会名流指那些对公众舆论和社会生活具有较大影响力的人物,如工商界、金融界首脑人物,科学界、教育界、学术界的权威人士,文化、艺术、影视、体育等方面的明星,新闻出版单位的名记者、名编辑。这类关系对象的数量有限,但质量很好,能在舆论中迅速"聚焦",影响力很强。因此,通过社会名流去影响公众与舆论,往往具有事半功倍的效果。建立良好的名流关系,能够借助于名流的知名度扩大企业的公共关系网络,扩大企业的社会影响,丰满组织的外在形象。

5. 国际公众关系。当一个企业的经营活动或产品进入国际范围,对其他国家的公众产生影响,需要通过国际性的沟通传播手段与对象国的公众实现双向交流的时候,企业就将面对着国际性的公众,包括对象国的政府、媒介、顾客等等。国际公众关系的一个显著特点是跨文化沟通传播:涉及不同的语言、文字、历史、风俗、社会制度和公众心理等等,这给公共关系活动带来许多问题和困难。搞好国际公众关系的目的,是争取国际公众和舆论的了解、理解、认可和支持,为本企业的产品、服务、人员及企业整体,塑造良好的国际形象,创造良好的国际声誉。这对于企业在对外开放条件下,发展外向型经济,参与国际竞争是非常重要的。

第三节　公众心理分析

在公共关系活动中,社会组织与公众在双方沟通和交流的过程中相互影响:公众的舆论和意向改变组织,使组织不断完善形象;组织也在借助公共关系,以此塑造社会公众。作为公共关系工作人员,要积极开展工作,争取公众支持,实现组织目标,就应该学会在不同场合、不同情况下识别和预见公众的特定心理活动，认知公众心理，掌握公众的心理需求和心理活动规律，预测公众的行为趋向，以便充分发挥组织影响公众的积极作用，与公众进行心理沟通，对公众心理施加影响，顺利开展公共关系活动。对公众进行心理分析，可以从以下两个方面加以认识。

一、对公众个体心理的分析

在公共关系活动中，公众常常是以个体的身份出现的，但任何个体又都归属于一定的群体，也就是以公众代表的身份出现的。认知公众的个体心理，才能和“这一个”公众建立良好关系，进而与“这一类”公众发展合作交往关系。

公众的个体心理特征是指表现在公众个体身上的最稳定、最根本的心理特征，它主要包括能力、气质和性格。能力是保证公众个体成功地完成某种活动的潜能系统；气质是公众个体心理活动的动力特征；性格是公众个体在反映客观现实时表现出来的稳定的心理风格和习惯的行为方式。能力、气质和性格是每一个公众个体必备的心理特征，它们贯穿于心理活动的全过程，制约着人的各种心理活动。公众的个体心理特征可以从两方面来分析：

（一）从外部特征判别公众心理

公众的外部特征指的是公众外观上的特征，它既包括总体形象，也包括局部差别。从一定程度上说，公众个体的外部特征是其个体心理的反映，因而通过细致的观察可以在一定程度上判别隐藏在外部特征背后的公众的个体心理。公众的外部特征由脸、发型、体形、肤色、服饰等构成。

1．相貌

相貌具有生物性，也具有表现情感的功能。当然，相貌不等于表情，但表情是通过相貌来表现的，表情本身又是个体心理的反映。因此，人的相貌就如人的生理需要一样，不仅具有生物性而且具有社会性。如果不承认相貌在一定程度上能反映个体的心理状态,那么也就难以解释人为什么需要整容。相貌并不是相片,它是活动的,是具有丰富的表情的,所以人们看到的每一种相貌都是具有一定表情的相貌,它可以体现出一个人的心理特征。美国的第16任总统林肯曾这样说过:"一个人过了40岁就应该对自己的相貌负责。"这是因为人的相貌不仅具有生物性而且具有社会性,所以有的人一望而知城府很深,有的人一望而知简单幼稚。也就是说,从人的相貌可以在一定程度上判断和认知公众的个体心理特点。

2. 体型、肤色

体型和肤色同人的相貌一样,不仅具有审美的价值,而且也能在一定程度上反映个体的心理特点。中国人喜欢说"心宽体胖",这是经验性地说明体型与心理特点的关系的。古时候把读书人称为"书生",书生闭门读书的时间多,所以皮肤比较白,读书人的性格、脾气和整日劳动的农民又不一样,所以农民略带揶揄地称他们为"白面书生"。本世纪20年代初,法国精神病学家克雷奇默尔曾以602个病例的研究数据为基础,发表了《体型与性格》一书,认为人的体型分为瘦弱型、肥胖型和健壮型,三种体型都和人的性情相关:瘦弱型的人内向、乖戾;肥胖型的人达观、饶舌;健壮型的人死板、坚毅。

从经验与心理学家的统计数字来看,体型、肤色确实同个性有一定的关系。无论如何,体型和肤色同相貌相比变化更显著,这正好说明,体型和肤色的变化同人的社会性联系更密切。从某种意义上说,人的社会性也就是人的心理性。瘦子容易变成胖子,但胖子不大会变成瘦子,这和人在中年以后逐渐变得更宽容,更达观正好是一致的。

3. 发型、服饰

发型和服饰,是现代社会中表现自我的重要手段,是对相貌、体型进行加工、掩饰、衬托的最普通、最简单的方法。一个人是不修边幅还是重视仪容、仪表，是善于修饰还是不善于修饰，和他的心理特征、心理倾向性直接相联系，因而发型和服饰是认知公众个体心理的最直观、最容易做出判断的一个因素。

发型能在一定程度上改变人的相貌。如圆头大脑的男子如果剃一个板寸头会显得粗犷，如果留长发再去理发店美容一下，又会显得富态十足。服饰包括服装、鞋帽、首饰甚至眼镜、手表、手杖、手袋等，是附着于人体的展示物。服饰得体，使人精神焕发；反之则显得猥琐或怪异。

与相貌、体型、肤色不同，发型和服饰是自主的选择。一般说来，人们尽可以爱怎样打扮就怎样打扮。但是，正因为发型和服饰是打扮给别人看的，它们受社会的制约也就更大。中国在20世纪初兴起旧民主主义革命运动，有些地区"留头不留辫，留辫不留头"。这是社会以行政权力干预发型和服饰的典型。在现代社会中，虽然用行政权力干预穿着打扮的例子不多，一般说来，过分的暴露在任何国家都会受到警方的注目和制止。当然还有更强大的社会制约力量，即风俗、传统、流言、民族习惯等等。

相貌、体型、肤色、发型、服饰等等构成公众的外部特征。一般说来，它们是互相映照、互为补充的。例如心情长期郁结的人，不管做出怎样的表情都掩盖不住眉宇间的愁容，体型必然瘦削，肤色必然苍白；为了不使别人看出愁容而不快，发型和服饰会有一定的讲究，但决不会像充满热情的人那般鲜丽。所以综合观察公众静态的外部特征，可以避免单项观察的不足，提高认知公众心理的准确性。

（二）从言语、动作了解公众心理

言语是说出来的话，动作是肢体或面部的活动。公众的外部特征是静态的，而言语和动作是动态的，因而言语和动作更能够反映公众当时的心理状态。这样说当然并不含有外部特征只反映一般心理状态、言语和动作只反映当时心理状态的意思,人的某些个性心理特征,例如能力恰恰在言语和动作中才能更充分地显示,人的气质、性格在言语和动作中也能对外部特征作进一步的补充。另外,公众的外部特征只能够用眼睛来观察,而公众的言语和动作则需要眼睛、耳朵并用,需要“听其言而观其行”。正是从这个意义上说,公众的言语和动作可以为我们认知公众的个体心理提供更可靠的凭据。

一般说来,“言为心声”,在无须掩饰的情况下人们说的大多是真话。但在有时并不如此,言语本身是具有真伪性的,言语的真伪性又可以通过动作、行为来鉴别。在交往过程中,公众的表情、手势、体姿等动作是无声的言语,它们和有声的言语具有同等重要的地位和作用。同公众的静态的外部特征一样,公众的表情、手势、体姿等动作也需要通过综合观察才能认知其真实的意义。但在一般情况下,人们认知公众的心理还是准确的。例如人们不会把愤怒的表情理解为满意,也不会把半坐半躺的体姿理解为礼貌。当然,有时人们的表情、手势、体姿所表达的意义不完全一致,有时甚至是矛盾的。

总而言之,对公众个体心理的分析不仅完全必要,而且完全可行,重要的是不能停留在口头上和书本知识上,要在公共关系实践中努力探索,努力提高自己分析和把握公众个体心理的能力。

二、公众群体心理的分析

人的心理是社会存在的反映,随着社会生产力的高度发展,人的各种需求的满足成为可能。在这种社会环境中,公众作为群体的成员一般具有如下心理特征:

1. 变异性。它不仅表现在公众的结构上,也表现在其心理状态上。这种变异性或称不确定性既是现代社会生活动荡不安的反映,也是每一个个体或群体在社会生活中角色变化的结果。变异性最突出的表现是时尚(或称流行)的此起彼伏,如流行观点、流行时装、流行音乐甚至流行的婚姻模式。因为时尚的寿命是短暂的,因此时尚现象的增多反映出公众心理的变异性。变异性还表现在角色行为的紧张冲突上,企业家们逛菜市场时,会因涨价而埋怨不绝,但坐在办公桌前却为自己的产品提价向上级部门打报告。

2. 从众性。从众是一种古老的心理现象,在现代社会则被赋予了更为丰富的形式和内容。尽管现代社会强调个性,但是大多数公众面对由大众传播媒介提供的各种人格模式,无力鉴别和选择自己的形象,于是纷纷仿效那些传播媒介提供的"脱俗"或"个性表现"的形象,由此构成时尚。时尚的发展过程可分为三个阶段:个别人创新(追求个性)——大多数人仿效(众从)——最后剩下的那部分人紧追而上(从众)。从众行为的基本机制主要有两个:其一是比较,面临多种选择无所适从,为求得心理平衡,于是就模仿大多数;其二是规范,怕被人讥为"不合群"、"不合潮流"。

3. 攀比性。人生活在社会中,每个人往往通过与他人的比较来选择、确定自己的观点或行为。人们经常把与之比较的对象分为两类:一类是与自己一样的人,这些人构成自己的"隶属群体";另一类是自己心目中向往成为的人,这些人构成他的"参照群体"。由于公众这一群体是未经组织的特殊群体,没有严格的规范性,所以公众多与参照群体比较,由此在行为上产生攀比。在消费领域中,攀比心理是导致冲动型购买的主要动机之一。

在公共关系活动中,不同的公众群体有不同的心理状况。公众群体主要分为五类,它们是内部公众群体、购买公众群体、媒介公众群体、政府公众群体和公众群体。这五类公众群体的心理都有各自的特点,作为公共关系的对象,对他们的心理认知要求也不一样。因此,研究和分析公众群体心理,可从这五个方面进行:

(一)内部公众心理分析

社会组织内部的公众,是组织得以维持和发展的基本力量;组织内部的凝聚力和向心力，是组织得以维持和发展的基本保证。因此，分析组织内部公众心理主要是分析组织内部的凝聚力和向心力问题。

凝聚力和向心力并不是同一概念。凝聚力指内部的相互吸引力；向心力指环绕圆心运行的运动力。凝聚力本身并不含有围绕圆心的意思，它也没有运行的含义，它用于组织群体心理上，主要指内部成员间心理上松散和聚合的程度；向心力本身没有相互关系、密切与否的意思，它和圆心与运动相关联。

一个社会组织内部凝聚力的高低和这个组织的状况有很大的关系，而且它往往是这个组织状况的标志。组织成员间彼此关系融洽、意见一致、相互合作，标志着这个组织稳定；反之，组织成员间关系紧张、意见分歧、离心离德，标志着这个组织涣散。所以一般来说凝聚力高是好事而不是坏事。但是，和任何事物一样，凝聚力高过了头也可能走向反面。

社会组织内部成员的向心力和社会组织的活力关系密切。组织内部有两种向心力，一种是围绕着组织领导的向心力，一种是围绕了组织目标的向心力。前一种向心力的基础是领导的威望和组织一般成员的信赖，它表现为领导指挥有效，带有军事化的倾向；后一种向心力的基础是对组织目标的共识和希望组织发展的共同意愿，它表现为组织全体成员工作积极主动，带有民主化的倾向。所以和凝聚力一样，一般说来向心力越高组织越有活力，越有发展前途。

社会组织内部的凝聚力和向心力本身不是组织内部公众的心理，但它反映内部公众的心理，并且反映的是组织内部公众——这样一群人的共同的心理，因而它能够代表内部公众心理。看社会组织内部公众的心理怎么样，只需看看他们相互之间的关系如何，他们对组织领导和组织目标的态度如何，这一般来说都有身在其中的感受。

(二)顾客公众心理分析

顾客是指在商店或服务行业购买物品或要求服务的人,顾客公众也即一般人所称的“消费者公众”。在公共关系活动中,“消费者公众”是指购买者而言。例如,某电子产品进入市场时,批发商是产品的第一顾客公众,从批发商购买该产品的商场是第二顾客公众,从商场购买该产品的消费者是该产品的第三顾客公众。购买者不一定是消费者,例如批发商购买该产品就不是为了消费。直接和社会组织发生交换关系的只能是顾客公众而不是消费公众。当然顾客所购买的不一定是物品,也可能是服务、知识、信息等等;顾客所购买的方式也不一定是货币的支出,可能采用较为隐蔽的方式。例如到图书馆去借阅图书的人不需要支出货币,但图书馆购买图书、发给管理人员的工资等等需要的资金是借阅图书馆的人早已间接支付了的,所以他们依然是图书管理人员的顾客公众。

既然社会组织和顾客公众是交换者的关系,就应当遵循等价交换的原则。从社会组织的角度来说,如何使顾客公众满意、感到自己不吃亏既是道德方面的要求,也是树立良好声誉、扩大交换业务的要求。正是在这后一种要求的驱使下,“顾客是上帝”的口号才有实际的意义。既然顾客是“上帝”、“衣食父母”,那么就应当了解他们的心理,以适应他们的要求。

和认知其他公众群体的心理一样,认知顾客公众心理也要从认知他们在公共关系活动中的地位、从他们同社会组织的关系入手。顾客公众在公共关系活动中处于客体地位,这是一个方面;他们同社会组织的关系是平等的交换关系,这是另一个方面。顾客公众的客体地位决定了公共关系的主体——社会组织应当具有主动态度,这是对社会组织的一般的要求;而顾客公众与社会组织平等交换的关系,决定了社会组织必须承认顾客公众的权力,这却是往往被忽略了的。

我们仅对顾客公众的三种权力进行分析：

1. 知晓的权力。顾客公众有权知晓有关购买的一切。以购物为例，公众有权知晓物品的用途、质量、使用方法、保养和维修、产地、牌号、厂名、价格等等。以购买服务为例，公众有权知晓服务的地点、服务的种类、服务的方式、服务的质量、服务的费用等等。顾客公众有知晓的权力，因此社会组织应当在交换之前就主动地告知顾客公众想要知道的一切。

2. 选择的权力。顾客公众有权选择购买什么和买与不买。在选择购买方面，公众不仅可以在不同种类的物品和服务间进行选择，而且可以在同类物品和服务间进行选择；在买与不买方面，公众可以今天不买明天买，也可以今天不买明天也不买。顾客公众有选择的权力，因此社会组织对顾客公众应当一视同仁，并尽可能扩大公众选择的范围。

3. 要求公平的权力。顾客公众有权要求买卖公平。这种权力不仅存在于交换之前、交换之中，也存在于交换之后。公平的交换是实质上的公平而不是表面上的公平。因此当表面上的公平被事实上的不公平揭穿以后，公众仍然有要求公平的权力，而不论交换是否已经完成。公众要求退货、赔款，一般说来是在发现不公平之后，社会组织应当承认顾客公众的这种要求是他们的正当权力。

承认了顾客公众具有上述三种权力，才能够满足顾客公众的心理。告知同购买有关的一切情况、提供各种购买的选择、进行公平的买卖交易，必然能使顾客公众满意，使之近悦远来，社会组织的声誉和交换业务才能日益兴隆。顾客公众的心理成百上千条，要求尊重和维护购买权力的心理是最重要的一条。所以社会组织和顾客公众在公共关系活动中的主客体位置是相对的，漠视顾客公众的购买权力，等于放弃公共关系主体的地位，也就只有交换活动而没有公共关系活动。反过来，尊重和维护购买公众的权力，表面看来降低了社会组织的主体地位，实际上正是主体地位的体现。

尊重和维护顾客公众的权力，想方设法满足顾客公众的权力的要求，是社会组织主动认知和适应顾客公众心理的基本前提和首要任务。

(三)媒介公众心理分析

媒介公众包括新闻媒介公众，但不仅仅指新闻媒介公众。对一般社会组织来说，新闻媒介并不是主要的或惟一的传播媒体，倒是人际传播占着主要的地位。任何一个组织团体中的人和任何一个组织团体发生直接或间接关系的人都是媒介公众，因为他们都有可能向外界传播有利或不利于组织形象的消息。

和社区公众包括社会组织内部的公众一样，媒介公众也是和内部公众部分重叠的概念，媒介公众是有可能向外界传播有关本组织消息、情况的那一部分人。所以，媒介公众分为两类，一类是以传播事业为其职业的人，另一类是有意无意地义务地为组织团体作正面或反面宣传的人。要认知媒介公众的心理，就要从这两类人的不同特点的分析入手。

人们往往以为新闻工作者是最乐于传播新闻的人，其实他们更多地要考虑政治影响、法律影响、道德影响、舆论导向、专栏特色、公众兴趣、可靠程度以及是否会产生矛盾等等各种各样的因素，因为错发一篇新闻就可能打官司、赔钱、受批评甚至换班子。新闻工作者的一般特点是敏感和谨慎。他们既善于发现又善于扼杀，对他们的诺言不能抱有太大的希望。他们有他们的苦衷，他们也要维护他们的社会形象，对此应当给以理解；另一方面，有的时候"东方不亮西方亮"，也即这个新闻媒体和那个新闻媒体、这个编辑和那个编辑的取舍有差异，今天的"冷门"也可能明天成为"热门"。所以了解新闻媒体各自的特色和新闻工作者各自的心理特点的最好的办法是采用档案分析的方法，即对一个时期来的新闻报道作分类比较研究。

对那些义务为社会组织作宣传的媒介公众，要分析他们一般是在什么情况下为组织作宣传的，哪些人又是最容易成为组织的义务宣传者的。一般说来，人们谈到某个社会组织的情况主要包括这样几种可能：

第一，告知。如有人想买精盐暂时买不到，旁人就会告知哪里有卖，这就带到了出售盐的那家商店。

第二，炫耀。炫耀自己知道的事情多，炫耀自己买到的东西好，自然也会讲到相关的社会组织。

第三，泄愤。自己受到了侮辱，吃了亏，心里总是愤愤不平，要对人说说才痛快，这又会涉及某个社会组织。

第四，关心。有这方面的兴趣、需要，才会关心这方面的消息、情况，才会和有关的社会组织发生关系。

在上述几种可能中，告知显然是随机的，没有心理动因；炫耀和泄愤同情绪相联系，情绪是心理动因；关心是兴趣和需要的反映，所以兴趣和需要是心理动因。据此可以得出这样的结论：人们有意识地充当义务宣传员的最大可能是触动了他们的情绪，人们无意识地充当义务宣传员的最大可能是刺激了他们的记忆，而兴趣和需要是义务宣传员的宣传之所以有听众的心理基础。安徽的“傻子瓜子”是因其“雅号”触动了人们的情绪，刺激了人们的记忆，引起了人们的兴趣而使千百万人成为义务宣传员的。

有些人比较容易成为组织的义务宣传者，这也是组织应当引起注意的。这些义务宣传者大致包括：

第一，组织的内部公众；

第二，和组织有较多接触的外部公众；

第三，组织成员的家属；

第四，喜爱表现自己的人；

第五，妇女；

第六，和组织具有某种显见的或潜在的供求关系的人；

第七，组织的竞争对手。

很明显，前面六种人都是社会组织的争取对象，要利用他们积极地为社会组织作正面的宣传；对第七种人则应保持一定的距离。当然归根结底要让人作正面宣传、不作反面宣传的决定性因素取决于本身出类拔萃和无懈可击，离开了基本事实的任何宣传都终究会得到澄清和纠正。

（四）政府公众心理分析

政府公众是国家机关的工作人员，是国家法律、方针、政策的监护者。任何一个组织都免不了和政府公众发生关系，因而需要对政府公众的心理进行认知和把握。

政府公众的工作具有比较明显的三个特点：

第一，管理内容和管理范围的社会性。例如政府人事部门的公众要管干部的调配、考核、培训，提拔等等，范围包括工厂、企业、学校、医院等各行各业；政府公安部门的公众要管交通、消防、治安等等，范围同样包括各种社会组织群体和个人。

第二，和被管理对象之间没有直接的经济关系。政府公众的薪金、福利以及政府的全部开支费用都由国家拨给，所有收入一般也全部要上交国家，因而政府部门和政府公众同被管理对象没有经济上面的瓜葛。

第三，工作的绩效难以准确评估。政府公众的工作一方面做多做少没有统一的要求，往往要看主动性如何；另一方面做得怎么样，是否努力去做只有自己才清楚，外人很难给以结论性的评价。所以他们的工作弹性比较大，较难给以准确评估。

由于政府公众的工作具有以上的特点，所以他们容易秉公办事，也容易手下留情；容易召集开会了解情况，也容易坐在办公室里很少下基层不了解真实情况；容易腾出精力抓一二个典型，也容易埋在事务堆里应付门面上的工作；容易抵制社会腐败现象，也容易被金钱所打动。因此认知政府公众的心理，主要在于认知他们在执行政策方面的原则性和灵活性，在工作作风方面的果断性和细腻性，在工作态度方面的积极性和消极性，在物质利益方面的稳重性和趋利性。

其一，原则性和灵活性。政府公众在监督、贯彻、执行有关方针、政策的时候，有的原则性比较强，有的灵活性比较强。原则性强的人只认文件不认人，毫无通融的余地，要想在他们那里钻空子是没门的，想走“上层路线”对他们施加压力往往也会碰壁。这一般来说值得称道。但他们往往缺乏热情，有时不愿认真倾听对方申诉理由，对特殊情况漠然视之，所以有时也显得过分机械，使一些真正有困难的和勇于开拓的组织团体一筹莫展。与此相反，灵活性强的人比较注意情面，遇事好通融，善解人意。但他们往往容易犯错误，宏观把握失控，一旦受到追究就会互相受牵连。

其二，果断性和细腻性。政府公众的工作作风方面有的果断，有的细腻。作风果断的办事效率比较高，问题一有反映马上调集资料研究，主动和有关方面相联系，很快会有一个结果；作风细腻的对问题百听不厌，研究了还要研究，讨论了还要讨论，办事拖拉，总担心做出的决定太草率。两种作用孰优孰劣是不用多说的，我国政府现在强调行政监察，第一条就是勤政，要提高政府机关的办事效率。但有些长期形成的习惯不可能一下子改变，政府机关中办事拖拉的现象屡见不鲜。这也是有些社会组织不得不耗费大量时间、精力和政府公众“泡蘑菇”、软磨硬缠的重要原因。

其三，积极性和消极性。政府公众在工作态度方面，有的积极性、主动性比较强，不但对上门来访的人热情接待，有时还能深入基层了解情况，有的还能广征意见，对解决不了的问题能积极向上反映，作好解释说服工作；有的消极性、被动性比较强，满足于门面上的应付，多一事不如少一事，有了问题互相推诿、“踢皮球”，更谈不上主动了解情况和征求意见。两种态度都经常遇到，这实际上是政府公众当“公仆”还是当“老爷”的问题，但一般社会组织对后一种态度往往只能忍气吞声，不敢得罪“父母官”。因为“父母官”

不但会找出一大堆理由来为自己辩解，而且一旦利用手中的权力刁难起来，社会组织连正常活动的都可能难以为继。

其四，稳重性和趋利性。政府公众一般都能够严格遵守国家法律，认真执行国家的方针、政策，按照政府的有关规定办事。并做到以国家工作人员的自尊和觉悟拒绝物质利诱，体现了政府公众的稳重性。但是在搞活经济、打破平均主义的改革开放的条件下，特别是在市场经济比较发达的地区，经不住物质利诱的国家干部也不少。一方面，有些财大气粗的社会组织为了和政府公众搞好关系往往一掷千金，有些组织团体为了早日解决问题常常请客送礼，由此而形成了一种不好的风气；另一方面，也有一些把握着政府某些方面的权力的人做“权钱交易”，逼着需要政府公众给予支持的某些社会组织不得不向他们进贡好处。

由此可见，政府公众对社会组织来说可能是最难对付的一类外部公众。我们应正确处理。

(五)社区公众心理的分析

社区公众指的是社会组织所在地生活着的居民、各种社会组织和各种群体中的人。一个大型企业、一所大学本身就是一个社区，当然它所在的街道、行政区、乡或县是一个范围更大的社区。社区公众是和组织内部公众相区别的一个概念，他们是和组织发生另一种关系的群体。

这是一个往往容易忽略的问题。许多人分不清大型组织中内部公众和社区公众的区别，因此或者力所不及地把社区公众的要求当作内部公众的要求来解决，或者把组织中的社区公众排斥于“社区公众”之外、也即把社区公众仅仅理解为“左邻右舍”。这样就不能正确地、或者说是全面地认知社区公众的心理。

所谓正确地、全面地认知社区公众的心理，也就是要把社区公众看做一个相对独立的群体，要从整体上来认识和把握这一群体的心理特点、愿望和要求。

社区是人们生存和生活的环境，因而社区公众最大的愿望无非是各种生活配套设施完备一些、质量高一些，能够给生活带来各种方便，能使一定程度上的享受具有相应的外部条件。这就是社区公众的心理特点，也是他们最大的愿望和要求。

作为社会组织应力所能及地为社区公众做一些受他们欢迎的好事，如支援社区内中小学、幼儿园的建设，支援公交公司建立避雨车站等，以此来扩大影响，树立良好形象，提高组织在社区中的地位和声誉。作为一般的组织不可能代替政府承担满足社区公众所有要求的责任和义务，但可以做这样的"分外事"来部分地满足社区公众的要求。这是一种贡献，但绝不会毫无所得。

把社区公众看做一个相对独立的整体，并不意味着为社区公众的服务必然是直接的、面对面的服务，例如为了解决社区公众的洗澡难问题定期地开放本单位的浴室，为了解决社区公众电视接收方面的问题安装社区内的闭路电视及天线等等；它也包括间接的方式为社区内所有的公众服务。所以只是在这个意义上，才有了所谓公共关系意义上的"左邻右舍"。所谓"睦邻关系"，也只是在确立了社区公众是一个相对独立的整体、是组织生存的人际环境的基础上才有实际的意义。

社区作为社会组织生存和发展的直接环境，为其提供了一个相对稳定的消费市场，提供了交通、治安、环保等服务，电力、供水、劳力等资源。因此，社会组织必须认知并理解社区公众的心理，树立良好的社区意识，主动加强与社区的沟通，减少磨擦，化解矛盾，尽可能满足社区公众的愿望和要求，服务社区。

综上所述，对公众心理进行分析，是公共关系活动中的一个不可或缺的重要组成部分，是公共关系目标得以实现的基础。公共关系工作人员应该准确把握公众心理状况，善于与公众沟通，影响公众心理，使之与组织工作目标保持一致。

第四章 公共关系的运作手段——信息传播

现代社会是一个由传播所维持的相互联系的关系网，没有传播就没有社会。社会组织要塑造组织形象，更要将良好的组织形象传播给公众。因此，对于整合协调组织与公众利益的公共关系来说，信息传播必然成为其不可缺少的桥梁和手段，成为公共关系必不可少的要素之一。事实上，公共关系的运作过程就是社会组织将其形象信息科学地、系统地和艺术地传播给公众的过程。因此，了解现代传播的基本原理和公共关系传播的基本理论，掌握公共关系传播的基本规律与技巧是十分重要的。可以说，掌握了公共关系传播，也就掌握了公共关系的基本方法，具备了从事公共关系工作的基本功。

第一节 传播的基本原理

一、传播的涵义

(一)传播的概念

传播一词译自英文 Communication，意为信息的传递、交流等。应该说，传播是随着人类的诞生而出现的，传播行为是人类赖以生存与发展的基本活动。然而，现代意义上的传播学则诞生于 20 世纪 30 年代。当时，美国出现了第一批传播学者，他们把传播作为一门独立的学科加以研究和推广。40 年代，现代传播学从美国传至欧洲，以后传入日本，70 年代开始传入中国大陆。

现代意义上的传播指的是个人、组织、社会之间信息的传递、接收、交流、分享与双向沟通的过程。

在信息社会，人们每天都在进行传播，每天也都在接受传播。传播已成为人们社会生活的一个重要组成部分。

（二）传播的要素

现代传播的实现必须具备各种必要的构成要素，这些要素一般可分为两类：一类是基本要素；一类是隐含要素。

1. 传播的基本要素。一个完整的传播必须具备五个基本的要素，即：信源、信息、媒介、信宿、反馈。

信源，即传播者。传播者既可以是某个人，也可以是某个群体或某个社会组织。传播者是信息发出的源头，所以称为信源。

信息，即传播的内容。信息的概念外延非常宽泛，可以说，凡是人们需要表达、传递的意识和活动都是信息，它既包括语言文字信息，如情报、消息、数据、信号、指令等，又包括非语言文字信息，如观念、态度、情感等，这些意识和活动经过加工处理后，都可以特定的信息符号传播出去。

媒介，又称信道，即在传播过程中用以记录保存和传递信息的载体和渠道。媒介与信息密不可分，离开了媒介，信息就不复存在，更谈不上信息的传播和交流。

在古代战争中，常用烽烟传战事，人们一看见烽火台上狼烟升起，便知有敌来袭。在这里，烽火狼烟就是人们传播信息的媒介与渠道。如今，烽火台早已成了古迹，人们借助现代电子通讯和大众传播媒介可以更好、更快、更多地传播和获得各种信息。

信宿，即受传者，也称受众。受传者既可以是某个人，也可以是某个群体或某个社会组织。由于受传者是传播过程中信息指向的归宿，所以称为信宿。

反馈，即受传者在接收信息后对传播者的回流反应。成功的传播必须能够及时地收到受传者对自己发出的信息所作出的反应，因为受传者的反应如何直接关系到传播的是否有效。如果是有效的，效果是大还是小？如果是无效的，为什么会没有效果？问题出在哪里？这些问题都需要传播的反馈机制来把握。因此，缺少反馈的传播是不完整的传播。当然，从受传者角度来看，当受传者对传播者进行信息反馈时，受传者就变成了信息的发出者，也即信源；而原来的传播者就变成了信息的接受者，也即信宿。

上述五个要素是传播过程中的基本要素，缺一不可。有的学者也把这五个基本要素归纳为“五 W”，即：

Who 谁传？（信源）

Say What 传什么？（信息）

Through Which Channel 通过哪种渠道传？（媒介）

To Whom 传给谁？（信宿）

With What Effect 取得了什么效果？（反馈）

2．传播的隐含要素。如果说上述五个基本要素属于传播的“硬件”条件，直接关系到传播过程的能否完成，那么，以下四个要素则直接关系到传播效果的好坏。这四个要素就是：时空环境、心理状态、文化背景、信誉意识。它们属于传播的“软件”条件，是隐含在传播过程中的，所以称为传播的隐含要素。

（1）时空环境。时空环境，即传播过程中的时间与空间环境。

从时间上说，何时进行传播，单位时间里传多少信息，传播时间的长短等，都会影响传播的效果。如果某人在昏昏欲睡时对他进行传播，如果在很短的时间里对某人传播太多条信息，或者一连好几个小时对某人进行长时间的传播等，都不可能取得良好的传播效果。再就空间角度而言，选择在什么地方进行传播，传播者与受传者之间的相互位置或地位如何，传播者与受传者周围的环境如何等等因素，都可能影响到传播的效果。试想，如果一个人在一片嘈杂的环境中对一大群受传者进行传播，如果传播者站在远离受传者的地方进行直接的口头传播，如果传播者在受传者愉悦欢快的时候对其传播与其气氛很不协调的信息，都是不可能取得理想的传播效果的。

(2)心理状态。心理状态，即受传者接受信息时的情绪状况或心态。心理实验结果表明：在不同的情绪状况和心态下，人们接受信息的效果是不一样的。当情绪低落、心情不好时，人们对所接受的信息往往难以做出积极的反应，因而传播的效果肯定很差。而当情绪高涨，心情很好时，人们对所接受的信息则往往容易做出积极的反应，因而传播的效果相对要理想得多。在这里，受传者的心情无疑是一个影响传播效果的重要因素。

(3)文化背景。文化背景，即传播者与受传者双方的经济环境、风俗习惯、语言文字、性格特征、民族心理、思维方式和价值观念等。传受双方在这些方面存在的差异便称为文化差异。

不同的文化背景之间必然存在着文化差异，而这种文化差异往往会造成人们对事物产生不同的理解和不同的审美体验，进而影响人们对信息内容的理解和感受。因此，文化背景因素对传播的效果有着非常重要的影响。例如，一些国家以红色象征喜庆吉祥，而有的国家则用白色来象征。有的国家以洁白的菊花象征纯洁的爱情，而不少国家则用它来吊唁亡灵。传播者如果不能很好地了解和尊重受传者的习惯、习俗等文化背景，往往会造成受传者的误解，甚至导致传播的失败。因此，我们在进行传播时，尤其是进行跨地区文化传播时，一定不要忽视了文化背景这一因素在传播过程中的重要作用。

(4)权威因素。权威因素，即在传播过程中信息内容的可信程度和传播者本人的社会信誉度。

在信息传播过程中，权威因素的作用不可忽视。一般来说，信息内容的权威性越高，受传者对它就越信服，传播效果也就越好。反之，如果信息内容难使受传者信服，将直接影响传播的效果。所以，在传播过程中，提高信息内容自身的可信度非常重要。

传播者的社会信誉度，也是影响信息传播效果的一个重要因素。如果传播者的社会信誉度高，受传者则因为信任传播者进而接受其所传播的信息；反之，如果传播者本身缺乏一定的社会信誉，则受传者出于对传者的不信任，进而可能产生对信息内容的怀疑。传播者的社会信誉度，一般由三个因素形成：第一，“权威效应”，即传播者自身在客观上是这方面的领导、学者或专家；第二，“名人效应”，即传播者本身虽不是这一方面的专家，但由于他的身份、职位具有声望和感召力；第三，“首因效应”，即传播者给受传者的第一印象良好。

二、传播的模式

所谓模式，指的是事件的内在机制和事件内部关系的框架化的、直观化的形式。因此，传播模式，即传播活动的内在机制及内部关系框架化、直观化的形式。

关于传播模式的研究有一个发展过程。传播学者先后提出了两个不同的传播模式。

（一）传统的线性传播模式

早期的传播学者香农和韦弗认为，传播是一种单向的直线性的信息运动过程。其模式如图所示：

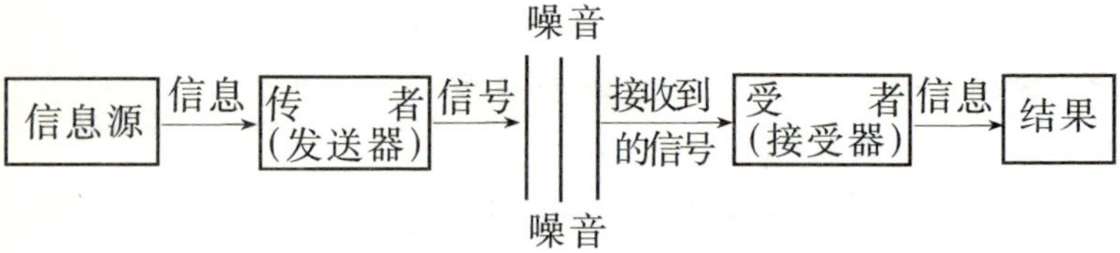

这种传播模式被称为传统的线性传播模式，它是由香农和韦弗提出来的，所以也称为“香农—韦弗模式”。

应该说，香农和韦弗已经发现了传播过程是一个发展的运动过程，而且将这一过程作了一个简单的描述，为传播学的发展作出了有益的贡献。但是,线性传播模式也有两个明显的缺陷:一是缺乏信息反馈;二是忽视了传播过程中社会环境的制约因素和传受双方的能动因素。

(二)现代控制论传播模式

美国传播学集大成者威尔伯·施拉姆认为,传播是一种双向的循环式的运动过程,整个传播过程都处于控制之中。其模式如图所示:

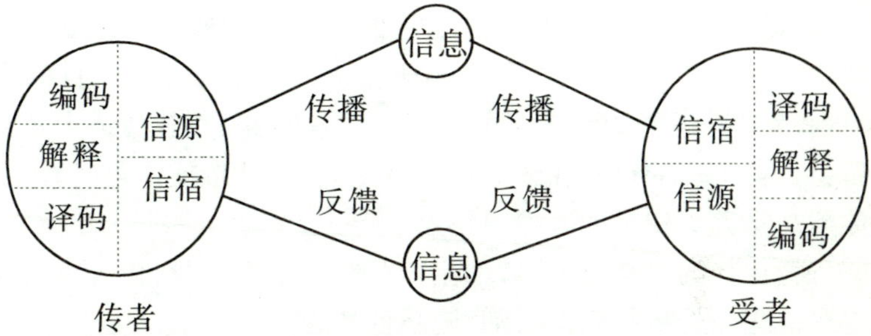

这种传播模式被称为现代控制论传播模式,它是由威尔伯·施拉姆提出的,所以也称作"施拉姆模式"。

现代控制论传播模式在揭示传播规律方面又比传统的线性传播模式更进一步,这种进步表现在三个方面:

1. 它引进了反馈机制,将反馈过程与传受双方的互动过程联系起来,把传播作为一种互动的、循环往复的过程。

2. 它重视了传受双方的能动反应,无论是传播的信息还是反馈的信息都经过了传受双方能动的处理。

3. 它强调了传播过程的调控机制,在这个传播模式中,反馈对传播系统及其过程构成了一种自我调节和控制,传授双方要使传播维持发展下去并达到目的,就必须根据反馈信息调节自己的传播,从而使整个传播系统始终处于良性循环的可控状态。

上述三个方面的进步使得现代控制论传播模式确立了它在现

代传播学中的重要地位，成为现代传播普遍采用的模式。现代公共关系传播模式，就是从现代控制论传播模式发展而来的。

三、传播的类型

人类的传播可分为四种基本的类型，即：自我传播、人际传播、组织传播、大众传播。

（一）自我传播

所谓自我传播，即人的内向信息的交流与沟通，是“主我”（I）对“宾我”（me）的传播。自我传播通常表现为自言自语、自问自答、自我发泄、自我陶醉、自我反省等。严格说来，自我传播实际上是作为人类个体的自我在内心的思维活动，但从传播学角度看，自我传播却是人类传播的基本单位。

自我传播的特点是：传播的主体与客体集于一身，在一个人身上完成信息的传播与反馈活动，隐蔽性特强。

（二）人际传播

所谓人际传播，即个体与个体之间的信息交流与沟通。这是最常见、也是运用最广泛的一种传播。人际传播有两种表现形式：一种是面对面的传播，这种人际传播借助语言、动作和表情等媒介进行；另一种是非面对面的传播，这种人际传播借助电话、电报和书信等媒介进行。

人际传播的特点是：信息传播的私人性、个性化和信息反馈的及时性。

（三）组织传播

所谓组织传播，即社会组织与其成员之间、社会组织与其所处环境之间的信息交流与沟通。社会组织与其成员之间的传播有两种表现形式：一种是职能传播，包括领导与被领导之间、上级与下级之间的传播，这是一种下行或上行的垂直传播；另一种是非职能传播，包括领导与领导之间、员工与员工之间的传播，这是一种平行的横向传播。而社会组织与其所处环境之间的传播则表现为社会组织与其外部各类公众之间的信息交流与沟通。

组织传播的特点是:明确的目的性、严格的可控性、对象与手段的综合性。

(四)大众传播

所谓大众传播,即职业传播者通过大众传播媒介将大量复制的信息传递给分散的公众的传播。现代大众传播媒介可分为两类:一类是印刷媒介,如报纸、杂志、图书等;一类是电子媒介,如广播、电视、电脑互联网等。大众传播是在现代科学技术,尤其是传播技术高度发达后兴起并发展起来的,它已经成为人类使用最多、作用也最大的一种传播形式。

大众传播的特点是:传播主体的高度组织化、专业化,传播手段日益现代化、技术化,以及传播范围的广泛性,传播内容的重要性。

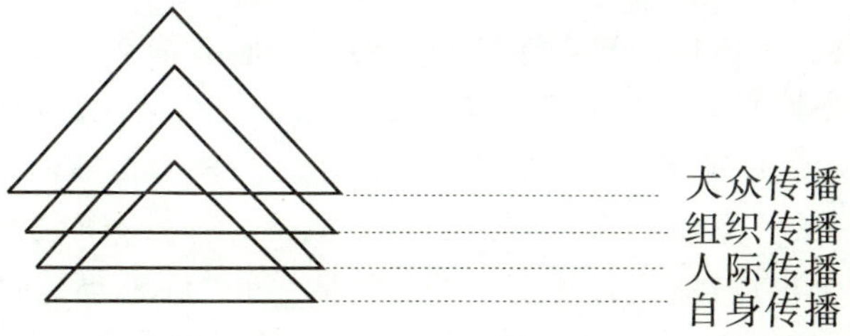

以上四种传播既自成体系,具有各自独特的结构、要素、形式和功能,同时又相互联系,形式上逐次涵容,功能上互为补充。四种传播类型之间的关系可用上图表示。

如图所示,在这个树状的层级系统中,自我传播位于最底部,并与其他传播形成重合,成为一切传播形式的基础;而大众传播则处于该系统的顶端,具有最大的传播规模和包容能力。这个图示还表明，在四种传播构成的体系中，由下往上传播形式出现了四个变化：一是受众面越来越大；二是传受双方在距离和感情上越来越远；三是信息的个性化越来越淡；四是组织系统和传播技术越来越复杂。

现代传播的各种类型在公共关系的内外活动中都得到了广泛运用，其中大众传播则是公共关系最主要的传播手段。

第二节 公共关系传播

一、公共关系传播的涵义

（一）公共关系传播的概念

公共关系传播是指社会组织利用各种传播媒介，有计划地与公众进行信息交流和情感沟通的活动。它是公共关系领域的信息传播活动，是人类传播活动的重要组成部分。

公共关系传播的概念包括以下两个方面的基本涵义：

1. 公共关系传播是一个有计划的完整的活动，具有计划性和完整性。首先，它是有计划进行的，这是因为整个传播活动必须按组织的公共关系目标有步骤地进行。其次，它是一个完整的活动过程，整个传播过程，必须完全符合传播学的“五 W 模式”要求。

2. 公共关系传播是一种信息共享活动。传受双方是在传递、反馈双向互动过程中获得信息的，它不是一般意义上的单向性信息传递，而是一种双向信息交流活动。公共关系传播的目的就是要与传播对象一起分享信息内容，从而建立某种共同性，使双方在利益限度内最大程度地取得理解，达成共识。

（二）公共关系传播的基本特征

与一般的信息传播活动相比，公共关系传播有以下基本特征：

1. 公共关系传播大多侧重于信息沟通的非宣传性传播。这是因为，公共关系传播的目的在于提高社会组织的透明度、知名度和美誉度，而这些是要建立在公众的评估之上的，因此就需要充分尊重公众的知晓权，向公众传播高质量的、公众想知道也愿意接受的信息，而不能把传播仅仅停留在宣传上。

2. 公共关系传播更加注重情感传播。这是因为，公共关系传播活动是在四个层次上进行的，依次是信息层次、情感层次、态度层次和行为层次，传播信息的目的是要改变公众的态度，引发公众的行为，这其中必须要与公众产生情感上的共鸣，否则就不可能上升到第三、第四层次。所以公共关系传播必须注重情感传播，通过真情实感打动公众。

3. 公共关系传播坚持双向沟通的原则。这是因为，公共关系传播的目的不仅是要改变公众的态度，还要根据公众所反馈的信息来调整自己的行为、完善组织的形象。这就要求组织与公众之间的信息传播应当是双向的，既有传递，又有反馈，互相理解，相互适应，从而建立组织与公众之间的和谐关系。

二、公共关系传播的功能

公共关系传播在整个公关活动中发挥着重要的功能，具体表现在以下三个方面：

(一)传递信息的功能

知晓权的满足是公众产生信任的前提。人们一般喜欢买自己熟悉的产品，而对自己并不了解的产品则持谨慎的态度。同样，一个社会组织要获得公众的理解与信任、进而取得公众的支持与合作，首先就要让公众了解这个社会组织。在让公众了解社会组织方面，公共关系传播发挥着重要的作用。通过公共关系传播，社会组织可以经常有计划地、及时地向公众传递关于组织的最新信息；同时，也可以借助沟通渠道及时将公众方面的信息反馈给组织，使组织与公众之间形成畅通无阻的信息流。

（二）影响和改变公众态度的功能

态度是人们对客观事物所持的主观意向。人们基于对某社会组织的了解和感知，会对这个组织持有某种态度，而这种态度又会直接影响人们是否与这个社会组织进行合作。所以，影响和改变公众的态度成了公共关系工作的重要组成部分。在影响和改变公众的态度方面，公共关系传播同样发挥着重要作用。通过公共关系传播，社会组织可以不断对公众进行信息传递，用来自组织的各种信息去覆盖公众已有的信息，让公众对组织产生印象、兴趣和好感，从而改变公众以前对组织持有的冷漠或消极态度，使各类公众都对组织抱有积极认同的态度。

例如，1992 年 3 月 15 日，中央电视台对上海霞飞日用品化工厂予以曝光，其原因并不在于产品质量问题，而只是某一批产品的包装盒上未注明有关的文字，被卫生部门发现后按卫生部的“部颁标准”认定为“不合格产品”。这一突如其来的事件使得霞飞产品的形象严重受损，该企业的声誉也一落千丈，已经订货的纷纷要求退货，想要订货的宣布停止订货，企业损失达数千万元！面对严重的形象危机，该企业迅速作出了反应。经过周密的调查后发现，这批产品按轻工部的“部颁标准”是没问题的，可按卫生部的“部颁标准”却有了问题，两个不一致的“部颁标准”导致了霞飞产品的曝光。为了澄清事实真相，维护产品形象，上海霞飞日用品化工厂的公关部开展了一系列的公共关系传播活动。他们巧妙地利用中央电视台、轻工部香料香精化妆品协会、国货精品推展会等权威部门发布新闻，说明事实真相，传播有利于企业的各种信息，很快就产生了广泛的影响，一举扭转了公众对霞飞产品及该企业的冷漠消极态度，人们重新对霞飞产品产生了好感。当年的第三季度，霞飞产品又在订货会上广受欢迎，与上年相比反而增加了 9000 万元的订货单。霞飞公司成功渡过危机，公共关系传播功不可没。

(三)引导公众行为的功能

公众的态度影响公众的行为。社会组织之所以要通过公关工作影响和改变公众的态度,目的还在于促使公众理解和支持组织,进而付诸组织所期望的行动。然而在公众的态度与行为之间还有一系列的中间环节,诸如需要、动机、外部环境的压力等,都将成为影响公众行为最终实施的重要因素。这些都需要组织予以启发和引导。而在引导公众行为的过程中,公共关系传播依然发挥着重要的作用。

例如,1996年夏,湖北省荆门市的金龙泉啤酒厂为了提高产品的知名度,促使消费者购买金龙泉啤酒,扎扎实实地开展了一系列的公共关系传播活动。他们举办了为期3天的"啤酒节",而且别出心裁地在宜昌市举行啤酒节的开幕式,在武汉市举行啤酒节的闭幕式,通过人际传播和实物传播,使企业和产品的信息在湖北省的主要城市广为传播;他们又利用广播电台、电视台、报纸、杂志等大众传播媒介进行广告传播。由于该企业在公共关系活动的实施中,针对不同地区公众的不同要求,选择了多种传播媒介,形成了一个立体的公关传播网络,不断强化传播,使得金龙泉啤酒声名鹊起,几乎到了人们要买啤酒就想买"金龙泉"啤酒的地步,市场占有率迅速提高。"金龙泉"啤酒的成功促销,在很大程度上也得益于公共关系传播功能的发挥。

当然,公众的行为被公关传播引发出来以后,社会组织还必须以优良的产品质量和一流的服务来巩固与消费者的关系,还必须依靠不间断的行之有效的公关工作使公众行为一直持续下去,否则,只能是轰动一时,热闹一阵。

三、公共关系传播的模式

公共关系传播模式是从现代控制论传播模式发展而来的。它既包含了传播的五个基本要素(即"五 W"),充分体现了现代控制论传播模式的原理，又结合了现代公共关系的运作实际，从而形成了自己独特的传播模式。具体可用下图来表示：

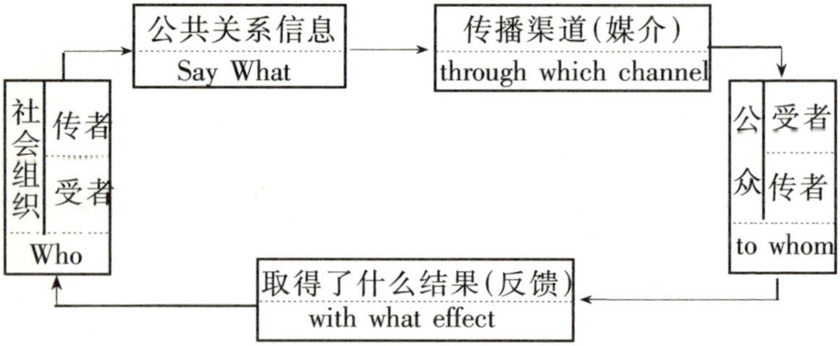

如图所示，公共关系传播的主体是社会组织，社会组织通过传播渠道(借助传播媒介)将公共关系信息传播给公众，公众在接受了社会组织传来的信息后对社会组织所作的反馈便是公共关系传播所取得的结果了。这是一个信息的循环传播过程。当社会组织首先将信息传播给公众时，社会组织是信源，是传者；公众是信宿，是受者。所不同的是，公共关系传播的受者并不是社会大众，而是特定的目标公众。当公众将接受信息后的结果反馈给社会组织时，公众就成了信源，是传者，社会组织则成了信宿，是受者了。整个公共关系的传播过程，就是社会组织与公众之间不断进行信息传播和信息反馈的过程，也是一个双方不断适应、彼此影响、相互了解与理解的过程。从某种意义上说，一个社会组织公共关系工作的成败，主要取决于这个社会组织公共关系传播效果的好坏。

四、公共关系传播的媒介

传播类型不同，选择的媒介也不同。公共关系传播常用的媒介纷繁多样，分类的标准不同，媒介的归类也不同。我们可以从信息的内容表现形式和载体的物质形式两个角度来对公共关系传播媒介进行分类。

(一)从信息的内容表现形式来划分，公共关系传播的常用媒介可分为符号媒介、实物媒介两类。

1. 符号媒介

在传播活动中，任何信息内容都是表现为一定的符号形式传播出去的。因此，符号作为信息的载体，是现代社会运用最广泛的一类传播媒介，也是公共关系传播中最主要的媒介类别。现代传播的绝大多数媒介都归属于符号媒介，我们可以从“语言——非语言”和“有声——无声”两个维度对符号媒介作进一步的细分。

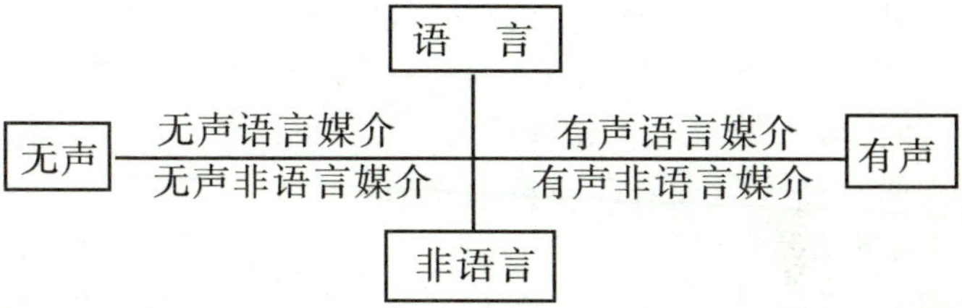

(1)有声语言媒介

有声语言，又称自然语言，是发出声音的口头语言。它是传播活动中不可缺少的媒介，通常称为口语媒介。其方式有：答记者问、广播传递、电话通讯、各类演说等。有声语言媒介的主要特点有：信息接收直接，形式灵活多样，反馈迅速快捷，传播效果明显。

在现代信息传播中运用最多、覆盖最广、作用最大的有声语言媒介是广播。

(2)无声语言媒介

无声语言是有声语言的文字符号形式，主要通过印刷文字进行信息传递。其形式有：图书、杂志、报纸、决议、报告、简报等。无声语言媒介的特点是：能超越时空，内容具有深度，便于保存。但信息反馈不及有声语言媒介迅捷。

(3)有声非语言媒介

有声非语言，又称“类语言”。它是有声语言传播过程中的一种不分音节的独特声音，比如说话时的重读、语调、笑声和掌声等。

有声非语言媒介的特点是：无具体音节可分，其信息在一定的语境中才得以传播；形式相同但含义并非固定不变。比如同是以笑声为媒介，但其负载的可能是正信息，也可能是负信息；又如以掌声为媒介，可以传递欢迎、赞成、高兴等信息。也可以传递一种礼貌的否定信息等。

(4)无声非语言媒介

无声非语言，它是以图画、姿态、表情等形式来传递信息的一种无声伴随表达。主要体现为视觉的动态和静态示意。

无声非语言媒介的特点是：视觉效果直接，能够丰富和强化有声语言的传播效果。比如在交谈时，如果伴有适当的姿态语言或图画，会明显增强口头语言的表达效果。

2. 实物媒介

实物媒介，指的是产品实物上包含的某种信息，实物充当了信息传递的载体。比如，产品本身就承载着品牌、商标、包装、内在质量、售后服务等信息。又如公共关系礼品，象征物，购买袋等。

实物媒介的特点是信息可信度高，效果直接，但传播面不够广泛。

(二)从信息载体的物质形式来划分，我们可以将公共关系传播的媒介分为人体媒介、印刷媒介、电子媒介和实物媒介。

1. 人体媒介

人体媒介是借助人的姿态、表情、服饰、素质和社会影响等作为传递信息的载体，它包括人的动作形象、社会名流、新闻人物以及能影响社会舆论的其他公众等。比如，新闻人物本身就是最好的传播媒介。人体媒介的特点是容易建立双方的感情，树立直接的形象，取得牢固的效果。

2. 印刷媒介

印刷媒介是指以印刷品作为物质基础，以平面视觉符号(文字和图像符号)作为信息载体的传播媒介。印刷媒介具体又分为报纸、杂志、书籍以及招贴、海报、传单、函件等印刷品。在公共关系传播中,印刷媒介是运用最多、最频繁的一种传播媒介,而其中的报纸、杂志、书籍又是最主要的三种。

印刷媒介是大众传播中常用的媒介之一,它和电子媒介一起构成现代大众传播的两大主要媒介。

3. 电子媒介

电子媒介是指以电波的形式来传播声音、文字、图像等符号,并需要运用专门的电器设备来发送和接收信息的传播媒介。在两大类大众传播媒介中,电子媒介的发展速度比印刷媒介的发展速度要快,而且它在大众传播中的效果和影响也超过了印刷媒介。这是因为,电子媒介传播信息的速度快、覆盖面大,声音和图像同时对受众进行刺激,给受众一种强烈的立体感、现场感和亲切感;而且,与印刷媒介相比,电子媒介的受众较少受文化水平、理解能力的影响。虽然它的制作成本偏高,但由于受众广泛,它的单位成本仍比印刷媒介的单位成本低廉。由于电子媒介拥有上述优势,因而在公共关系传播中,它所发挥的作用越来越大,它的使用率也越来越高。

经常用于公共关系传播的电子媒介主要有电视、广播、电影与录像、电脑互联网等。

4. 实物媒介

如前所述,实物媒介指的是以实物为信息的载体向公众传播信息的媒介。它是公共关系传播的主要媒介之一,包括产品、象征物和公共关系礼品等。

产品本身就是一种信息载体,企业通过产品的品牌、商标、包装、外表形态、内在质量、广告设计等向公众传播信息,可以起到促销的作用。

象征物又包括社会组织的建筑物、徽标、吉祥物、塑像等,这些实物可以向公众传播组织形象的信息，有利于组织塑造良好的形象。

公共关系礼品指的是社会组织为了表情达意赠送给合作伙伴的物品。公关礼品也是一种信息载体，通过它可以向公众传播组织的情感信息，从公共关系的角度讲，公关礼品的交际价值大于使用价值。

五、公共关系传播的常用媒介

在公共关系传播中，可用的媒介很多，以下选择几种常用的媒介加以分析。

（一）报纸

报纸是以刊登新闻为主的、通过版面的空间组合以整张的形式刊出的、面向广大公众发行的定期出版物。报纸是目前世界上最重要也是运用最多的大众传播媒介之一。

1．报纸媒介的优点

（1）便于选择。报纸虽然信息量很大，但由于经过了科学的编辑排版，使得各种信息都一目了然，读者可按自己的需要和阅读习惯在许多“并时性”排列的信息中，迅速选择自己最感兴趣或最想了解的信息加以阅读。同时，报纸的便于选择还在于读者可以自由选择读报的时间、地点和方式。

（2）便于保存。报纸上的信息内容都已用文字的形式固定下来，读者可以根据自己的需要在阅读之后再进行剪辑，加以保存。报纸为公关人员收集保存信息资料提供了十分便利的条件。

（3）内容深入。报纸是以文字表达形式为主的媒介，文字表达可以不受具体时间、空间的限制而连续深入地进行。报纸正好发扬了文字表达的这一优点，使得它非常适合传播一些逻辑性强、内容比较抽象的信息。读者则可以借助报纸对某些信息内容进一步加以了解和探讨。公共关系人员利用报纸的这一优势，可以及时组织新闻专辑、连续报道、系列广告来配合大规模的公共关系活动。

(4)经济实惠。报纸的印刷工艺比较简单,制作成本也比较低,加上报纸的发行周期短,传播信息的频率高,所以利用报纸作为传播公共关系信息的媒介在费用方面是经济实惠的。

2. 报纸媒介的局限性

(1)它的阅读受到文化水平的限制。从报纸获取信息的前提是要有一定的文化基础,报纸信息的使用率与读者的文化程度成正比。因此,如果利用报纸在我国文化水平偏低的农村或在城市低文化层次的人群中传播公共关系信息,效果就不理想。

(2)在传播信息的及时性方面,报纸不如广播,而在传播信息的生动形象方面,报纸又不如电视。

(二)杂志

杂志是以成册装订的形式刊出,以目录为引导,将各种内容按分类顺序编排进行信息传播的定期出版物。随着国民素质的提高,杂志越来越受到人们的欢迎。

1. 杂志媒介的优点

(1)专业性强。杂志分类较细,内容比较专门化,针对性较强,传播的目标指向比较明确,具有权威性。在传播日益专门化的当代社会,公关人员利用杂志对特定的公众群进行信息传播会收到较好的效果。

(2)内容价值高。杂志刊载的内容一般都有一定的深度,也比较完整、系统,杂志的内容能对公众深层的心理产生较大的影响力,这就使得杂志所传播的信息价值高,公关人员可以利用杂志传播一些理论性强的公关专稿或公关广告。

(3)感染力较强。杂志一般都是图文并茂、内容丰富的,而且色彩艳丽、印刷精美,对读者具有较强的感染力。

2. 杂志媒介的局限性

(1)对受众文化水平的要求较高。因为杂志专业化程度高,内容有一定深度,阅读杂志不仅要具备一定的文化程度,还需要有一定的专业知识。

(2)杂志的出版周期较长,传播效果的时效性较差,而且杂志的印刷成本偏高,这些都直接影响公共关系传播的效益。

(三)图书

图书是由出版社正规出版发行,内容连贯统一,印制精良的成册出版物。

1. 图书媒介的优点

(1)内容有深度。图书所刊载的内容一般都是经过作者深入研究后发表的,信息量大,信息的价值也高。图书的这一优点正好可以发挥在传播一个公共关系思想观念或一个公关课题方面。如有的企业,就把自己企业的成长过程、经营理念、生产规模、社会影响等写进一本书里,正式出版后或赠送给有关人士、或公开在社会上发行,使公众对该企业有一个系统、完整、深入的了解,从而进一步提高企业的知名度和美誉度。

(2)传播信息持久。由于图书是装订成册、印制精美、正规出版的,可以长期使用和保存,读者也比较珍爱,因此,图书负载的信息就可以持久地传播下去,长期发挥公共关系传播的效应。

2. 图书媒介的局限性

(1)周期太长。由于图书从写作到正式出版面世需要一个比较长的过程,所以它传播信息的周期太长,不利于社会组织将信息及时传播给公众。

(2)普及率低。图书一般都内容深入,售价偏高,这样一方面限制了那些文化水平偏低的公众接受信息;另一方面,它的发行数量也受到较大的限制。因此,图书在信息传播的普及率上也就偏低。

比较而言,上述三大印刷媒介在公共关系传播中发挥作用最大的是报纸,其次是杂志,图书又次之。

（四）电视

电视是用电子技术传递流动图像，能给受众视觉与听觉综合刺激的传播媒介。在我国，电视的发展速度特别快，电视的利用率也越来越高，它已成为我国各类社会组织进行公共关系传播的重要手段之一。

1．电视媒介的优点

(1)感染力强。电视在传播信息时不仅有声音，而且有图像，声音生动逼真、图像异彩纷呈。公众在接受电视传播时有一种身临其境之感，电视生动形象的传播会使公众深受感染。像一些食品广告，经过电视技术处理后一经传播，很快就会吸引消费者，促使那些潜在消费者向现实消费者转化。

(2)及时性强。由于电视摄像和传播技术的发展，卫星直播电视技术的采用，电视台可以随时实况传播新近发生的事件。

(3)受众面广。电视是以声音和图像作为载体传播信息的，只要听觉、视觉正常的人都可以成为它的受众，不受文化水平的限制，老少皆宜；只要能够接收到电视信号的地方都会有它的受众，无论城乡。而且，电视节目丰富多彩，雅俗共赏，声情并茂，趣味无穷，所以，电视的受众是非常广泛的。

2．电视媒介的局限性

(1)信息内容的深度不够。这是因为电视受到表现形式的限制，电视传播求新求快求奇，一旦电视节目长时间连篇累牍地报道同一个信息，或反复深入地阐述某个理论，它很快就会失去受众。

(2)不便选择。受众通过电视接受信息只能按照电视台规定好的节目时间、顺序和速度才行，受众只有选择频道的自由而无选择节目顺序的自由。

(3)不便保存。电视信息是稍纵即逝的，受众只能一次性接受，不像报纸杂志一次没看懂或没有看完以后还可以重复进行，而电视信息是不便保存下来再检索再使用的(除非录像保存)。

（五）广播

广播是指通过无线电波或导线传送声音符号供受众收听信息的传播媒介。与电视相比，我国广播的普及率更高，所以公共关系人员可以充分利用广播这一电子媒介为公共关系传播服务。

1. 广播媒介的优点

（1）及时性强。通过广播传播信息可以不受时空条件的限制，各种信息转瞬之间就可以借助电波传播到世界各地。广播可以把刚刚发生和正在发生的事情及时告诉公众，广播节目的制作相对电视更快，所以广播传播信息比电视还及时。

（2）机动性强。公众通过广播接受信息可以不受时间、地点、场合的限制，不受文化、视力、行动的制约。因为无线电收音机越来越微型化，人们可以走到哪带到哪，工作时可以听，做家务时也可以听，这一优势是其他大众传播媒介难以比拟的。

（3）普及率高。收音机和广播喇叭的价格便宜，网络遍及城乡，收听不受限制，方便易理解。再加上现在不少广播电台设了一些听众参与的节目，调动了听众的积极性，所以，广播的普及率很高。

2. 广播媒介的局限性

（1）从传播信息与受众接受信息两方面的效果看，广播的内容往往缺乏深度，其作用是告知性大于解析性，信息内容的深刻性不如报纸。其形象性也不如电视，

（2）广播信息也是稍纵即逝的，不便保存（除非录音保存），而且公众从广播里获取信息的选择性也差，与电视一样，受众也是只有选择电台的自由而无选择节目顺序的自由。

（六）电影与录像

电影是利用强光和透镜将画面与文字映射在银幕上向公众进行信息传播的电子媒介，而录像则是电视的延伸，是用电子技术将声音画面记录下来向公众进行信息传播的电子媒介。这两种传播

媒介也可以在公共关系传播中发挥独到的作用。

1．电影与录像媒介的优点

(1)电影是一种公众喜闻乐见的艺术表现形式。虽然电视的普及冲击了电影市场，但电影能给人们带来独特的艺术享受。电影融思想性、知识性、娱乐性、艺术性于一体，能对公众产生震撼力和感染力，社会组织可以借助电影的这些优势提高对公众的影响力，塑造自身的良好形象。电影《庐山恋》就是最好的例证。《庐山恋》的放映，成功地传播了庐山作为著名旅游胜地的大量信息，提高了庐山的知名度，也给庐山带来了持续可观的经济效益和社会效益。

(2)录像是一种深受公众欢迎的传播媒介。录像可以及时把一些新闻事件拍摄记录下来传播出去，又可以很方便地重复再现。社会组织可以利用录像技术把自身的各种最新的或重要的信息及时向内外公众进行传播，对内起到增强员工凝聚力、鼓舞士气的作用，对外起到提高知名度与美誉度、增进理解加强合作的作用。

2．电影与录像媒介的局限性

(1) 电影的局限性表现在制作成本高、制作过程复杂、周期长、不便普及等。

(2) 录像的局限性表现在传播的信息内容缺乏深度、受众人数有限等。

(七)电脑互联网

电脑互联网是运用电脑网络承载和传播信息的媒介，它是知识经济时代高科技条件下出现的一种全新概念的信息传播渠道。它综合了电视广播、报纸杂志的优势，越来越广泛地被用于各类信息的传播及电子商务领域。

1．电脑互联网媒介的优点

(1)信息容量超常大。随着数码科技和光纤维传输技术的发展，电脑的运算、存储和传输容量得到超常的提高。电脑互联网以其超常大的容量承载着人类大量的信息。可以说,电脑互联网已经成为信息化的人类社会。

(2)传播速度超常快。由于通讯卫星和光缆传输技术的运用,电脑互联网的传输速度达到了即时同步的程度,人们可以即时同步地接收或传输各种信息。

(3)辐射面超常广。电脑互联网通过通讯卫星的微波辐射全球,使其传输的辐射面超越国界,涵盖全球。利用国际互联网只需4.7秒就可把33卷的《不列颠百科全书》从伦敦传播到世界各地。

2．电脑互联网媒介的局限性。

(1)要具备相关的知识和技能。电脑互联网在使用上要求使用者具有相当的电脑及网络知识和技能,否则将无法进行操作。

(2)要具备相应的技术设备。电脑互联网的使用必须具备相应的电脑和网络设备,否则将作“无米之炊”。而目前要普及电脑网络的技术设备还有很多的困难。

比较而言,上述四大电子媒介在公共关系传播中发挥作用最大的是电视,其次是广播,电影与录像又次之。而随着信息高速公路的建立和电脑社区化趋势的推动,电脑互联网在公共关系传播中的地位和作用将日益显著。

第三节　公共关系的传播技巧

现代传播作为公共关系的基本运作手段,在社会组织与公众之间的信息交流中起着重要的作用。公共关系要进行有效的信息传播,必须根据不同层次的公众特点,运用有效的传播方式,开展深度不同的传播活动。我们一般可以把公共关系传播活动分为三个层次:即知晓层次、态度层次和行为层次。

一、知晓层次的传播

知晓层次的传播是公共关系中最浅层次的传播活动，其主要对象是组织的潜在公众和一部分有可能与组织发生联系的非公众。由于这些公众对组织缺乏了解，对组织的整体形象尚无认识，因此，知晓层次的信息传播主要是运用各种传播媒介，把组织自身运作状况、目标和成就等信息传递给公众，让公众了解组织，在公众心目中初步树立良好的组织形象。具体形式有：

1. 提供新闻稿件。即由公共关系人员撰写符合新闻价值规律和新闻媒介要求的新闻稿件，报道本组织的发展成果，供各大众传媒使用。这里要求公共关系人员一要懂新闻，二要绝对真实，三要避免广告味。

2. 发布新闻消息。即通过举行记者招待会、发布会或专项公共关系活动来间接发布信息。这类活动经过新闻记者的直接采访报道，可信度明显增强。

3. 拍摄纪录片、电视片等。这种形式具有很强的真实性和说服力，是公共关系运作的有力工具。例如：1981 年中国第二汽车制造厂由于生产的“东风”汽车不再由国家物资部门包销，再加上受到进口汽车的冲击，一时间曾畅销不衰的“东风”汽车竟卖不出去。“二汽”领导经调查发现，造成“东风”滞销的重要原因之一是全国的用户不了解“二汽”厂的全貌，不知道“东风”车的质量，而一味迷信“洋车”。于是“二汽”厂决定拍摄一部名为《汽车城》的大型电影纪录片，向全国介绍“二汽”，让全社会都了解“二汽”。纪录片拍成后，当年即在全国汽车订货会上首映，引起各地汽车用户的巨大反响。会上一举卖出“东风”车 1 万多辆。纪录片在全国放映后，更是引来大批买主。这次运用新闻片开展的公共关系活动，不仅迅速扭转了“二汽”产品滞销的局面，而且在全国树立了“二汽”设备精良，管理先进，产品优秀、技术力量雄厚的企业形象。

然而，值得注意的是，公众的接受心理往往具有强烈的选择性和目的性。一般与自己的需要密切相关的信息，更容易受到公众的关注。而对那些与自己的需要不甚相关的信息则不感兴趣，常被忽略。事实上，许多潜在公众和非公众对与自己暂不相关的信息的获得往往是源于平常的无意识注意。因此，知晓层次的传播在促使潜在公众和部分非公众转化为知晓公众的过程中，要注意在信息的强度、对比度、重复率和新鲜度等结构因素上下功夫。现代社会心理学对人的“注意”现象的研究也证明信息的强度、对比度和新鲜度越强，重复率越高，就越容易引起人们的注意。例如：报刊用又粗又黑的通栏标题报道消息，可以增强信息的强度，使读者的注意从无意识变成有意识。又如，许多信息广告用强烈的色彩刺激和鲜明的反差效果来引起路人或观者的注意。还有，信息的重复也是引起注意的有效手段，那些不厌其烦，反复传播的信息总能使人牢记于心。

二、态度层次的传播

态度层次的传播是公共关系传播的中间层次，主要对象是知晓公众。通过知晓层次的传播，目标公众已由潜在变为知晓。他们对社会组织已有了一定的认识和了解，因而也必然对组织形象形成一定的评价态度。这时的信息传播活动也就进入了态度层次。

态度是人对特定对象的认识、情感和意向的比较持久的内在结构。其形成既有社会交往过程的影响，也有心理过程的作用。态度一旦形成，便成为一种心理定势。不易改变。心理学研究表明，态度的变化一般呈两种相反趋向，即正态趋向和负态趋向，如图所示：

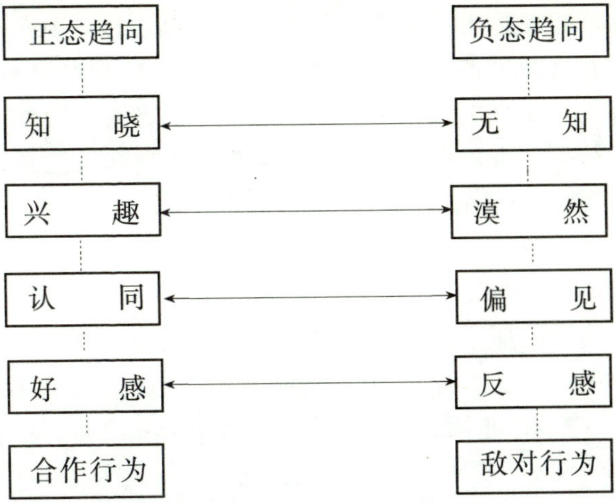

转变公众的态度,无疑是公共关系传播工作的重大任务。态度层次的传播可以说是公共关系工作中最复杂、最关键的部分。信息传播理论认为,社会组织转变公众态度的工作面临两种情况:一是公众态度原本就处于正态趋向,但需要维持和发展,此称为"顺向强化";二是公众态度原本处于负态趋向,需要改变,此称为"逆向转化"。促使公众态度在这两方面的转变,是态度层次传播工作的根本任务。本世纪以来,传播学对"人的态度转变促进"课题的研究成果为公共关系引导公众态度的转变提供了理论上和方法上的指导。

(一)枪弹论

该理论盛行于20世纪20年代。它认为:凡通过传播媒介传播的信息都可以为受众在不知不觉中所接受,从而达到传播效果。媒介传播信息如同枪弹射靶,受众接到信息便会中弹倒地,成为传播媒介的"俘虏"。然而实践证明,"枪弹论"并不完全符合实际情况,事实上受众具有能动思维。当"枪弹"击中他时,他并不应声倒地,有时"枪弹"的效果可能与预期的正好相反。"枪弹论"显然忽视了传播过程中传者与受者之间的互动活动。因而到了40年代，“枪弹论”开始遭到绝大多数传播学者的否定。但是，“枪弹论”强调传播媒介对受众的极大影响，这也具有一定的合理性。因为尽管受众对信息会有不同的选择，但传播媒介为这种选择提供了范围，受者只能在此范围中进行选择，就此而言，“枪弹论”在今天仍有一定的现实意义，值得公共关系传播借鉴。

（二）两面宣传论

这是美国传播学家通过对第二次世界大战中军队士气的研究获得的一项成果。研究表明，在鼓舞士气的宣传中，对文化程度较低的士兵，应多作正面宣传，这样可以强化士兵的斗志。如果过分渲染敌人的优势，则反而有损士气。而对文化程度较高的士兵，则应作两面宣传，因为他们有自己的思想。如果只作一面宣传，他们会感到在受欺骗，而用正反两面观点都说的宣传，其效果要大大好于前者。由此得出的一些传播学结论是：

当受者对传者的观点持肯定态度时，运用一面宣传法，即只说与自己一致的观点，可以收到强化的效果，对受者的心理定势的形成会产生积极影响。如果把对立的观点夹杂进去（哪怕是从批判的角度来谈），不仅不能加强传播的正向效果，反而会使之减弱。

当传者必须面向持相异观点（或态度）的受者传播时，受者的怀疑或否定的心理定势会使之拒绝传者一面的、与他们的观点相异的传播，从而在主观上夸大传者信息中的缺陷，忽视信息中的积极方面，并寻求种种论据来维护自己的见解，这样，信息传播就难有收效。因此，面对这类受者，传者应从正反两面分析问题，在阐述自己观点的同时，也向受者提出反对者的观点，同时论证己方的优越。这样，受者会对传者产生复杂的心理，并对传播的信息认真听取，双方的联系也会变得亲切，最终可能给受者以有力而持久的影响。

两面宣传论的优点在于考虑了受众的分析能力和选择能力，

注意了受众的主观能动性。这显然比“枪弹论”要优越,也更符合信息传播的实际。在“信息爆炸”的现代文明中,人的分析选择力和主观能动性较过去表现得更为强烈,“两面宣传论”尤其值得公共关系传播所重视。

(三)逐级传播论

1940 年美国总统大选期间,哥伦比亚大学的学者保罗·拉查斯费尔特和他的助手在进行选民调查时发现,许多人在选举时的投票意向与大众传播没有直接的关系。人们在选举中的投票态度和意向,往往不是直接受大众传播媒介的影响,而是受到自己生活圈中有威望者的观点和行为的影响,而这些有威望的人士所接受的信息往往又来自大众传播。可见,在社会上实际存在着传播的“两级层次”,即信息往往先是通过各种传媒到达有威望的人士那里,即群体中的“意见领袖”处,再经过“意见领袖”的传播,信息才为广大受众所接收并产生效果。依次类推,在信息的传播过程中,显然存在着多层次的“意见领袖”。这就是逐级传播论的观点。“意见领袖”是在群体成员相互联系中自然形成的,他们居于群体的主导位置,具有一定凝聚力和号召力,在某个时间、某种条件下对某个问题具有一定的权威性和影响力。逐级传播论认为,信息传播要特别重视和发现“意见领袖”,并对他们进行重点传播,通过打动“意见领袖”去争取更多的受众。

(四)传播技巧论

在传播过程中,受众态度的转变程度一般会随着对信息的理解程度呈正相关性增减,越容易理解的信息就越能够为受众所接受。因此,在传播过程中,要对信息加以精心处理,使之具备较强的移情能力,这就涉及到传播的具体技巧。

所谓“移情能力”,即善于向受众传输自己的认识和情感,使对方同自己共享信息的能力。掌握移情能力的基本点是:“到什么山上唱什么歌”、“用什么钥匙开什么锁”,也就是要针对不同的对象采取不同的传播方式，其中最为主要的是要认识受众的性格特点、文化背景、社会经历、固有观念和心理特征。为此，传播者在传播信息时必须针对具体对象，寻找与其一致的语言、经验和兴趣等，从对象关心的、感兴趣的问题出发，用对象熟悉的语言、经历来进行交流，这样就容易取得良好效果。

另外，增强信息的可读性和可听性，也是帮助受众记忆、理解信息的有效手段。

总之，传播学界对于“人的态度转变促进”的研究，为态度层次的公共关系传播工作提供了极有价值的启示。

三、行为层次的传播

行为层次的传播是公共关系传播的最高层次，它的对象主要是行为公众。这一层次传播的目的不仅是建立社会组织的良好形象，更主要的是促使公众有实质性的行为表现。

由于公众的态度是公众行为的先导，公共关系传播在这个层次上的工作必须以态度层次的工作为基础，只有做好了态度层次的传播工作，行为层次的传播工作才能顺利开展。但是，这并不是说只要态度层次的传播工作做得好，行为层次的工作就一定能取得效果。因为受众在接收到信息后，虽然具备行动的可能性，但也不一定采取行动。要使受众尽快采取行动，就需要对行为层次的传播作进一步努力，同时行为层次的传播也是影响受众态度的过程。根据有效传播的理论，做好行为层次的传播工作必须注意以下两点：

1. 传播的信息必须提出明确的目标。信息的目标明确，且符合公众已有的目标，才有可能促使公众采取行动。比如受众因为想买电冰箱，才开始注意电冰箱广告；又如某电冰箱广告内容符合受众心中的目标，人们才会去购买。某餐饮店门口贴着一副对联，上联为“您吃了吗”，下联是“您吃好了吗”，对联虽朴实无华，却引来了无数宾客,原因就在于传递的信息具有明确目标,话说到人的心里。

2. 在传播中要提供方便公众采取行动的信息。公众具备了行动的动机,如果不具备行动的条件也是不会产生实质性行动的。因此,行为层次的信息传播要尽量提供方便公众行为的信息。一般来说,公众采取行动的条件是:达到目标的途径简便、具体、直接。越是途径简便、直接,公众越可能采取行动。比如,推销电冰箱这种笨重的商品,应尽可能告诉公众销售网点、便民措施和维修服务情况。有的商场推出“你打的我付款,打的买冰箱”的措施就促使很多受众产生了购买行为。

公共关系传播是一门实用性、操作性很强的学问,要求公关从业人员在掌握现代传播原理和公共关系传播理论的基础上不断地实践、总结,才能在具体的工作中艺术地加以运用。

第五章　公共关系的运作目的——组织形象塑造

在科学技术日新月异,经济飞速发展的现代社会,人们越来越明确地认识到,日趋激烈的现代竞争,不仅是科技的竞争、资金的竞争、人才的竞争,而且还是组织形象的竞争。组织形象的良好与否,是社会组织生存发展的关键,是社会组织不可或缺的、极为重要的无形资产。因此,社会组织一切公共关系的运作目的,就是塑造组织形象。

第一节　组织形象概述

一、组织形象的涵义

(一)什么是组织形象

"形象"这个词有三种含义。第一种含义是指事物的外部形状,如我们平时说的形象思维,形象教育中的"形象",包括指有人长相或扮相很好,我们有时也说他"形象好"。第二种含义是指文艺作品中塑造的人物的精神风貌和性格特征。如小说《红楼梦》中的贾宝玉的形象、林黛玉的形象;鲁迅小说中塑造的"阿 Q"的形象、孔乙己的形象等,这是一种艺术形象。第三种含义是指人们对某种事物形状、性状、形态的抽象,是一种抽象化的观念。它是从前两种含义中衍化出来的,组织形象中的"形象",属于第三种含义。

组织形象是对组织特征和状况的抽象化的反映,是一种和评价相联系的观念状态。比如，当我们提到“北京大学”的时候，我们的观念中就呈现出对北京大学的抽象化的性状的反映：北京大学是中国最高学府的代表。她有百年历史，是“五四”新文化运动的策源地，是最早传播马列主义的圣地，是众多的如蔡元培、鲁迅、李大钊、毛泽东等先进知识分子学习、工作过的地方。她培养了难以计数的优秀知识分子和献身祖国革命、建设事业的栋梁之材。她又有最优美的校园环境：有红墙绿瓦的古建筑群，也有极具现代化气息的新图书馆楼群和理科楼群，还有名闻遐迩、翠柳拂岸的未名湖镶嵌于其中。她汇聚了当今中国众多的大师级教授和专家学者，是中国一流大学的代表，众多青年学子向往的地方。这就是北京大学的形象。至于北京大学到底是谁创办的，创始于何年？有哪些著名教授、学者？今天有多少教职员工、多少学生？有多少建筑？设置了哪些科系和专业等等，我们或许知道或许不知道或许知道一些但不确切，这些其实并不重要，因为这些并不妨碍我们对北京大学作出我们所知道的认识和评价。由此我们得知，组织形象是对组织总体的、抽象的、概括的认识和评价，因而它和组织本身的性状特点不完全一样。

那么，什么是组织形象呢？

组织形象是指社会组织的总体表现与特征以及它们在社会公众心目中的反映和评价。

组织形象既然是公众观念中的形象，因而它可能和事实有出入，而且在不同公众的观念中，同一组织形象也可能有很大差别。这其中名实相符的有之，名不符实的也有之。由此人们会产生两种错误观念。一种认为组织形象是宣传造成的，只要有钱而且舍得在宣传上花钱，黑的也能说成白的，只要多宣传自然可以在公众心目中树立良好的组织形象。另一种认为既然黑的说不成白的，白的说不成黑的，客观存在才是最重要的，所以只要扎扎实实把组织的各项工作做好，“酒香不怕巷子深”，自然会使公众近悦远来。

这两种错误观念会导致两种错误倾向。一是务虚不务实，不在组织自身的建设和发展上下功夫，只是刻意追求虚名；另一种是务实不务虚，只注重组织内部事务，不问组织外部的名声如何，造成组织虽然长时间的努力却得不到外界和公众的认可，疏远了组织与公众之间的情感。这两种错误观念和错误倾向都是由于对组织形象的片面理解所造成的。

组织形象和物体的形象不同，它是人为塑造的。这种塑造包括本体的塑造和观念的塑造两个部分。本体的塑造是形象塑造的基础，观念的塑造又可以推动本体的塑造，二者是相辅相成的。组织本身的性状是良好的，组织的形象才可能是令人满意、并经得起时间检验的。有了塑造组织形象的自觉认识，才有可能产生改进组织性状的动力，推动组织的建设和发展。所以，组织形象尽管是公众观念中的形象，但这种观念中的形象不是自发形成的，它的原型在组织内部，它的形成是公共关系主体主动影响公众的行为结果。即是说，组织形象靠人为塑造，其塑造的基本动力在组织内部，在组织的全体成员的努力程度。组织形象的良好与否取决于组织的全体成员。组织成员只有清醒地认识到组织形象的这种主体和客体相统一，主观和客观相统一的根本特点，才能自觉有效地为塑造组织良好的社会形象而努力。

社会组织是一定社会成员的组合体，因此它是一个有机体。为此，我们看待社会组织的形象必须持动态的观点和反馈的观点。所谓动态的观点，是说组织形象不是预成的，而是生成的（逐步建构的）；不是静止的，而是变动的，组织形象不会一成不变，而是永远处于一个不断被塑造的过程中。所谓反馈的观点，是说组织形象的形成，不是线性的因果关系，而是互为因果的互动关系，不是单维单向形成的，而是多维多向多因素作用的结果；主要是社会组织与公众双向反馈与调节的结果，并据此推动社会组织不断向着自身总目标实现而运动。

基于以上观点,我们对组织形象可以得到如下认识:

组织形象是公众对于社会组织的总体评价,是主体和客体的统一,也是主观和客观的统一。具体来说:第一,组织形象是公众的总体评价,是各种具体评价的总和。具体评价构成局部形象,总体评价组合成总体形象。第二,公众是组织形象的评定者,他们的评价作用于社会组织并影响组织形象。第三,组织形象源自社会组织的表现。公众对社会组织的印象不是凭空产生的,而是基于社会组织的表现,社会组织反过来根据公众的评价调节自身的表现。第四,一个社会组织形象的好坏必然会引起公众思想情感上的喜爱或厌恶,认可或排斥,行动上的亲近或疏远,参与或回避。

(二)组织形象是公共关系理论中的核心概念

公共关系学作为一门综合性的社会科学,其形成和发展与近两个世纪以来的社会学、哲学、管理学、组织行为学、伦理学、传播学、市场学等等学科的发展有着密切关系。公共关系学深受多种科学理论的启发,综合了多种社会科学的发展成果,因而有一些共同的研究对象,如社会组织。但是它与这些相关学科的研究切入点是不同的。

比如哲学。哲学是研究世界的学问,即关于整个宇宙、整个世界,包括自然界、社会历史和人的思想等在内的根本观点的学问,哲学研究社会组织对人类历史、对人的世界观的影响。

比如社会学。社会学是把社会作为一个有机的整体,并从这个角度出发,研究社会现象及其变化发展规律的一门科学。它因此把社会组织认作是一个执行一定社会职能、完成特定的社会目标,相对独立的社会群体。它着重研究的是社会组织中人与人之间的社会关系和社会行为。社会学研究的内容,如社会角色、社会生活方式、社会组织等等,可以帮助我们理解错综复杂的社会关系所带来的影响。

比如组织行为学。组织行为学是重在研究一定组织中人的心理与行为规律的一门科学。

比如管理学。管理学着重研究在特定环境下,对组织所拥有的资源如何进行有效的计划、组织、领导和控制,以便达到既定的组织目标的过程。

还有其他一些社会科学,这些学科研究的是关于组织对人的世界观的影响力,或组织中人们的行为关系,或组织资源的管理,组织的一般特征和普遍规律等内容。只有公共关系学这门学科,才是专门研究组织形象的。公共关系学研究组织形象的塑造过程、塑造方法及塑造的意义。公共关系的根本目的是为社会组织建立声誉,塑造形象,提高组织的知名度、美誉度以取得社会公众的理解和接受,进而赢得信任和支持。从这个根本的目的来说,公共关系的全部意义在于塑造良好组织形象。进一层说,在竞争激烈的现代社会,组织形象概念对社会组织而言是举足轻重,甚至决定了组织生存发展。因为组织形象决定或影响着社会公众对组织的态度和行为方式,一个社会组织一旦在社会公众心目中树立起良好的形象,它就拥有了旺盛的活力和生命力。良好的组织形象虽然不像产品和广告一样会直接带来市场和利润,不会直接带来经济效益,但它却可以给组织带来许多有利因素,如赢得公众给组织带来良好的生存环境和发展空间,从而成为组织一笔无形的但却是宝贵的财富。从这个意义上说,"组织形象"是公共关系基本原理中的核心概念。

二、组织形象的构成

社会组织的形象是一个完整的有机体,是由一系列要素构成的。每一种要素都可能影响或者代表组织的整体形象,这些要素又是相互影响、相互作用的,因此组织形象始终处于一个逐步建构、不断变化的塑造过程,是公共关系的主体与客体之间不断变换信息的动态结果。这些要素主要包括社会组织的内在气质与外在形象两方面。

(一)组织形象的外在形象

外在形象是由组织本身所显示的并且为公众所直接感觉到的事物构成的,是组织形象的外化,有如一个人的仪表、风度一样,给人以直观的印象。主要包括:

1. 组织的名称

一个社会组织塑造形象是从名称开始的,因为组织名称不单是符号或标记,而且是组织形象的一个重要组成部分。组织名称是组织形象在传播中首先被公众认识的、最为直观的一个外在形象,已成为与品牌、商标等同样重要的无形资产。一个名称是否名副其实,是否新颖、有时代气息,是否有深刻寓意,是否传递了组织的独特信息或者表达了组织的独特文化内涵、独特风格;或者是否朗朗上口,易读易记等等,都有助于组织形象的塑造。比如天津亨得利钟表商店,其名称"亨得利"取的是"亨通四海、天下得利"的深刻寓意。美国"苹果计算机公司",是因其首个字母是"A",可以由电话号码簿最先进入公众的视线,同时苹果的形象也鲜明可爱而命名的。

2. 产品形象

对于社会组织中的企业来说,有个好名称固然重要,同样重要的还有它的产品形象。产品是企业和公众联系的纽带,产品形象直接影响公众对企业的喜欢或厌恶等情感,还会引起支持、合作或者反对等行为。产品形象是包括产品的设计、外形、名称、商标、包装、质量等方面的一个整体。

(1)产品的设计、外形与包装。产品设计是否功能齐备、简便实用、性质优良;外观是否大方美观,或者可以和办公环境、家庭环境融为一体,富有装饰性;包装是否美观、精致、引人注意,并且方便储运等,都是美化和宣传产品形象的重要手段。

(2)产品名称。产品名称不仅是产品的文字名称和识别标记,而且是可以加强产品宣传，提高产品知名度的重要因素。20世纪90年代初，台湾食品业纷纷涉足大陆，并以京津两地作为他们抢占的首要制高点。台湾顶新集团在1992年初推出了一种名叫“康师傅”的方便面。在精良的质量和使用方便的包装等基础上，“康师傅”又加上了强大的广告宣传攻势，很快地一炮打红，并迅速占领了全国市场。与此同时，作为台湾饮食品“龙头老大”的统一集团，虽然实力雄厚，并且紧跟着也迅速出击，但是“康师傅”这个名称，以其“平民化”的可亲形象，早已深入人心；而以“贵族”身份出现的统一方便面，终不敌矮矮胖胖、可亲可爱的“康师傅”而屈居第二。可见，产品名称在树立组织形象中具有重要作用。

(3)产品商标。商标本指刻印在某种商品表面或包装上的标志、记号，以使该商品与其它商品相区别。从公共关系的角度来看，商标是企业组织信用的象征、品质的保证。商标一经注册使用，并经过反复的广告宣传便逐渐为公众认可、熟知、喜爱，它是组织形象的一个浓缩，并能唤起公众的全部记忆和感觉，从而成为组织推销产品的强有力的手段，长期宣传本组织的商标，无疑是对组织形象的一笔战略性投资。好的商标常常家喻户晓、深入人心，成为组织一笔宝贵的无形财富。例如，今天已经遍布世界的麦当劳快餐店，其麦当劳汉堡包现已成为一种全球商品，几乎无所不在。更让人们印象深刻的是麦当劳金色的拱形“M”标志，(“MCDONALD'S”的第一字母)，在世界市场上已成为不用翻译即懂的大众文化。其企业形象在消费者心目中扎根到如此地步，正如美国密执安大学的一位教授所说的：“有人哪一天看不到麦当劳餐厅的金色拱顶，会感到这一天真难以打发，因为它还象征着安全。”产品商标对树立企业良好形象的重要作用由此可见一斑。

3. 组织的设备装置

组织的生产、技术设备先进与否，在现代社会的各种竞争中起着越来越重要的作用。第一，它直接关系到组织的生产能力、产品的质量、数量及经济效益。例如我国纺织行业在前两年进行了谓之“壮士断臂”的大规模压锭举措。其目的:一是为了限产转产,二是为了设备更新换代,淘汰落后设备,更换有高科技含量的新设备,使我国纺织行业放下了落后设备的沉重负担,大步走向改革前沿。通过压锭,产品的质量得以提高,经济效益也有较大的增长。第二,组织的设备越先进,就越容易在社会上产生感召力,从而提高公众对组织的信任,有利于树立良好的组织形象。在当今社会,一流设施、一流产品、一流服务,三者相辅相成,缺一不可。

4. 组织存在的空间环境

组织总是存在于一定空间环境之中的,空间环境也是组织的一种资源。组织对所属空间进行的环境建设、环境布置,如建筑与装饰风格,绿化状况,门面与内部装饰等状况,既显示了组织的整体外观形象,也是最先进入公众视野的一个最鲜明最具体的外观印象。这个外观的整洁美观,不仅使内部公众感觉舒适愉悦,而且会对外部公众产生吸引力,使内外公众得到一种美的享受,形成一种亲和力,这无疑有利于组织良好形象的树立。组织的这种空间环境布置越富有个性风格,就越能展示出组织的创新意识和精神风貌,显示出这个组织的实力,越能吸引公众的注意和强化公众的记忆。毫无疑问,这些都会形成对内外公众的影响力和征服力。

改革开放之初,深圳竹园宾馆在店名和地理特征的基础上,创立了一整套以竹为象征物的竹文化。为了向公众展示“虚心劲节、以诚取信”的价值观和“竹的风骨”的企业精神,竹园宾馆首先从人们印象上强化竹的高雅形象。宾馆周围蜿蜒筑起竹的绿色围墙,并把四方竹、罗汉竹、南洋竹等各种名贵品种移栽到宾馆庭园之中。另外,从宾馆前飘扬的馆旗,员工佩带的徽章,大堂正中绘的迎宾竹屏,回廊摆的盆竹,插花的竹瓶,贮糖的竹罐、盛物用的竹碟、进餐的竹筷,以及建筑物上的竹雕竹饰,无一不是竹的象征、竹的再现,乃至媒体上的广告词都是引用的古人诗句:“宁可食无肉,不可居无竹"。从而多角度地艺术地塑造了竹园宾馆极具特色的个性风格和组织形象,给人以美的享受和深刻的记忆。

5. 组织的传播手段

在信息量密集的和被现代人们称为"眼球经济"、"注意力经济"的当代社会,一个社会组织的形象如何才能脱颖而出,如何才能保持永久的生命力和公众长期的经常的关注,在很大程度上有赖于该组织的信息拥有量和传播手段的运用。竞争日趋激烈的现代社会,传播水平也在不断提高,如何巧妙地充分地利用传播手段,成为争取公众、塑造组织形象不可或缺的途径。

(二)组织形象的内在气质

内在气质是长期为公众所感知的行为所表现出来的精神特质,是组织形象中深层次因素的积淀,因而是组织的灵魂。组织形象的内在气质主要包括:

1. 组织文化建设

组织文化是组织发展过程中独具特色的管理思想、理想追求、价值观念、组织目标、职业道德、行为方式,乃至组织的经营理念、精神标语、风格、文化、经营哲学与方针策略等等。

由于组织文化是组织的灵魂,所以组织文化建设对塑造组织形象有至关重要的作用。第一,组织文化有导向功能,它能将组织成员的个人目标导向到与组织目标相一致的方向上来,并使之为之努力奋斗。宝钢人说:"贡献在创一流中实现,才干在创一流中增长,理想在创一流中升华。"第二,组织文化有凝聚作用。美国IBM(国际商用机器公司)是当今世界的电脑帝国。几十年来,托马斯·沃森父子用人称"沃森哲学"的三条行为准则,作为企业的精神力量,从而成功地将组织文化转化成了感召力、约束力和凝聚力,托起了 IBM 蔚蓝的天空,铸造了 IBM 的辉煌。这三条准则就是:"必须尊重个人,必须有最好的服务质量,必须追求优异的工作表现。"第三,组织文化有激励作用。它可以增强组织成员的自豪感、责任感，取得个体对组织的价值认同，从而积极进取、奋发努力、自觉维护组织的声誉与形象。比如大庆油田一贯以“铁人精神”激励职工，在“为祖国石油事业作奉献”的价值观引导下，大庆人宁肯牺牲个人利益也要为国家奉献，并以此为光荣，而以违背这一信念为耻辱。凭着这个信念，大庆人为祖国的石油事业作出了巨大贡献。

2．组织的信誉

市场经济就是信用经济，在现代市场经济活动中，组织的信誉对组织的形象建设有着非同一般的影响力，它是组织宝贵的无形资产。当人们认可长虹集团的品牌价值高达 200 多亿元的时候，这其中的品牌信誉占有的价值几何，无人作过量化分析，但肯定是分量不轻的。美国的惠普公司能够长久的发展，得益于始终遵守“坚守诚信”这一原则。惠普认为，同客户合作不是一时一事，而是长期依存、唇齿相依的。达瑞得·柏克瑞得（David Packard）任美国国防部副部长期间，惠普股票的增值部分完全捐献给慈善事业，以保持惠普在和国防部合作过程中的诚实和正直。在惠普发展过程中，曾经有一位博士，是 SDH 领域内的急需人才，领导层对其非常器重。在博士一次出差报销费用时，发现有伪造的票据，领导层协商后忍痛断臂，将其辞退，因为“诚信”在惠普价比生命高。

信誉是公众认可组织的重要依据，它极大地影响着公众对组织形象的评价、认可以及采取何种行动。

3．组织的实力

组织实力包括：(1)组织的规模、等级。(2)拥有的资金多寡，俗话说的“财大气粗”虽不准确，但是组织的资金越雄厚，发展的实力和潜力就越大。(3)技术的实力对组织发展也十分重要。人们熟悉的历史上三次科学技术革命，改变了整个世界经济，推动了历史的发展。谁掌握了先进技术，谁就掌握了主动权，技术可以改造整个组织的状况。(4)人才水平的高低与多寡也代表了组织的实力，当今社会的竞争，说到底是人才的竞争。总之，在激烈的市场竞争中，组织的实力是组织的基础，只有它坚如磐石，才能使公众对组织产生坚定信心。

4．管理方式革新与良好的组织氛围

现代管理已进入到一个以人为本的新时代，管理的内容不再是板面孔的规章制度的制约，而是管理者用对员工、对事业充满爱意的奉献精神而从事的一门艺术。所以，创造一种良好的组织氛围是十分必要的。例如，通用电气公司的管理层就认识到这一点，他们采取面对面的管理方式，创造了一种温馨的工作环境，使通用公司像一个和睦、奋进的“大家庭”。公司从上到下直呼其名，无尊卑之分；互相尊重，彼此信赖，人与人之间关系融洽，亲切。最高层管理者与全体职工每年至少举办一次生动活泼的自由讨论会。又如惠普公司，惠普提倡“兼容并包、尊重个人”的管理方式，所以惠普对员工更多是信任和尊重。它会问你能为公司做什么，而不问你从哪里来；在处理问题时只有基本的指导原则，却把具体细节留给基层经理，以便他们作合适的判断，并给员工保留发挥的空间。惠普是最早实行弹性工作制的企业，允许员工在家给公司工作，同时公司的仪器室不上锁，员工可以随时使用仪器设备，甚至可以带回家里去用。特别是，惠普不歧视离开了惠普又想返回的员工，惠普曾经有一位高级副总裁，在惠普三进三出也不曾被歧视。良好的组织氛围为通用电气、惠普等企业带来了极好的经济效益和社会效益。

良好的组织氛围除了以上例举的平等的人际关系，包容宽松的制度环境之外，还包括组织目标、组织的精神与价值取向、员工的素质、组织的创新精神与创新实力等等，它们都是组织形象内在的深层积淀。

5．组织的创新精神

在竞争日益激烈的现代社会，一个组织（特别是经济组织）如果缺乏创新,就无立足之地,而且会丧失公众对它的信任和支持。在知识经济时代,组织工作的核心内容就是创新。江泽民同志说过:一个没有创新精神的民族,是无法立足于世界民族之林的。创新精神是企业文化的精髓。例如美国的微软公司(Microsoft),他们始终作为开拓者、创造者的形象进入一个潜在的大规模市场,不断进行产品革新,并不时有重大突破。从操作系统 MS - DOS 到 DOS2.0 版,从视窗 1.0 到视窗 386,直到 Windows2000,公司产品成为或不断成为行业标准。创新是贯穿微软经营全过程的核心精神。又比如国内的长虹集团公司,在近几年的彩电降价战硝烟弥漫之际,长虹人则提出:要提高竞争力不能靠降价,提高核心竞争力的关键是技术创新、制度创新,只有创新,才能带动企业的长远发展。

6. 人员素质与人力资源管理

人是组织的主体,组织中人员的状况和素质高低是组织形象中最重要的因素。市场竞争归根到底是人才的竞争。争夺人才是许多外企进入中国市场时的第一个举措。法国著名香水品牌让·古龙公司董事长杨涛说:我们争夺中国市场,要从争夺本地化人才开始。有了人便能做事,便能成就一番功业。1998 年微软在中国内地设立了一个研究室(实则为微软在中国的一个窗口),需吸纳一大批人才。当时有人高兴有人愁,高兴的人为自己能有机会在这样的地方施展才华而兴奋;发愁的人则冷静地指出:这是微软在抢猎中国的精英。

1997 年著名的咨询公司麦肯锡造出了一个具有原创意味的词“人才战”,用来描述当代商界人才运作的实践和理念。在当今已经来临的竞争激烈的知识经济时代,一个组织的人才质量越来越主宰着组织的成败。并且,由于对人才的需求超过了人才的供给,吸引和保留高素质人才也就显得越来越重要。许多组织都已经认识到这一点,并且开始革新他们的人才管理方式。许多省市也认识到这一点，并出台了许多优惠政策以吸引优秀人才。辽宁省从1999年开始创办“创业周”活动，掀起了引资、引智、引才的热潮。在“2001年中国海外学子辽宁创业周”中，海外人才交流会是“创业周”活动的重要内容之一。省内众多知名大企业、高等院校都把在“创业周”上“网罗”到高层次、高素质人才当作“重头戏”。而辽宁省委、省政府则制定了一系列引进人才的优惠政策，并把引进人才和智才，培养高层次人才，稳定、激活、用好现有的人才，作为工作重点，并且藉此次活动全面推动人才结构的优化和升级。

“前程无忧”网站总裁(CEO)甄荣辉先生说：人才就是一座大金矿。应该说，人才还是体现组织形象的重要标准。

三、组织形象的特性

组织形象有其特有的性质，主要表现在以下几方面。

(一)组织形象的主客观两重性

第一，主观性。一方面，组织形象是人为塑造的，它的形成是公共关系主体(即组织)主动影响公众的行为结果。组织成员在其形象塑造中反映出一定的主观意愿，并且形象塑造也要经过组织成员主观能动性的发挥才能进行。另一方面，公众在形成对组织的看法、认识和评价的过程中，必然会受到公众自身的价值观、利益观、思维方式、道德标准、审美取向以及性格差异等主观因素的影响，同一个组织形象在不同的公众心目中会产生有差异的形象。同时，公众对组织的印象作为观念形态，它也是属于主观的范畴。所以，组织形象具有主观性。第二，客观性。组织形象的原型是客观存在的。组织形象的形成过程也是客观的。组织形象作为公众的认识、评价良好与否的依据始终客观地存在着。所以，组织成员只有认识到组织形象的主客观两重性的特征，才能自觉地为塑造组织良好的社会形象而努力。

（二）组织形象的整体性

组织形象虽然是由多种要素组成的，如组织中人员的形象，产品的形象等等，但它仍然具有整体性。当组织中某产品的形象不佳时，我们不能确定该组织中人员的形象也一定不佳。所以，公众心目中的组织形象是整体的形象，公关主体（组织）所要塑造的也是整体形象而不仅仅是某一要素的形象。有时候，组织形象中某一要素表现比较突出，但它起到的却是代表组织整体形象的作用。比如华生牌电扇是几十年的名牌优质产品，在社会上享有较好的信誉，这一产品形象实际上已经代替了华生电扇厂的整体形象，但是产品形象并不等于同企业的整体形象。

（三）组织形象的多维性

组织形象是整体性的，但从全员公关的角度看，组织形象又是多维度多方面的。组织的各要素从不同时空，不同角度，立体交叉地反映出来，再综合地反映在公众的头脑中，所以，"公关无小事"，任何一个细节的不善，都会使组织整体形象受损。

（四）组织形象的动态性

组织形象不是绝对的静止的。在空间上，一个组织实力的强弱、设备的先进程度、技术水平、创新能力、员工素质，乃至它的知名度、美誉度的高低等等方面，都是相对一定的参照物比较而显现出来的，改变了参照物，结果就会有变化。在时间上，组织形象的各要素，如前面讲到的实力、设备、资金、技术、人员、创新，乃至经营理念、价值取向、组织目标等等，都会随着组织的发展变化而变化。知名度可以由低到高，美誉度也可能由好变坏，或者由坏变好。

（五）组织形象的相对稳定性

组织形象一旦形成，就具有相对的稳定性。有些组织形象会在较长的时间内（几十年甚至上百年），或者在一定的空间范围（一地、一国甚至世界范围）形成令人难以忘怀的深刻印象。这其中或者是组织的某些外在形象，或者是组织中的某个人物、某种传统精神、某种风格等等。例如始创于清朝康熙八年的北京同仁堂药店，历经了300多个春秋的风雨，时代的几度变迁，却丝毫未能改变“质量第一”的服务宗旨，所以“同仁堂”这个店名已成为企业“德、诚、信”的形象化身，成为一块名副其实的金字招牌。组织形象的这种相对稳定性有时甚至会形成某种概念化的东西，造成一定的心理定势和对组织形象的联想。比如，今天人们在日本、在墨西哥、在法国、在瑞士或者在泰国、在世界的大多数地区，每当看到麦当劳餐厅上金色的拱形“M”标志时，心目中立刻会浮现出麦当劳窗明几净的清洁的舒适环境、宽敞的座椅、栗色的木地板、快捷周到的服务，味美又质量可靠的汉堡包、炸薯条、饮料等食品，并且想再次走进那带有金色拱顶的餐厅，花钱去体验那真正的享受。这就是组织形象相对稳定性带来的效果，是各类社会组织进行公共关系运作的目的。

我们并不否认前面言及组织形象是动态的会改变的这一特性，但形象的变化是一个渐进的过程，所以我们强调稳定性是相对的。

四、衡量组织形象的基本指标

由于组织形象是由一系列要素构成的，因而公众可以从各方面来看待和评价组织形象，或者说组织形象可以由若干指标来衡量和确定，如服务态度、办事效率、员工素质、产品质量等等，但最终我们可以用两个指标作为组织形象评价的客观尺度：即知名度、美誉度。

（一）知名度

知名度是指一个社会组织被公众了解、了解的程度，社会影响的广度和深度。它是评价组织“名气”大小的尺度。

知名度是组织形象的基础，如果一个无人知道、或者根本不认识的组织,公众当然也无从了解它,它的知名度等于零,也就没有形象可言。或者知名度较小,仅仅是小范围的公众知道,或公众只了解一点儿状况,那么该组织的形象是难以塑造的。所以,没有知名度是不利于组织形象塑造的,在竞争激烈的现代社会更是如此。但是,知名度只是对组织形象"量"的大小的评价,而未涉及组织形象中"质"的美丑的价值评判。"美名远扬"和"臭名昭著"在量的覆盖面上可以是同等的。一个组织可以因优质产品而广为人知,也可以因产品是假冒伪劣而家喻户晓。

(二)美誉度

美誉度是指一个组织获得公众信任、赞美及社会影响好或者坏的程度,是评价组织社会影响好坏程度的指标,是从"质"的方面对组织形象作的价值判断。社会组织只有在广为公众知晓的基础上又获得公众的盛赞、好评,比如组织实力、员工素质、产品质量、组织文化、服务质量等方面获得好评,才算是获得了成功的组织形象。

知名度和美誉度分别从"量"和"质"的方面度量了组织的形象,二者不可偏颇。也不具有正相关性。一个组织的知名度高不等于其美誉度一定高,同样,美誉度高也不等于其知名度一定高;反之亦然。在塑造组织形象时,必须把这两项指标同时作为追求目标。

五、塑造良好组织形象的意义

建立组织与公众相互了解、长期合作的良好关系,提高组织的知名度、美誉度,与公众建立互利共生、共同发展、共同获利的关系,从而塑造组织良好的社会形象,这是组织公共关系运作的根本目的。塑造良好的形象对社会组织的发展具有重要意义。

1. 塑造良好的组织形象,有利于提高组织成员的思想境界,增强组织成员的主人翁意识并自觉为组织目标努力奋斗,还有利于提高全体员工的素质。

2. 塑造良好的组织形象,有利于调节组织内部的各种矛盾,增加组织的凝聚力,增强组织成员的战斗力。

3. 塑造良好的组织形象,有利于增强组织成员的公共关系意识,改进组织成员的工作方法,提高工作效率。

4. 塑造良好的组织形象,有利于组织建立和睦的邻里关系,有利于将组织获得的社会效益转化为经济效益。

当然,如果仅仅把创造社会效益理解为创造经济效益的一种手段,良好的组织形象也不可能真正树立起来,尤其当社会效益与经济效益发生矛盾的时候。良好的形象所带来的经济效益是一种由社会效益自然转化的结果,它是通过满足社会公众的利益而获得自身利益的。只有既追求经济效益又追求社会效益,组织才能获得长久的发展。

第二节　组织形象塑造

组织形象塑造是公共关系运作的起点和永恒的奋斗目标,它是一个永无止境的过程。

一、组织形象定位与分类

所谓的组织形象定位,就是指公共关系人员通过调查分析,测定在公众心目中的本组织形象的实际状况的一种行为。现代社会是一个差异性、个性化的时代,社会组织塑造形象的关键是对应公众和市场来创建自己的特色和张扬自己的个性,没有个性就没有自己的市场位置。在科技日益发达、经济全球化的今天,组织形象定位就是让社会组织在公众心目中确立自身形象的特定位置,没有特色就没有生命力。通俗地说,组织形象的定位就是要树立品牌意识。

例如，日本有五大电器公司在日本乃至世界都是著名企业，其知名度和美誉度都很高，但它们在各自的形象定位上则各有不同。索尼公司以高精尖闻名，其产品的科技含量很高。东芝公司的产品种类多，从人造卫星到家用电器，应有尽有。日立公司以吸收国外先进技术快而闻名。松下公司的家用电器的市场占有率非常高，被誉为“家电之王”。三洋公司则以物美价廉，薄利多销为特色，其产品档次稍低。

又如，“万宝路”香烟的形象定位是粗犷豪放的西部牛仔的硬汉形象，其广告背景是森林、骏马、牛仔。赞助的活动是美国的赛车，勇猛而刺激。有人曾作了个实验，向每个自称是喜爱万宝路味道及品质的吸烟者以半价提供地道的但没有牌号包装的万宝路香烟。结果是令人意外的，在被调查的人中仅有 21% 的人愿意购买这些没有包装的半价烟。原来这些烟民并非单纯喜欢“万宝路”的味道，他们真正需要的是“万宝路”包装与广告带给他们的满足感。因为烟民每天要将万宝路香烟从口袋里拿出 20—25 次，每一次拿出，万宝路的硬汉牛仔的形象都满足了他们的大丈夫气概的心理需求。“健牌”香烟的形象定位是浪漫高雅，广告形象是大海、美女、风帆。其赞助的活动是美国健牌村桥牌比赛。“555 牌”香烟则给人尖端、超前、神圣的形象，它经常赞助美国的宇航、航天活动。

从以上例举的日本、美国的这些公司的形象定位看，它们都是在繁多的品牌中突出了个性化的特征，从而满足了某些特定公众的心理需求，即达到了公众的“心理真实”。人们在组织形象塑造中常常会忽略公众的“心理真实”诉求。“心理真实”和“产品真实”(产品质量与宣传一致真实可靠)有着本质不同：产品真实是从生产和商品自身出发，是一种推销观念；而心理真实是从消费者(公众)出发，探求的是产品(或组织)在消费者(或公众)心理世界中的形象。所以我们提倡组织形象塑造中的个性化定位，因为它让我们能够跨越产品表层的真实，而关注更深层次的消费者（公众）的认知世界。

由于组织形象在不同的时空阶段有不同表现，而公众在不同时空的不同角度又有不同的印象，所以，我们有必要对组织形象进行分类分析。

（一）组织期望形象

组织期望形象又称自我期待形象，是指一个组织希望在社会公众心目中所树立的对组织自身的全部看法、评价和标准。任何一个社会组织在塑造自我形象之初，都要设计自己的期望形象，使之成为公共关系活动的范围，再具体为行动计划，然后加以实施。作为动力和方向的自我期望形象的要求越高，组织作出的努力会越大。但期望形象的设计不能脱离实际地盲目拔高，否则会因无法实现而挫伤组织成员的积极性。因此，期望形象应该建立在广泛的公关调查的基础上，量力而行，实事求是，使之切实可行，并在努力之后可以实现。期望形象是组织公共关系工作的基本方向和内在动力；是一个阶段的奋斗目标和另一个阶段的工作起点；是检查实际工作和寻找形象差距的重要依据。

（二）组织实际形象

组织实际形象是指社会公众和社会舆论对一个组织的真实看法和评价。组织实际形象与组织期望形象有时相重叠，是一致的，有时又有一定差距；它有时和公众心目中的印象相吻合，有时又有偏离。了解组织的实际形象，组织才会找出工作中存在的问题，并采取措施加以纠正。

（三）公众感觉形象

公众感觉形象是公众心目中所普遍认同的组织形象，它与组织期望形象或组织实际形象，有时是相重叠的，有时又是有偏差的，如上面所例举的广信的例证。公众感觉形象是组织了解自身实际形象的一个重要依据，但是它不一定是组织的实际形象，所以组织并不一定只依据公众感觉而盲目改变自身。社会组织只要让公众了解客观事实,就能让公众得到组织的真实形象。

二、组织形象的塑造过程以及塑造模式

(一)组织形象的塑造过程

所谓组织形象的塑造,就是社会组织通过开展公共关系活动而自觉推进自己形象的过程。

1. 要设计一个适宜的组织形象目标,即预期达到的组织形象总体特征以及构成要素的具体水平。这里要注意的是:(1)社会组织种类繁多,设计时一定要根据本组织的性质、结构、目标、功能等方面的要求进行。比如工商企业等经济性组织,主要目的是经济效益,赢利是第一位的考虑;而学校、医院等组织其目的是培养人才、治病救人,社会效益是首要的,所以,进行形象设计时必须有不同考虑。(2)以有利于提高组织效能为原则。(3)要考虑到社会公众对组织的期望和要求。

2. 在设计好组织形象之后,要具体拟定一份公共关系工作方案,如何利用媒介,开展各种活动,具体服务措施,社会公益活动等多种公共关系活动,以此来建立本组织的形象。

3. 注重组织自身行为建设。影响组织形象的因素虽然有三方面——组织自身行为、传播过程和公众,但是后二者是以前者为根据和基础的,没有良好的组织行为,传播就是空中楼阁,而公众也不可能形成良好印象。所以,良好的组织形象有待于全体组织成员的自觉努力。

组织形象的塑造是一个连续不断的过程,组织在任何时候任何情况下,都应该努力树立和维护自己的良好形象。

(二)组织形象塑造模式

组织的公共关系活动讲究艺术性,讲究个性化风格,但这不等于没有模式可以借鉴。常见的公共关系模式主要有:

1. 宣传型公关模式

宣传型公关模式是利用各种传播媒介将组织的有关信息迅速传播给内外公众,以形成有利的社会舆论,树立良好的组织形象的一种公关活动模式。宣传型公关模式的主要手段是:利用各种传播媒介和交流方式,如新闻发布会、新闻报道、专题通讯、公关广告以及其它印刷刊物、视听资料、表演、展览等方式进行内外传播,让各类公众充分了解组织、支持组织,从而形成有利于组织发展的社会舆论。而只有良好的社会舆论,才能使组织获得广泛的支持者和合作者,才能有效地促进组织的发展。这种模式的主要特点是:主导性强、时效性强、传播面广、推广的效果快。

宣传型公关应该坚持两项原则:第一要坚持双向沟通原则,注意收集信息反馈,沟通内外公众。第二坚持真实性原则,决不出现浮夸不实之词,不作虚假宣传。

曾经荣获"金鸡"、"百花"两项电影奖的著名演员李秀明,息影后凭借着不屈不挠的努力创办了"大家宝"薯片实业公司,又凭着本土化策略迅速占领了中国大部分市场,并且击败了国际食品巨头"品客"薯片。通过第一轮的宣传攻势,至2000年初,"大家宝"已经完成了初期的品牌认知,销售情况也蒸蒸日上。但是要扩大消费者群落,使企业更上一层楼,就必须使"大家宝"成为时尚的品牌。借鉴新经济的前沿做法,李秀明想到了"捆绑式"宣传。2000年8月,一条新闻震动了整个食品界:"可口可乐"与"大家宝"在20多个城市联袂登场、共用标识,实行"捆绑式"销售,双方声称"绝妙搭配好滋味"。这个提法还不是凭空臆想的。据说美国一位食品专家研究,"甜味饮料 + 咸味小吃"确实更能满足人们的心理需求。这一举措为"大家宝"赢得了更多的消费群,也使"喝可乐,想到大家宝"的构想在许多消费者心目中成为现实,"产品真实"与消费者心理真实诉求达到一致。大家宝的销售量在许多城市翻了两三倍,与此同时,可口可乐也在一些城市击败了它的老冤家"百事可乐”。这个宣传公关的战略如此成功，以至北大光华管理学院将它列入了MBA的教学案例之中。

2．交际性公关模式

交际性公关模式是以人际交往的方式，通过人和人的直接接触，为组织广结良缘，建立广泛的社会关系网络，其方式包括社团交际和个人交际。社团交际包括各式各样的招待会、座谈会、工作午餐会、茶话会、宴会、舞会、参观访问、友谊比赛等等。个人交际有交谈拜访、祝贺、电话沟通、信件来往等。交际性公关模式在公关活动中应用得很多，它以感情投资的方式达到组织与公众的互助、互利、互惠的目的，同时还可以传播组织信息、获取环境信息。这种模式的特点是形式灵活、沟通直接、亲切自然、富有人情味。

例如，我国一年一度的春节联欢晚会，就是一种交际性公关的模式。联欢晚会上中央领导人、中外使节、全国各民族代表、各行各业的优秀人物欢聚一堂，观看著名演员的联合演出。而且通过中央电视台实况转播，全国的老百姓都在电视屏幕前共同欢庆中华民族的传统佳节。海外华侨华人也都通过卫星转播接收观看了演出，并通过现场直拨电话、电报表达了各类公众的心声。全国人民觉得祖国空前的繁荣昌盛，人民空前的和睦团结，此时此刻，“祖国”已经不是一个概念，而是一个鲜明具体的形象印在人们的脑海里。

3．公益型公关模式

公益型公关模式是组织通过举办各种社会性、文化性、赞助性活动来塑造组织形象的模式。它通过积极的社会活动，扩大组织的社会影响，提高其社会声誉来赢得公众的支持。

公益型公关模式的活动方式主要有三种：一是以资助社会文化事业为中心开展的公共关系活动，比如各种形式的文化节、艺术节、花市、灯会等，用文化“搭台”，让经济“唱戏”，从而扩大自己的影响，树立自己的形象；二是以资助社会福利、教育事业为中心开展的公共关系活动，比如赞助社会福利、慈善事业、资助公共服务设施的建设、赈灾救灾等，通过这些活动在社会公众的心目中树立本组织注重社会责任的形象，提高组织的美誉度；三是资助大众媒介举办各种活动，提高组织的知名度。比如冠以组织名称或产品名称的"××杯"智力竞赛、体育比赛或歌曲大奖赛等等。

公益型公共关系往往不会带给组织直接的经济利益，但它可为组织树立良好的形象，使公众对组织产生好感，为组织创造优化的生存发展环境。

例如，1984年美国洛杉矶举行的第23届奥运会，指定的彩色胶卷不是全球著名的美国柯达公司的产品，而是日本富士彩色胶卷。为什么在自己国土上，柯达公司被排斥，让赞助权落到国外的同行竞争者身上呢？原来，奥运会承办主持人尤伯罗斯对赞助者提出了赞助款项不得少于500万美元的苛刻条件。柯达公司自恃牌子老、信誉高，不肯接受这一苛刻条件，他们仅愿赞助100万美元及一大批胶卷。他们认为全美彩色胶卷贸易额达10亿美元，其中柯达占了80%以上，占不占奥运会这块广告阵地，都动摇不了柯达的霸主地位。富士胶卷在东南亚市场颇有盛名，但对广大的美国市场却只能望洋兴叹，大多数美国人不知富士为谁人？就在这时，富士看准了奥运会的巨大作用，用高达700万美元的重金取得了赞助权，而将柯达排斥在奥运门外。结果，富士公司一举闻名，借奥运会的东风，将自己的组织形象推向全世界，同时在奥运会上获得了1000多万美元的回报，可谓名利双收。

4. 服务型公关模式

服务型公共关系是一种以提供优质服务为主要手段的公共关系活动模式，目的是以实际行动来获取社会的了解和好评，建立良好的组织形象。

服务型公共关系绝不仅仅限于专门的服务行业，社会上任何一类组织都能以自己独特的方式向公众提供必要的服务。只有如此，公共关系工作才有坚实的基础。实际上，在塑造形象时，优质服务的作用不亚于产品的技术和质量。服务型公关活动形式有很多，如指导顾客消费、提供便民措施、完善售后服务等。这一类型的活动模式最大的特点是具体实在。组织以实在的行动来密切与公众的关系，树立和维护组织的形象和声誉。完成这一工作不仅仅是销售部门的事，还需要依靠组织中所有的成员和所有部门的共同努力来实现。

例如，有感于在家门口受辱，柯达公司决心在汉城第 24 届奥运会上不惜耗费巨资也要一雪前耻。汉城就在日本的家门口，柯达公司的人也要日本人在家门口尝尝闭门羹。柯达公司向组委会声称：他们愿提供比富士公司多三分之一的费用，而自己不开价。结果使赞助费不断攀升，后来，日本人明智地放弃了，却害得柯达公司多用了 2000 万美元才获得了赞助权，日本人虽然没有获得赞助权，但是，日本人却用了服务型公关的妙策来强化自己的良好形象。他们拿出准备赞助的钱，免费为奥运会提供冲洗胶卷的优质服务，就在卖彩色胶卷的商店旁边建起了冲印的服务亭。由于富士公司的高科技冲印技术以及热诚服务的态度，迅速及时地为参加奥运会的人们带来很大的便利，获得如潮的好评。富士公司的组织形象也得到了进一步的提升。柯达公司仅和它打了个平手。

5. 征询型公关模式

征询型公共关系是以采集社会信息为主的公共关系模式，目的是通过收集信息、舆论调查、民意测验等工作，了解舆情民意，为组织机构的经营管理决策提供咨询，使组织行为符合公众利益和社会发展趋势。征询公共关系的活动形式主要有：开展社会咨询、民意测验、询问重要公众、建立信访制度、设立监督电话、处理举报和投诉、分析新闻舆论、举办信息交流会等等。征询型公共关系的特点是长期性、复杂性、艰巨性，需要公共关系人员用智慧、耐力和诚意去对待公众，持之以恒，日积月累地逐渐建立起有效的信息网络,才能收到既传播组织形象又监测外部环境的效果,保持组织与社会环境之间的动态平衡。

例如,1991 年“小天鹅”洗衣机生产厂家江苏无锡洗衣机厂,为了收集改善组织形象的依据,特意在上海策划一次有偿征询意见活动,在上海市民中引起很好的反响。这次活动的效果有三:第一,“小天鹅”在上海公众中知名度得到提升;第二,厂家谦躬有礼对公众高度负责的精神深入民心,美誉度急剧上升;第三,厂家从调查中获知,有 40% 的人是通过朋友介绍才放心购买“小天鹅”,有 30% 的人是在商店听营业员介绍然后货比三家购买的,20% 的人是从广告的宣传,10% 由其他途径感兴趣购买的。由此,他们得出一个“四三二一”的原则,感到正是口碑才使“小天鹅”双获知名度与美誉度的,质量和售后服务才是组织的生命支柱。此后,厂家规定一接到用户电话,维修人员立即上门,不喝主人一口水,进门穿自带的拖鞋,最后由主人在工作单上签名,这一切使厂家二次服务水平更上一层楼,成了用户的贴心人。

三、社会组织各个时期的形象塑造

一个社会组织从它诞生的第一天起,塑造组织形象就是它永不停步的工作。但在不同的时期有不同的阶段目标,也应该有不同的侧重点和不同的手段。

(一)组织创业期

在这一时期,组织形象处于知者不多,赞扬者寥寥的状况,知名度和美誉度处在“双低”的位置。当然,进入知名度和美誉度“双高”状态是每一个组织追求的目标,但是,处于不同的地位,采取的策略也不一样。主要有两种途径可选择:

途径一:低知名度、低美誉度→低知名度、高美誉度→高知名度、高美誉度。

在组织资金实力不强的情况下,可以采取这一途径,即首先争取的不是知名度，而是美誉度。先提高“知者”的赞誉比例，争取让已经了解本组织的人对组织有一个良好的的印象。此一阶段可运用服务型、征询型公关模式，以提高公众的满意程度。当组织具有了一定美誉度的时候，就进入塑造形象的第二阶段了。此一阶段可用交际型和宣传型公关模式，或配合其他方法，就能促使组织完成由“低知名度、高美誉度”向“高知名度、高美誉度”转化，从而使组织进入期望的形象状态。例如，杭州民生药厂是一家综合性药厂，是国家医药工业的重点企业之一。经过几年努力研制出了一种新药“21 金维他”。这是一种含 21 种成分的多效能的营养补给剂。由于货真价实疗效好，产品一经面世立即受到欢迎。但是由于过去工厂生产的几乎都是处方药，社会知名度不高。为此，民生药厂策划并实施了一系列始终围绕提高企业知名度，建立企业信誉、完善企业形象的公关活动。其一，是采取服务型、征询型公关模式，主要是提高产品质量及服务质量，提高消费者的满意程度，借消费者口碑传播，初步建立了企业的良好信誉。其二，是灵活运用交际型和宣传型公关模式，并配合其他方法开展公关活动。比如安排厂长答记者问的电视节目，在节目中解释“21 金维他”的产品性能、作用和深受社会欢迎的原因，既传递了企业信息又宣传了产品。电视屏幕上最后推出“21 金维他伴随您进入 21 世纪”的广告词，在公众心目中产生了亲切感、信任感。接着请来医药专家客观地进行产品介绍；又请著名营养专家于若木来厂访问；又请中央电视台来厂拍专题片等等，借名人效应扩大宣传，提高企业的知名度。其三，是组织了以“21 金维他”为名义的各类社会活动，如组织长跑队等等。通过系列公关活动，人们现在都知道有一个“21 金维他”是民生药厂生产的、疗效不错的产品，从而扩大了产品和企业的知名度，提高了美誉度；走出了一条以创名牌产品到创名牌企业和塑造良好组织形象的道路，完成了由“低知名度、低美誉度”向“高知名度、高美誉度”的转化。

途径二：低知名度、低美誉度→高知名度、高美誉度。即由“双低”状态直接进入“双高”的理想状态。

这一途径的策略是把组织形象的两项高基本指标同时作为目标，一炮两响，一步到位！这种办法比前一途径见效快，但工作量大，要求高，可以交叉运用五大模式中的几种方式配合使用，适合有强大实力的大型组织。例如，北京长城饭店在还未全面竣工时，适逢 1984 年 4 月里根总统飞抵北京对我国进行国事访问，饭店总经理抓住了这一“天时”——“天下掉下来的有利时机”，决定争取承办里根总统回国前的盛大答谢宴会，借此向世界宣布自己的存在。通过多方努力，终于如愿以偿，预想变成了现实，世界各地的新闻媒介都报道了里根总统在北京长城饭店举行盛大答谢宴会的消息，北京长城饭店的组织形象跟着里根跑遍了世界的每一个角落，令世界瞩目。长城饭店利用自己的实力，一流的硬件和软件一举创下“双高”，从此跻身一流国际大饭店之列。

（二）组织发展期

在这一时期，社会组织经过艰难创业有了一定知名度和美誉度。因此，首先应该保持组织发展的势头，多采取公益型公关模式和交际型公关模式，广交朋友，善结人缘，防止组织形象发展的不平衡，比如向“高知名度、低美誉度”滑坡。其次还应该向更高的“双高”目标前进，应多采取征询型公关模式，以便牢牢抓住重要公众，同时了解公众的心理变化，使产品不断更新换代，扩大组织的规模，不断提升组织形象。

比如江西江中制药厂，从江西中医学院一个校办工厂，发展到一个总产值为 4 亿多元的实力强大的制药厂，在全国知名度和美誉度已经很高了，这时候，它原先的规模体制已经和组织应有的形象不相适应了。厂领导经过一番规划，决定在南昌市北郊建设一座占地面积 200 亩的现代化制药新厂。它的周围森林绿化面积 1300 亩，厂区与生活区严格分离，并将按照世界卫生组织（WHO）

的要求和药品生产管理规范(GMP)标准,进行设计、生产、经营和管理,在无污染的森林净化带中生产全天然药物。它的厂区外围是美化区,可供游人游览,厂门前的雕塑和图画、书法均出自全国著名艺术家之手。新的厂房已不是传统概念上的工厂,而是集科技、文化、艺术为一身的现代化制药厂,成为今天在全国都具有相当知名度、美誉度、有实力、有发展前景的企业。

(三)组织鼎盛时期

在鼎盛时期,社会组织已经创下"双高"。但是楼高则危,越是全盛时期越要强化组织形象,稍一不慎,就可能万丈高楼顷刻崩溃。

这一时期可以采用服务型公关模式以超级服务形式固定自己的公众,吸引潜在公众和非公众。例如,日本日立公司在本国设立了7个"日立家庭中心",专门指导消费者妥善地利用电气化所得到的闲暇时间,设计生活,美化生活,他们在东京的"日立家庭中心"专门设有"妇女俱乐部",特聘名师指导讲授烹饪、缝纫手艺、日本舞蹈和芭蕾舞,并举办电影、音乐、话剧等欣赏会和其他康乐活动。又如美国硅谷一家公司,每年免费请中学生前去硅谷参观,以增加中学生对高科技的向往和兴趣,同时也培养他们对本公司的亲善情绪以争夺未来的人才。

另外,还可以运用宣传型公关模式和公益型公关模式来保持组织形象不败的记录。例如,日本丰田汽车公司在总部专门设有一个丰田汽车历史博物馆,馆内把世界汽车工业发展史、日本经济振兴史和丰田公司创业史结合起来,以大量图片、文件、实物、影片、录像等形式,形象地展示了丰田汽车在世界工业和日本国民经济中举足轻重的支柱地位。

四、组织形象的维护和矫正

组织形象的塑造不是一蹴而就的,也不是一劳永逸的。社会组织不仅要在其形象稳步提升时全力维护已经建立的良好形象，而且还要在其形象遭到侵害、发生偏差时，注意矫正和修补。组织形象发生偏差和不如人意的原因有很多，我们必须查找原因，对症下药。

(一)来自内部的危机

社会组织与公众、环境组成一个互动关系的网。在这个网络中，由于各种社会群体及利益集团之间存在着明显利益差别，难免产生一些冲突和纠纷，有时这种冲突往往突如其来，对组织构成极大的威胁和压力，这便是危机。危机一般有四个基本特征：

1. 突发性。危机常常在毫无准备的情况下瞬间降临，会给组织带来极大的混乱和惊恐。

2. 不可预测性。危机常常在正常的活动情况下来到，事先毫无迹象，这给处理带来各种困难。

3. 舆论关注性。危机常常是社会舆论关注的焦点和热点，更是新闻媒介的敏感话题。

4. 严重危害性。危机使正常活动陷于混乱，给公众带来恐惧和惊惶，有时给社会造成直接经济损失，给组织形象带来负面影响。

处理危机的策划技巧一般有如下几个阶段：

1. 迅速隔离危机，防止事态蔓延。危机就像危害人们健康的传染病，若不及时隔离，则将蔓延开来，以至失控而不可收拾。危机发生后，组织必须尽快从混乱中解脱出来，组织人马制订紧急措施，不使其延及其他部门和社会。

2. 迅速查清危机原因，确定危机公关方案。在处理危机时，首先要查出危机的症结，了解危机根本的矛盾所在，主管者要当机立断，沉着稳定，团结内部成员，依靠强大的凝聚力渡过难关。

3. 坦诚对待公众和新闻界。常常是危机一爆发，新闻界就跟着爆炒，此时，公关人员应本着实事求是的原则，将事情真相向公众和新闻界交待清楚。因为只有坦诚才能成为博得公众和新闻界信任、谅解与支持的有效武器，从而使危机变成转机。

4. 消除事件后果，维持组织形象。危机往往会留下极大的后遗症，给组织形象带来极大的损害，必须作长期不懈的努力，从物质、人身、心理等方面采取措施，并对危机事件作出一番总结，消除危机带来的后果，以维护和修补组织形象。

1999年6月初，比利时和法国的一些中小学生饮用美国饮料可口可乐后发生了中毒。一周后，比利时政府颁布禁令，禁止本国销售可口可乐公司生产的各种品牌的饮料。这使已有113年历史的可口可乐公司遭受到它的历史上鲜见的重大危机。在现代传媒十分发达的今天，企业发生的危机可以在极短的时间迅速而广泛地传播，其负面作用是可想而知的。这必将引起社会和公众的极大关注，稍有不慎，即会对企业形象和品牌信誉造成毁灭性的打击，使组织形象这一宝贵的无形资产在顷刻之间贬值，而这对企业的生存和发展，都将是致命的伤害。

同年6月17日，可口可乐首席执行官依维斯特专程从美国赶到比利时首都布鲁塞尔，在这里举行了记者招待会，当日会场上每个座位上都摆放着一瓶可口可乐。在回答记者提问时，依维斯特这位首席执行官反复强调，可口可乐公司眼前出现了这个事件，但仍然是世界一流的公司并将继续为消费者生产一流的饮料。耐人寻味的是，绝大多数记者没有饮用那瓶赠送与会人员的可乐。接下来的宣传攻势说明，记者招待会是可口可乐危机公关的一个序幕。记者招待会的第二天，比利时的各家报纸上都刊登了由依维斯特签名的致消费者的公开信。信中仔细解释了事故的原因，并作出种种保证，又同时向比利时每户家庭赠送一瓶可口可乐，以表示可口可乐公司的歉意。

与此同时，可口可乐公司宣布，将比利时国内同期上市的可乐全部收回，尽快宣布调查化验结果，说明事故影响范围，并向消费者退赔。公司还表示要为所有中毒的顾客报销医疗费用。可口可乐公司其他市场(地区)的主管宣布其产品与比利时事件无关,市场销售正常,从而稳定了事故地区以外的人心,控制了危机的蔓延。此外,可口可乐公司还设立了专线电话,并在因特网上为比利时的消费者开设了专门网页,回答消费者提出的各种问题。比如,事故的影响范围有多大,如何鉴别新出厂的可乐和受污染的可乐、如何获得退赔等。在整个事件的过程中,可口可乐公司都牢牢把握住信息发布源,防止了危机信息的错误扩散,将企业品牌的损失降低到最小的限度,随着公关宣传的深入和扩展,可口可乐的形象开始逐步地恢复。商场里又看见人们在一箱箱地购买可乐。可口可乐又重新出现在比利时和法国的货架上。

中毒事件平息下来了。但从第一例事故发生到比利时政府禁令的发布,仅 10 天时间,可口可乐公司的股票价格下跌了 6%,据初步估计,公司共收回 1.4 亿瓶可乐;中毒事件直接造成的经济损失高达 6000 多万美元。比利时的一家报纸评论说:可口可乐虽然为此付出了昂贵的代价,却重新赢得了消费者的信任。

(二)来自外部的侵害

社会组织在塑造形象的过程中,不仅遇到自身的错误导致形象倾斜,更常常受到外部环境的侵害,诸如外界的谣言、失实的报道、假冒的产品等。这时要求组织保持冷静、分析情况、查清事实,并迅速制订出公关计划,力求在危害膨胀前及时处理,使组织形象重放光芒。

例如,美国强生公司的子公司生产的去痛药品退热净,每年销售额为 400 万美元,高于其他竞争对手,这种药品占同类药品销售市场的 37%。突然有一天《芝加哥太阳时报》报道说,退热净胶囊内含有氰化物,已造成那个城市 7 人死亡。这个消息在几百万服用退热净的人中引起了恐慌。耸人听闻的新闻,使公司的声誉和财政命运危若累卵。管理部门马上意识到将要面对一个来自公众的不可抗拒的要求——要求给予引导和保护。公司马上动员起来，全力对付危机事件。危机一爆发，公司派公关主任福斯特带着紧急行动计划和一套指导行动的公司原则，投入调查。与此同时，最高管理部门毫不犹豫地实行了信息开放政策。公司最紧迫的任务是将退热净胶囊从商店购买者家中收回，同时停止退热净的生产销售。公司发行了许多赠券，消费者可凭券换到与胶囊同样剂量没有受氰化物危害的退热净药片。报纸上整版广告和消息宣传了换药的事，而后又宣布了一个免费电话号码，人们通过这个号码可索取一张价值2.5美元的赠券，购买安全的退热净。经过对800万个回收胶囊的化验检查，调查人员发现有8瓶退热净被撬开过，并证明氰化物是在货架上面而不是在生产过程中放入的，公司于是悬赏10万美元捉拿罪犯。经过以上一系列的强有力措施，90%以上公众在事件一周后就知道了不要再服用退热净，第二周90%以上公众知道了责任不在强生公司。但危机事件仍然使该厂市场占有率在几天内37%跌到6%。许多专家断言商标名称已无生命力，如果继续销售，必须改变名称和形象，公司在回收化验并研制新型不能撬开的包装就耗资5000万美元。事件过后，公司着手修复被损害的形象，消除不良后果：(1)研制了一种防撬的新包装。(2)事件发生6周以后在纽约举行30个城市的电视电话会议，发出2500封电报请柬，500多名新闻界代表参加了会议。会上展出了新的包装，听众听到了联邦食品和药物管理局局长的讲话。(3)公司利用电视电话会议向新闻界就事件所作的公正和负责任的报道表示感谢，这种公开赞美记者和编辑部的事很少有过。(4)电话会议之后马上展开大规模的广告宣传和销售运动，恢复公众信任的工作非常成功。6个月之后，退热净又重新占领市场销售额的32%，并再未发生投毒事件。

组织形象受到外界侵害的原因有很多，由于其他一些组织使用不正当手段竞争而侵权，或由于少数人的不满而泄私愤，或由于信息在传播过程中的错误和丢失。社会组织对这些情况千万不能掉以轻心，在抵制侵害过程中不要吝惜人力和物力，力求彻底清除污垢。同时，在争取了公众之后，对那些有意侵害本组织形象的人或组织要用法律手段清算他们对组织的侵害。对于信息失实的传播，视具体情况，可以运用法律手段，也可以运用公关手段，能够运用后者决不轻用前者，团结和发展是社会组织的第一要旨。

（三）来自公众的误解

组织形象塑造的路程十分艰辛，不仅有内部危机、外部侵害，有时还会受到公众的误解。这时，组织不能感到委屈，不能负气，而应加强宣传，使自己模糊不辨的组织形象清晰明朗起来。

比如80年代末的上海，人们上下班等车十分不便，时间长，车辆少，人拥挤，到处排长队。上海公交公司在上海市民心目中形象不好，人们怨声载道。上海公交公司感到委屈，因为他们使出了浑身的解数，终因上海城市人口高度密集，路况未得到改善，资金不足，无法购得新车，不能很好地服务于公众。可是，当日本代表团在上海考查之后，他们却盛赞上海公交公司具有一流的超国际的调度水平。他们说，以每天的客流量除以车辆、路程，即使把一双双鞋子摆在车上，都难以做到，而上海公交公司居然能让公司的车辆吞吐那么多人员，有序地避开高峰期，并且还分出区间车、晚班车等种类，简直不可思议，上海公交公司其实是超负荷运转。接着不久，埃及开罗便请求上海公交公司派员帮助他们搞城市调度。而这些情况和事实，上海市民并不知道。上海公交公司发现公众的感觉形象不佳时，便通过大众媒介大发文章，将以上信息传播出去，结果，市民们不仅立即谅解了公交公司，更为本市有如此高超的调度水平而自豪和津津乐道。此后，上海公交公司不良形象在公众心目中一扫而光，获得高知名度和高美誉度。

一个社会组织拥有的公众越多，就越不容易使组织的各类信息准确地到达公众，那么引起一些误解也是时有发生的事。对这类事件，社会组织不能自恃无过而听之任之，甚至与公众对簿公堂。解决问题的关键是社会组织应该积极主动地做关系的调节方，加强与公众的双向交流和沟通，耐心细致地做工作。首先，要运用宣传型模式增加组织的透明度，让公众被告知；其次，要多用服务型公关模式和交际型公关模式来取得公众的理解，加深公众的感情。

（四）来自协作单位的失误

在公共关系学中，有个著名的假定："顾客（公众）永远是正确的。"

这是社会组织在平衡自身与公众之间关系时，为避免人格化倾向而设定的。这个假设引出的结论是：所有的不平衡、不协调都是由自身引起的。这样，当关系发生倾斜时，组织就必须在自己内部查找原因，改进工作，只有如此，我们的工作才经得起挑剔。因为公共关系作为调节关系的一种柔性手段，不同于法律手段，不同于行政手段，我们的目的不是针对立场，不是去争论是非，而是调节关系使之达到和谐和融洽。因此，当同行公众或协作公众的失误引起了关系的不平衡，导致了组织形象发生倾斜时，我们要做的是既要求得到公众的谅解，又要维护与同行和伙伴的关系。

比如山东一家洗衣机厂接到了许多顾客的投诉，立即组织班子调查，发现洗衣机的质量问题主要是由铁路部门野蛮装卸以及商店不给开箱试机引起的。面对公众的误解，洗衣机厂不是严正声明责任不在自己，而是登出致歉广告，称由于未能及时发现运输等环节上的问题，使顾客遭到了损失，对此深表歉意，并表示今后将尽力避免类似事故的发生。这种处理方法起到了一石三鸟的作用：消除了公众对组织的误解，进一步显示了组织真正服务于大众的诚意以及虚怀若谷的良好形象，维持了与合作伙伴的关系。

第三节　组织修炼

一、组织修炼的必要性

世界经济正在向全球化的方向发展，人们越来越认识到：未来的成功，不是取决于一个人固有的知识、才能和思想，而是取决于这个人的持续学习能力。个人是这样，组织也是这样。一个组织（企业）要想具有持续发展的活力，没有强烈的学习精神和学习能力是不可想像的。1983 年美国壳牌石油公司的一项调查发现：1970 年名列《财富》杂志"500 大企业"排行榜的公司，有三分之一已经销声匿迹。据壳牌石油公司的估计，大型企业的平均寿命不及 40 年，壳牌公司企划部主任德格说："惟一持久的竞争优势，或许是具备比你的竞争对手学习得更快的能力。"当世界变得更加复杂，且瞬息万变的时候，组织只有增强学习能力，才能适应多变的内外环境，求得生存和发展。《财富》杂志曾经指出："必须抛弃那些陈旧的领导观念，未来真正出色的企业，将是能够设法使各阶层人员全心投入，并有能力不断学习的组织。"它就是不断进行组织修炼的学习型组织。

首先提出"当面临剧烈变迁的内外环境，组织应力求精简、弹性、扁平化、终身学习、不断进行自我组织再造，进行组织修炼以维持竞争力"等理论构想的，是美国学者彼得·圣吉（Peter M·Senge）。他在其著作《第五项修炼》中系统阐述了这些理论。

通过自我修炼达到组织再造的目的，这一理论已被越来越多的组织与个人认同，并不断付诸实践。现在世界上有不少成功的企业都非常有远见卓识，努力地将自己的企业导入学习型组织，为的是在已经来临的知识经济新时代，提高组织的竞争实力，以利于实现组织的宏伟目标。

世界著名的微软公司正是适应了这一时代要求。微软人早已认识到,世界已经进入学习型组织的时代,创建真正的学习型组织的企业才是最具活力的。微软人为此制定了企业发展新战略:通过不断地与外界交流,取得信息反馈;在与客户的交流中了解市场需求,从而对产品进行技术改造和创新,使产品不断升级换代,满足了市场需求,也激活了组织的创新能力。比尔·盖茨及其他管理人员都积极主动地与公众保持密切联系,在与公众互动式的学习中,实现资源共享,再通过这种共享影响企业的发展战略,使公司保持充分活力和竞争力。通过建立学习型组织,使公司整体结合得更加紧密,从而高效地实现组织目标。

由此可见,组织修炼是学习型组织必须掌握的新技术,是创造组织最具活力、竞争力的最佳途径。而享有活力和竞争力的组织形象无疑是最优秀的。

二、组织修炼的内容

学习型组织应该掌握以下五项新技术,人们又称之为五项修炼。

第一项修炼:自我超越

"自我超越"的修炼是学习不断树立并加深个人的真正愿望,集中精力、培养耐心,并客观地观察现实。它是学习型组织的精神基础。熟练"自我超越"的人,能够不断实现他们内心深处最想实现的愿望,他们对生命的态度就如同艺术家对艺术作品的创作一样,全心投入,不断创造和超越,是一种真正的终身学习。

第二项修炼:改善心智模式

组织的障碍多来自成员个人的旧思维,即心智模式。

"心智模式"是根深蒂固于心中并影响我们了解这个世界,以及如何采取行动的许多假设、成见,或者甚至是图象、印象。我们通常不易察觉自己的心智模式以及它对行为的影响,所以常常会固执己见。只有改变或改善心智模式,个人和组织才能有所创新。

壳牌石油公司之所以能够成功地度过20世纪70年代和80年代两次石油危机的巨大冲击,主要归功于他们首先发现了隐藏于组织中的心智模式的影响的既深又广,于是他们学习如何发现管理者的心智模式,并加以改善,终于使企业适应了环境的变动而摆脱了危机。壳牌石油公司的企划主任德格说:"要在变动的企业环境中持续调适或成长,有赖于组织化的学习;这就是管理团体改变对公司、市场与竞争者的共有心智模式的过程。"

第三项修炼:建立共同愿景

一个缺少共有的目标、价值观与使命的组织,必定难成大器。IBM公司的"服务";福特公司的"提供大众公共运输";苹果公司的"提供大众强大的计算能力";美国强生公司的"对世界负责";麦当劳公司以"质量超群、服务优良、清洁卫生、货真价实";中国长虹集团公司的"为振兴民族工业而努力"等等价值观,这些都是组织全体成员共同的目标,即愿景。而这些组织都是设法以共同的愿景把大家凝聚在一起。

有了共同的渴望实现的目标,大家才会努力学习,追求卓越。共同的愿景可以将个人的愿景整合为组织共同的目标,可以凝聚公司上下的意志力,通过组织共识,大家努力的方向达到一致,个人才会乐于为组织目标奋斗。

第四项修炼:团队学习

在现实社会中有许多实例显示,在许多团队中每个成员的智商都在120以上,而整体智商却只有62,这是为什么?因为只有当团队具有整体搭配的行动能力,当团体真正在学习的时候,团队整体才会产生出色的成果,个别成员成长的速度也比其他的学习方式要快。团队学习之所以非常重要,是因为:第一,在现代组织中,学习的基本单位是团队而不是个人。第二,团队的智慧应大于个人智慧的平均值,才能做出正确的组织决策,强化团队向心力。

美国波士顿赛尔提克球队的球员罗素曾经这样来描写他们的球队:“就像其他专业领域一样,我们也是由一群专家组成的团队,我们的表现依靠个人的卓越以及团队的良好合作。我们都了解彼此有互相补充的必要,并努力设法使我们更有效地结合,……使我们的球队打起球来与众不同的,不是友谊而是一种团队关系。大家在球场上的配合,使团队产生登峰造极的效果,那种高度的默契,难以用笔墨来形容,任何神奇的妙传或投射都可以发挥到不可思议的境界。”团队学习正是发展团体成员整体搭配与实现共同目标能力的过程。

第五项修炼:系统思考

所以把系统思考叫做第五项修炼,因为它是五项修炼概念的基石,如果没有系统思考,各项学习修炼到了实践阶段,就失去了整合的诱因与方法。

系统思考修炼就是培养用系统思想和系统分析方法来指导组织实践活动的。人们必须认识到一个组织就是一个系统,同时也是另一更大系统中的子系统,因此要从整体角度来分析、认识问题,防止片面地看待和处理问题。系统思考修炼还要求根据不同的具体条件,采取相应的组织结构、领导方式、管理机制。同时,一个组织既然是社会系统中的子系统,就必须在各方面都要适应内外环境的要求,才能实现组织的生存发展目标。

今日的世界更趋复杂,对系统思考的需要远远超过从前。而且在我们周围到处都是“整体性故障”的例子,如全球温室效应、臭氧层破裂、国际毒品交易、全球生态环境恶化等等,这些问题并不是简单的局部原因,而是系统整体障碍的结果。系统思考提供了一种新的语言,以重新建构我们的思考方式。

三、组织修炼的方法

(一)自我超越修炼

虽然个人学习并不保证整个组织也在学习,但是没有个人学习,组织学习便无从开始,所以,自我超越修炼要以人为起点。“自我超越”是个人成长的学习修炼,具有高度自我超越的人,会敏锐地察觉自己的无知、力量不足和成长极限,因而永远不会停止学习,这种学习是一个过程,一种终身的修炼。学习的意义在这里并非指获取更多的知识与信息,而是培养如何实现生命中真正想要达成的结果的能力,它是开创性的学习。

自我超越修炼包括:第一,建立个人“愿景”,没有目标激励,修炼就缺乏动力;第二,保持创造性的活动;第三,看清结构性冲突,我们必须冲破大多数人心中都有的限制自己创造力的矛盾;第四,诚实地面对真相和一些不利的客观现实;第五,充分发挥自己的潜能。

(二)心智模式修炼

“把镜子转向自己”,是心智模式修炼的起步。我们要学习发掘内心世界的思想,使这些旧思维所固有的假设、成见等浮上表面,并严加审视和批判,它包括进行一种有学习效果的,兼顾质疑与表达的交谈能力。这是一种有效表达自己的想法,并以开放的心灵容纳别人的想法的修炼。

在组织中要落实改善心智模式的做法,需要设计一些机制,当机制运转时,成员的心智模式便被纳入管理之中。目前已有两种方法被经常运用:其一是把传统的策划工作视为学习过程;其二是建立“内部董事会”,将资深管理阶层与地方管理阶层定期聚集一堂,共同探讨新的决策。GE(通用电气公司)就是这样做的。它每年度召集系列业务会议,在会议上,GE 内外部门的业务集团首席执行官、有关专家等相聚在一起,共同探讨如何提高公司业绩水平。每次会议都会产生出最佳创意,它的营运系统则迅速地将创意在30多个部门付诸实施,而且总是能在推行新的第一年就创造出令人满意的经济效益。

未来的学习型组织,将以组织对于互动关系与变化形态的共同心智模式为基础,来作关键性的决策。

(三)建立共同愿景的修炼

共同愿景对学习型组织至关重要,因为它为学习提供了焦点(目标)与能量(动力)。学习建立"共同愿景"修炼的第一步,是放弃愿景总是由高层宣布,或者是来自组织制度化规划过程的传统观念。组织必须持续不断地鼓励成员发展自己的个人愿景。如果人们没有自己的愿景,他们所能做的就仅仅是附和别人的愿景,结果只是顺从而不是发自内心的意愿,必然缺乏动力。

共同愿景是从个人愿景汇聚而形成的,借着汇集个人愿景,共同愿景才能获得创造力,而共同愿景能产生远高于个人愿景所能产生的创造性能力,所以第二步是将个人愿景汇聚成共同愿景。

在团队中,要达到彼此的愿景真正地分享及融汇,不是一蹴可就的。共同愿景是在个人愿景互动中成长而形成的,愿景要真正共有,需要经过不断的交谈与沟通,所以第三步是学会聆听。因为聆听往往比说话还困难,尤其对于有定见、意志坚强、性格强硬的管理者更是如此,聆听需要不凡的胸襟,以容纳不同的想法。正如智者所说的:虚怀若谷,有容乃大。

(四)团队学习修炼

团队学习修炼要从"深度汇谈"开始。所谓"深度汇谈"是说一个团队的所有成员,摊出心中的假设,而进入真正一起思考的能力。而"深度汇谈"修炼要学习如何找出有碍学习的互动模式。

在组织内部,团队学习有三个方面要考虑:首先,当需要深思复杂的议题时,团队必须学习如何汇集出高于个人智力的团队智力。其次,需要既具有创新性又能协调一致的行动。第三,不可忽视团队成员在其他团队中所扮演的角色与影响。

(五)系统思考修炼

前面已经提及的是系统思考是“看见整体”的一项修炼,它要求用系统思想与系统方法来看待和处理问题;并认识到各系统之间的互动影响,包括:从看部分转为看整体;从把人们看做无助的反应者,转为把他们看做改变现实的主动参与者;从对现状只作反应,转为创造未来。

认识系统思考与其他四项修炼的密切关系,是五项修炼的核心。同时还要认识到,学习是一个终生的过程,任何组织不可能达到永恒的卓越,它必须不断学习,以求精益求精。所以,五项修炼的融合,不是以缔造一个学习型组织为最终目的,而是引导出使组织日益发展、不断创造未来的新观念。

现在,全球越来越多的企业、学校及其他类型组织已经开始努力将学习型组织作为组织修炼的重要方法,并通过组织修炼达到组织再创,强化组织良好形象的公关运作的目的。

第六章　公共关系的职能与原则

公共关系的职能和原则是公共关系学的重要内容。各类社会组织只有在学习和了解公共关系的职能和原则的前提下，才能根据组织内外部的公众环境与公众的特点，自觉地在其原则的指导下，充分发挥公共关系的各项职能，积极有效地开展公共关系活动。

第一节　公共关系的职能

公共关系是一门经营管理的科学和艺术。公共关系活动可以为各机关、企业、学校、医院、群众团体等极为广泛的社会组织服务，在经营管理的各个环节承担它的职能，发挥它的作用，帮助各类社会组织实现各自的目标。公共关系的基本职能有：搜集信息，监测环境；咨询建议，参与决策；交往沟通，协调关系；教育引导，提高素质。

一、搜集信息，监测环境

随着科技浪潮和知识经济时代的到来，人类社会已进入了信息时代。在信息社会里，知识和信息就是战略资源，就是社会财富，就是生产力、竞争力及经济成就的关键性因素。现代社会组织生存和发展离不开信息。信息就其本质而言，是与物质和意识同等程度的概念。因此根据信息的含义，其种类是极其繁多的，即使只对社会组织有用的信息，就其涉及的内容也是丰富多彩、浩瀚无际的。信息已成为社会组织等社会肌体运动存续的“血液”，是决策与管理的前提和基础。

公共关系按其活动的工作程序和周期来说，一般是从信息的采集开始的。从公共关系工作的角度来看，组织形象信息、产品形象信息、组织运行状态及其发展趋势信息等这三种信息，在其职能范围内是应当优先采集的。

(一)组织形象信息

公众对社会组织在运行中所显示的行为特征和精神风貌的反映的总和，就是组织形象信息。公共关系的目标是建立社会组织的美好形象。一个组织、一家企业在公众心目中组织形象的好坏，直接影响到它们的生存和发展，以致影响到整个社会进步和经济繁荣。所以组织形象信息的采集是公共关系活动的重要的内容。组织形象信息一般包括以下具体内容：

1. 公众对于组织领导机构的评价。社会组织的领导机构是社会组织的"大脑"和"心脏"。在社会交往过程中，公众对于某组织的领导机构会产生这样或那样的看法，例如认为领导机构是否健全，设置是否合理，运转是否灵活，办事是否高效。又如对领导能力、管理水平、创新意识、用人眼光、气魄威望、知名度和可信任程度等等。都要客观地作出评价。因此，公众对领导机构的评价在一定程度上反映了人们对整个社会组织形象的评价态度。

2. 公众对组织管理水平的评价。社会组织的管理水平包含着多方面的内容，如决策过程是否科学，是否符合社会实际情况；决策目标是否正确合理；决策方案是否完整，有无创新精神，生产计划是否切实可行；内部分工是否合理，生产环节的衔接是否严密紧凑；对市场变化的预测是否灵敏准确，产品定价是否符合价值规律等等，公众对此都要作出公正的评价。由于组织管理水平直接影响到产品质量、社会效益、社会组织的信誉和竞争能力，所以这类信息关系着组织的兴衰成败，表明公众对社会组织形象的基本态度。

3. 公众对组织内部一般工作人员的评价。这大致可分为两个重要方面:即公众对组织内部一般工作人员素质的评价和服务质量的评价。如对他们的基本素质、道德修养、工作能力、文化水平、创新精神、人际关系能力和服务态度、对服务质量的高标准、严要求,向公众提供咨询服务的诚实感,以及各种善后工作处理好坏等等。正是由于社会组织的运行和各项工作必须通过他们具体实行,所以,对他们的评价也构成了社会对公众对整个组织形象评价的重要组成部分。

4. 公众对于组织参与社会公益活动和社会生活方面的评价。组织社区关系的信息对组织的发展也至关重要,一个具有良好社会关系的组织定会得到社区公众的支持。采集此类信息可以帮助组织适时调整与社区之间的关系。

5. 公众对组织产品的评价。产品形象是组织形象的缩影,是组织与消费公众之间发生联系的媒介物,产品形象与组织生存和发展的命运休戚相关。

采集产品形象信息,既是了解本组织的成果和产品在各类公众,特别是用户、顾客心目中的形象,包括各类公众对于产品价格、质量、性能、用途、装潢、售前售后服务等主要方面的反映,还包括对于产品优点、缺点的评价及改进建议等方面的信息。了解这方面的信息对创造产品形象,激发企业革新能力,推动组织发展至关重要。

(二)组织运行状态及其发展趋势信息

组织运行状态及其发展趋势信息,一般来说属于动态型信息,包括组织的工作动态和社会动态。工作动态是指重大工作计划、安排、部署、进程等情况,及时反馈给上级领导,使其了解现实运行状况和发展趋势,以便把握全局指导工作。社会动态是指组织所处的客观的复杂多变的社会环境,包括自然环境、政治环境、科技环境 、法律环境、思想文化环境和人口环境等,这些环境的变化对组织的发展影响巨大,如国际国内的形势变化,政府重大政策的调整,甚至一些重大灾情的发生等。这类信息一旦发生,就要立即采集、上报,及时反馈,迅速采取措施,避免不良事态发生,尽量减少损失。

这类信息取决于两个方面:就内部来说,主要是指组织自身运行情况及其与组织预定总目标的要求之间的距离,以及它们可能发展的趋势;就外部而言,包括所有对组织运行及其发展趋势发生或将要发生影响的情况。这类信息反映的是组织现实运行状况和将来状况,对于组织及时调整运行机制极为重要,是社会组织形象重建的主要材料,因此,它也是公共关系工作必须优先采集的信息。

采集信息应当通过各种渠道和运用各种传播媒介。首先,当然应该重视服务对象、用户、顾客等公众直接反映的信息;其次,可通过新闻媒介采集社会各界的舆论等间接信息;再次,政府有关部门、上级主管部门的意见要认真听取和对待。对于公关工作者来说,既要收集正面的、赞扬社会组织的信息,更要注意收集那些负面的、批评社会组织的信息,哪怕是诅咒和诽谤。负面的信息有时比正面信息更教育人、更有力量和作用。此外,尤其要重视公众对社会组织的各种建议。

当然,在采集信息时,还应把握信息的准确性、时效性和价值性等原则。在监测环境时,应注意动态性,坚持跟踪性,透过现象抓住本质、预测未来发展,掌握决策主动权。

二、咨询建议,参与决策

就公共关系工作的本质来说,它不仅是"前台的表演",而且有"幕后的策划"。相比之下,公共关系更推崇幕后策划的大手笔,更注重参与决策的高层次公关。咨询建议,参与决策就是这种本质的体现。

在现代社会组织发展中，咨询建议起着重要作用。所谓咨询建议，是就某个或某些问题由专门业务人员向决策层提供可靠的情况说明和意见。公共关系的咨询建议，是指公共关系专业人员向组织领导提供有关公众方面的可靠情况说明和建设性意见。就这种职能来说，公共关系人员在一定程度上成为组织的“智囊”、“参谋”，起到帮助社会组织决策的作用。

随着社会的进步，现代管理面临的情况越来越复杂多变，因此单凭领导者个人的经验判断决策是不行的。现代决策必须依赖咨询，所以需要各方面的专业人员来为领导者和各管理部门提供咨询和建议，而公共关系人员的咨询建议将起到越来越大的作用。

为了实施咨询建议，公共关系人员必须对采集来的信息进行整理、选择、分类、归档等处理工作，为咨询建议做准备。公共关系人员向领导层和各管理部门提供咨询建议主要有以下几个方面的内容。

（一）社会组织知名度、美誉度的形象咨询

由于一个组织、一家企业在不同公众心目中的形象往往是不同的，组织自己心目中的形象也与公众心目中的形象存在着很大的差异。为此，对本组织知名度和美誉度的评估、鉴定和提供的咨询，就不能依据少数人的意见，不能凭主观想象，而应当本着实事求是的态度，用科学的方法，对各方面的意见进行全面的分析、认真的比较和综合的评判，得出真实的组织形象，供领导层和管理部门参考。

（二）对社会组织的方针、政策、计划、方案进行评议

社会组织的计划部门和组织决策层制定的方针、政策、计划、方案，有时往往只是出于完成生产任务和达到某项指标的单方面的考虑，而对公共关系方面的综合利害可能考虑不周。如果实施这样的方针、政策、计划、方案，就会损害公众的利益而破坏自己的声誉、信誉和美好形象，导致决策和计划的失败。这时，公共关系

人员就应承担起这项职责，去分析评议组织和计划部门的方针、政策、计划、方案的整体效果和效益，并指出其中哪些对社会进步有积极作用，或消极作用？哪些可能得到公众的拥护和支持？哪些会造成危害，受到公众的反对和谴责？在这些分析评议的基础上，公关人员应采用灵活变通的决策思维，作出新的决策，提出改进建议，使企业和计划部门实施的方针、政策、计划、方案与社会公众的利益达到一致，提高经济和社会效益，以恢复并树立社会组织的美好形象和信誉。

（三）公众心理的分析、预测和咨询

公共关系人员要搞好公共关系工作，一个重要的前提就是熟悉、了解自己的工作对象——公众。所谓熟悉了解公众，也就是要熟悉了解、分析、研究公众的心理活动，把握公众的各种态度、心理状态和兴趣动向。但是由于环境、客观条件的迅速变化，人们的心理状态也会随之发生变化。在这种情况下，公共关系人员应当对公众心理进行分析预测，把这方面的结果及时提供给上级领导决策层，作为组织管理、企业经营的决策的重要参考。

由于公众有多种多样的类型，公共关系人员还应当认真细致地分析和研究不同类型公众的心理活动各有什么样的特点。这里仅以企业面对的最重要的公众——消费者为例说明公共关系人员在这方面应做的工作。首先，公共关系人员应当提供关于消费者的心理需要的情况咨询，因为需要制约着消费者的购买行为。消费者在购买活动中通常受到各种不同心理需要的影响。具体讲，一般受到习俗心理、时尚心理、求廉心理、求实心理、趋美心理、偏爱心理等的影响，这些心理需要错综复杂地交织在一起，共同构成了消费者的不同购买动机，决定着消费者的购买行为。其次，公共关系人员还应当分析和预测不同性别和不同年龄层次的消费者的消费心理特征，并据此了解社会消费现象，预测消费变化趋向，以便使本企业的决策者和其他部门人员能因此而进行细致周到的商品设计和热情耐心的销售服务，制定产品研发计划和市场营销战略。

（四）公众的一般情况咨询

这类咨询主要提供社会组织与公众关系状态的一般情况说明，如内部职工的向心力和主人翁感，本组织在社会上的声誉，消费公众对组织产品的反映，新闻媒介对本组织的社会舆论，同行们对本组织的评估等等。根据不同的情况和需要，这类咨询可以是定期的，也可以是不定期的，目的是要让社会组织的领导及时了解和掌握公众的一般情况，以便及时调节本组织的运行机制，为实现组织目标创造有利条件。因此，这类咨询是任何初具规模的公共关系组织的经常性的工作。

（五）积极提出各项决策建议

公共关系人员必须有自身职业的主动性、敏感性，时刻牢记自己的工作是为社会组织在公众中树立美好的形象和创造有利组织的社会舆论而开展的，在咨询的基础上积极地提出一些卓有成效的建议。建议的目的，就在于弥补社会组织决策的缺陷，提出如何才能使本组织的方针、政策、计划、方案等与公众利益达成一致的措施，从而制定出创造良好组织形象的整体方案。一般来说，这方面的建议有三类：

1. 建设性建议。即在社会组织的各项重大活动之前以及社会舆论或外界条件变化之时，从社会组织的整体角度向决策者提供的具有一定指导意义的建议。

2. 防御性建议。即在分析预测可能出现的有利或不利情况的同时，拟定建议，帮助决策者审时度势，使社会组织能够始终处于良好的社会环境和生产环境中。

3. 应急性建议。即对社会组织、企业单位突然出现的事故或重大失误，做及时的、有效的挽救工作。这在平时要有应急的准备，一旦出现严重事故，能最大限度地消除不利影响，为决策者排忧解难。

由于组织决策日益专门化，整体的决策目标往往被分解为各个职能部门的决策目标，而各职能部门的管理者一般都把决策注意力集中于本部门的目标上，常常忽略了从社会和全局的角度来考虑决策所可能导致的社会后果。此外由于决策咨询过程中分工明晰，各种专家往往只考虑和强调自己方面的问题。因此，公共关系人员站在公众和社会的角度来评价这些决策和意见，依据公众利益和社会价值来提供涉及组织形象方面的咨询建议，是十分必要的。公关人员在为组织决策者提供咨询建议时应坚持原则性、明确参与性、把握间接性。

三、交往沟通，协调关系

交往沟通、协调关系是公共关系的根本职能，也是塑造和巩固组织形象的基本途径。加强社会交往的目的是为了协调关系。一个社会组织生活在现代社会里，信息的交流和良好形象的树立，不仅可以通过新闻媒介，而且可以通过直接的各种各样的社会交往，建立广泛的横向联系来实现。一个现代组织，它要获得生存和发展，有许多社会交往是必须要进行的。只有通过多种多样的社会活动，才可以直接地、感性地获得社会公众对组织的认识、了解和评价，加强和发展与社会各方面的联系，使组织赢得社会各方面的理解和支持。

在现阶段我们国家里，一个现代组织要想开创工作新局面，没有政府、财政、银行、税务、铁路运输等部门的支持是不可能实现的。因此，一个组织需要经常与政府有关部门、同类产品生产组织、社会团体、所在社区、横向协作单位、消费者群体、新闻媒介以及国外有关组织进行社会交往，通过这些交往来取得它们的信任和帮助，才能打开工作局面，促进自身的发展。

社会交往的内容是丰富多彩的。但最基本的工作包括日常的迎来送往、处理各种公众的来信、来电、来访和投诉，以及经常性地开展有关活动加强与公众的联络与交流等。要高度重视并认真对待这些日常的、大量的、然而又非常具体的交往工作，不得马马虎虎、草率从事。因为从平凡的、普通的交往中最能真实地反映出组织对公众的诚意和爱心。

社会交往的方式和手段也是多种多样的。在社会交往中，公共关系人员可以根据不同的对象、不同的条件，采取各种不同的方式和手段，以联络感情，增进了解，密切关系。例如开展各种庆典活动，组织公众来本组织参观，召开信息交流会记者招待会，举办展览会、产品订货会、展销会、各种形式的交流会、以及适当的礼品赠送和必要的宴请等。除此之外，公共关系人员还应当集思广益，善于出奇谋、想新招，利用各种节日，举办电影电视晚会、文艺晚会、舞会等一些特别活动，扩大与外界的交往，进而使组织的影响力更广泛更深远，以牢固树立组织的信誉和形象。

任何组织与社会之间都存在着相互联系、相互依存的关系，组织的方针、政策、计划、方案的实施对社会必然产生一定的影响，而社会的变化，特别是公众意向和社会舆论的变化，也会对组织的发展产生影响。组织内部各部门、各要素之间也是相互依赖、相互作用和相互制约的，因此，协调好组织的各部门、各要素之间以及与外部环境之间的关系，是公共关系的重要任务。

公共关系部门和公共关系人员的协调沟通职能主要有以下几个具体方面。

（一）协调好组织内部领导与职工、职工与职工之间的关系

在现代社会组织内部，协调好领导与职工之间的关系是至关重要的。如果领导与职工关系不协调，就会影响干群关系，内部团结和群众的积极性，不能产生协调同步作用，从而影响工作效率和生产效率。这就要求公关部门和公关人员一方面经常向领导反映职工群众的意见和要求，使领导能够了解群众的心声，想群众所

想，急群众所急，解决职工的实际困难，同时也从中认识自己领导工作中的不足，并制定改进领导工作的实际措施；另一方面要积极向职工群众宣传解释组织管理方面的方针、政策，传达领导层的意图、组织的发展状况和倾向，并注意消除因为对组织情况的不了解或各种误传而造成的职工不满，使他们能自觉地配合领导者、管理层搞好组织各方面的工作。

在组织内部，由于职工之间在思想水平、社会阅历、经验、业务能力、生活习惯、兴趣爱好、组织纪律、利益分配等方面存在着差异，必然发生矛盾和纠纷，影响生产和工作，也影响生活情绪。因此，公关部门和公关人员应当善于发现问题，努力协调职工之间的关系、化解矛盾，求同存异，变消极因素为积极因素以实现组织目标。

（二）做好组织内部各部门之间的协调沟通工作

组织的各职能部门，只有互相协调、互相配合、互相支持、协调一致、分工合作，才能产生最佳管理效果。但由于各部门的工作对象、范围、特点和工作着眼点不同，再加上有时不能及时沟通信息，互通情况，往往也会产生这样的矛盾或那样的磨擦等，虽然这些职能部门之间的协调工作主要应由领导者去做，但是公共关系部门应当起到积极的配合作用，沟通信息渠道，互通情报，加强部门之间的经常联系，造成相互支持、相互信任、相互谅解的团结合作气氛，使各部门之间步调一致，协调作战，共同实现最佳目标。

（三）协调好组织与外部环境和外界公众之间的关系

组织在发展过程中，常会因工作需要与社会上的某些组织和公众发生经常性的联系，不可避免地会产生这样或那样的矛盾冲突。例如，政治经济形势发生变化；原材料供应不及时；上级主管部门的指令与组织的实际情况不符合；与竞争对手发生矛盾冲突、组织工作失误等等。在此情况下，公共关系部门和公共关系人员，应同组织的领导者以及其他管理部门协调一致，使组织适应外界环境;同时解决好组织与消费者公众、社区公众、媒介公众、政府公众等之间的矛盾和冲突,协调好各方的关系。

(四)协调好与社会多方面交往的关系

由于商品经济和专业分工的发展,信息的采集、传递、沟通迅速,现代社会组织之间的相互依赖性会不断增强,但是过分地依赖会使一个组织的命运被其他组织所控制和掌握,因而,作为组织的公共关系部门和公共关系人员,应积极主动地寻找减轻组织对外部环境、对其他组织的依赖程度的途径和方法,多渠道、多样化地扩大组织与社会环境的联系,协调好多元化、多层次的社会交往,从而使组织有一定的独立性、自主性,持久地立于不败之地。

需要指出的是,公共关系协调有别于其他传统意义上的协调,它是一种特殊的管理协调,它管理的是组织的无形资产和关系网络,协调的是组织与公众的关系,其涉及的内容广泛而抽象,面对的客体可管性较弱,因为协调管理的难度较大。又由于它是一种非利益性协调,不直接解决实际存在的种种利益冲突,故其协调作用也是有限的。此外,还由于它是一种传播性协调,不具有行政手段,所以要从根本上协调各种关系,还必须结合其他协调手段共同作用。

四、教育引导,提高素质

建立一个良好的内外环境,实现组织内部和谐统一,外部协同合作,提高组织在社会交往中的知名度和美誉度,不仅是公关传播、协调的结果,也是公关教育引导的结果。在一定意义上讲,教育引导、提高素质使传播协调的作用和影响更加深远。

公共关系的教育引导职能,具体表现在以下几个方面:

(一)正确认识公关意义,突出培养公关意识

公共关系人员经常教育引导本组织的广大员工正确认识公共关系的重要意义,突出培养公关意识,使组织的每位成员十分重视

本组织的声誉和形象，树立顾客第一的信念，尊重和维护公众的利益，保证产品质量，提供优质服务，自觉用公共关系的思想观念来指导自己日常的言论和行动，使组织内充满深厚热烈的公关气氛，形成良好的公关环境。

(二)培养组织成员的公关觉悟，自觉成为公关人员

经过长期教育引导和培养，使广大组织成员的公关觉悟和公关意识普遍得到提高，都能自觉地发挥一个公关人员的作用，积极主动地开展组织内外的公关工作，宣传本组织的成就，解释本组织的总体方针、具体政策、各项计划和方案，沟通组织与外界环境交流的渠道，并向组织领导和公关部门提供信息和建议，帮助领导者决策，自觉地成为一位公关工作者，以达到全员公关的理想组织状态。

(三)培养组织成员的凝聚力和主人翁精神

教育引导的根本目的，就是培养组织的全体成员具有很强的向心力、凝聚力、归属感和主人翁精神，使每位职工真正从内心感受到自己是组织的主人。广州中国酒店在开业一周年庆典之际，曾精心组织职工照片印成名信片广为散发，其目的之一是使职工感到自己是这个大家庭的成员，要努力为这个大家庭工作。教育引导工作的重点还应根据不同的行业而异：在工厂企业，重点是教育工人把消费者的利益放在第一位，在每个生产环节严格把关，保证产品质量；在服务行业，重点教育职工端正服务态度，提高服务质量。因为服务行业的优质服务是其主要工作内容，因此，服务态度和服务质量显得尤为重要。公共关系人员一定要教育本组织的职工从一点一滴小事做起，从提高服务质量、改善服务态度上与公众建立良好的关系。

(四)开展公关教育，进行业务培训

教育引导还包括公关的业务教育培训。为适应实际公关工作的需要，保证产品质量，提高优质服务的水平还需要对广大职工开

展扎扎实实的公共关系的业务教育和业务培训，进行各种公关技术、公关实务、公关专题活动的训练，使职工掌握从事公共关系工作的各种实际本领和技能。公关教育比较强调技巧，潜移默化的教育收效比较明显。公关教育的目的性很强，但在具体操作时又带有很大的随机性，往往可以利用随时发生的事件，通过开展公关活动进行教育引导。公关教育一般不带有强迫性。对于外部公众只能施加舆论影响，诱导其接受；对内部公众则是启发自觉，提高素质。

第二节　公共关系的原则

公共关系的基本原则是指社会组织在开展公共关系活动时所必须遵循的规范性准则，它是公共关系职能有效发挥，公共关系活动成功完成的前提和保证。虽然在不同的教科书中，公共关系原则的表述不尽相同，但以下基本原则是共同认可的，这些原则对有效地开展公共关系的各项工作有着重要的指导作用。

一、树立开放观念，坚持透明公开

从历史的角度看，封闭的管理方式所造成的社会组织与其公众间的矛盾冲突是最早被组织和公关界所认识到的公关问题。早期的公关人员多数就是本着为了清除信息的封闭所造成的组织与其公众的隔阂而开始从事公关实践的。因此，早在 1906 年艾维·李就提出“大众应该耳目灵通”的思想，在《原则宣言》中又提出了“公开办理”的观念。在接受处理无烟煤矿工人罢工的咨询时又提出“要授权能在必要时将一切有关事实公开”的先决条件。早期的公关人员接受这种观念，并致力于提高组织管理透明度的工作。如当时杜邦公司等都由于接受了这一观念而受益匪浅。于是，这一观念在公关的实践中逐渐地具体化为组织管理和公关工作的一般原则。

从现代组织管理和公共关系工作的角度看,这种公开性观念的基本内容就是要求组织让公众对组织机构的状况及其运作程序,特别是对涉及到公众切身利益问题的决策过程有知晓、了解、参与、评价的权利。树立公开性的管理观念对提高职工的主人翁精神,提高工作效率;对增强公众对组织的亲善感、向心力和忠诚态度;对引导公众参与组织管理,开发利用公众智慧,提高组织的竞争能力;对于保证组织决策的民主化、科学性,提高公众对组织决策的接受程度,减少各种矛盾磨擦和冲突,保证组织各项方针、政策的实施都有很大的作用。

树立公开性观念,首先得在思想上铲除封闭式的管理观念。封闭式的管理观念是一种封建统治思想的残余,至今仍影响着不少社会组织的管理行为。落后的封闭式的管理将会导致一系列的公关问题。

一是造成公众与组织缺乏认同。公众会视组织为陌路者,进而助长离心倾向。严重的还会导致敌意。

二是封闭的管理滥用“保密”,造成公众的误解、谣传的泛滥。这是因为在公众的心目中,“凡是藏污纳垢之地都是在阴暗的角落里”,需要保密的原因,可能是存在着缺陷或弊端,或是有见不得人的勾当。对此,人们会做出种种猜测,小道消息不胫而走,公众又会信以为真。久而久之,会形成对组织的反感和鄙视,不满情绪油然而起,最终就会导致信任危机。

三是封闭式管理决策缺乏应有的监督,在发生误差时无法得到及时纠正,容易造成组织的损失,严重的会危及组织的生存。此外,长期随心所欲,养成滥用职权的坏习气,致使不正之风、官僚主义泛滥成灾,最后导致管理层走向社会和公众的对立面。封闭式的管理是公共关系的大敌。

树立公开性观念,具体落实在公关工作中,就是要坚持提高管理透明度的工作原则。要真正做到这一点,必须做好以下几个方面的工作。

1. 要改变过去把自己关在“象牙塔”内搞封闭管理的方式,代之以“玻璃屋”的管理经营方式。把管理者与公众隔开的重重障碍、关卡尽可能减少,敞开办公室的大门,拿下“非请勿进”的牌子,把组织办成开放型的、高透明度的组织。随时准备热情地接待一切公众的来访,随时准备给来访者的咨询以满意的回复,树立起为公众所乐于接受的亲近形象。

2. 组织决策过程要争取公众的参与。把决策的程序,作某项决策的原因、依据等信息公开,都让公众知道。在决策中随时听取公众对决策的意见,自觉地把自己置于公众的监督之下。这样做不但有利于组织本身的完善,减少失误,而且可大大增加公众对决策的接受程度,大大改善决策层与公众的关系。

3. 正确处理“保密”问题。企业中对某些技术或情报进行保密仍是需要的。但是作为一般经营活动,企业的基本情况是没有什么密好保的。在现代社会里,值得保密的技术、工艺、经济情报已越来越少,大量的东西是要保密也保不住的。特别是组织的缺点和弊端,经常被列为组织严格保密的范围,但俗话说,“好事不出门,坏事传千里”,是家丑,再保密也难免有外传。再说由于保密而造成的怀疑或猜测,会造成更坏的影响,而且一旦泄露出去,激怒了公众就难以收拾。如美国前总统尼克松为“水门事件”而下台,究其原因,就在于他对此事件所采取的保密、回避等不妥当的公关处理所致。对此类事情,最好的方法莫过于主动公开示人以坦白,以表改善的决心,争取公众的谅解,赢得信任和好感,这才能变被动为主动,变消极为积极。正如德国的俾斯麦说过的那样:“把那石板揭开,让底下黑暗的泥泞暴露在阳光之下,那些细菌虫蚋自然会消灭了。”

二、树立信誉观念，坚持真实传播

公共关系中的信誉观念是市场经济的产物。早在商品交换之时便已产生，并逐渐发展成为经营管理中的一个重要的观念。在市场经济高度发达中产生的公共关系继承吸取这种思想观念的精华，并把它在经营管理中的作用提高到一个前所未有的高度。

公关“信誉”观念是一个较广的观念，有其丰富的内容。它不但指文明经商、公平态度，强调组织要有高尚的职业道德水准，而且还涉及到信守诺言等以信誉为基础的组织素质等问题。

市场经济是一种开放型、竞争型的交换经济。商品交换越频繁，市场竞争越激烈，信誉就越为重要。在市场经济高度发达的社会里，它是组织与公众交往沟通、建立良好关系的基础，是良好的组织形象的最重要的基本因素。良好的信誉对一个社会组织来说是一笔无形的资产，是一种无形的保险。良好的信誉可使组织的政策、计划、服务、产品较易为公众所接受，能提高组织的竞争力，在遇到不测风云时，可成为组织缓解危机、争取公众支持、减少损失、渡过难关的重要因素。信誉已成为各类社会组织求生存、图发展的重要的条件和手段。对于公共关系工作应如何来维系和增进组织的信誉，最早的公共关系实践特别强调公关工作的真实性原则，认为唯有“真”才能取信于公众，“真”是信誉赖以存在的基础。如艾维·李在其《原则宣言》中就指出“我们的每一条信息必然正确”，“如果认为本处的任何新闻都该更正的话，那就不必采用”。强调真实性原则不仅是早期公共关系活动的一大特点，直到今天，它也仍一直是公关界所推崇的、必须遵循的一条重要原则。例如，英国公共关系协会制定的准则中的第二条，就规定了会员不能有意或无意传播虚假信息，而且应该尽量注意避免无意中做了这种事，会员有责任保持信息的真实性和准确性。又如《国际公关准则》中有关公关人员应注意的问题的第一条指出，“不应出于其他需要把真实性降到次要地位”。第二条写道:“不传播未经查明真相的信息。”至于对建立信誉更为重要的组织自身素质和职业伦理道德等,公关则是从强调组织行为和公众利益等观念的角度来进行总结。

珍视信誉的公关观念要求在具体的公关工作中必须坚持真实性传播的原则。所谓真实性传播原则,其内容有以下三个方面:

1. 公关传播的每条具体信息要完全真实。正如马克思所说的“要根据事实来描写事实”,即做到所传播的每条信息的具体事实要完全无误。如,信息中的时间、地点、人物、事件、原因、过程、结果、思想、言语、行动、所引用的材料,以及各细节的描写等全部要符合客观实际。决不可为了传播的公告性、趣味性或文艺性而伤害对事实真相的传播。也不可有合理想像,或根据希望来描写、虚构。更不可利用行政的力量,或利用利诱、贿赂收买等不正当的手段搞虚假宣传。传播中对具体事实的概括也要完全真实、完全准确客观地反映事实的全貌,决不可以点代面、以偏概全。

传播信息的所有事实来源于社会实践,它最终还要受到社会实践的检验。任何虚构想象的东西、欺诈的东西,可能会一时蒙骗过公众,但总不会长久,终要自食其果。一旦被揭露出来,轻者使组织形象一落千丈,信誉丧失殆尽;重者要受到法律的制裁。如80年代福建晋江陈埭乡的一些企业搞虚假宣传为贩卖假药服务,最终导致全国共讨,舆论共伐,厂倒誉毁,主要责任者锒铛入狱的结局。

2. 公关传播的每条具体信息要和所反映的事物总体一致。列宁在《统计学和社会学》一文中指出,“在社会现象方面,没有比胡乱抽出一些个别事实和玩弄实例更普遍更站不住脚的方法了。罗列一般例子是毫不费劲的,因为在具体历史情况下,一起事情都有它的个别的情况。如果从事实全部总和,从事实的联系去掌握事实,那么,事实不仅是‘胜于雄辩的东西’,而且是证据确凿的东西。如果不是从全部总和，不是从联系中去掌握事实，而是片断的和随便挑出来的，那么事实就只能是一种儿戏，或者甚至连儿戏也不如”。这一论断告诉我们，个别、具体事实即使是完全符合实际情况，但如果把它放到事实的系列中去和其它相比较，同事实总体相比较，它还有可能是片面的，是不符合实际的。

公关传播应注意从事实的全部总和中去把握事实，决不可为某种政治需要，或企业自身的目的，有意忽视或隐瞒某些事实，或有意突出大肆宣扬某些事实，把树木讲成森林，滴水写成大海，混淆视听，欺骗公众，把公关传播变成粉饰组织门面的工具。这种行径不但与歪曲某些具体事实没有两样，而且手段更为恶劣，其欺骗性和危害性更大，一旦被识破，就会造成公众的信任危机。因此，公关传播应从事实出发，实事求是，让公众全面地了解本组织的长处和短处、优点和缺点，这才是取得公众最大的支持和信任的正道。

3. 公关传播的事实应符合本质上的真实。这是对公关传播真实性原则的更高要求。所谓的本质真实，要求我们传播的事实不仅是具体事实的完全真实，是事实与事实总体的一致，而且传播的事实要与我们所反映的事物的本质，我们所为之塑造的组织形象的本质相一致，要真正能反映我们所要报道的社会组织或事物的本质特征。检验这一标准是人们对某一事物或社会组织的总体的、相对稳定的、公认的本质认识。如，对某一个监狱良好的管理和环境的报道，如果从报道的具体事实看是真实的，进行实的总体看也是相符合的，但是如果给人总体印象却如人间天堂，这就是违背了本质的真实，即违背了公关的真实性原则。

三、树立制度观念，坚持长期努力

制度化的公关观念是在长期的公关实践中逐渐形成的。早期开展公关实践活动的组织大多只是把公关视为医治组织弊端的灵丹妙药，视为处理危机的“救火”工具。本世纪初的组织常常是在舆论沸腾之时，在遭到罢工、消费者抵制、股东的不满、立法的威胁之下才赶忙征聘公关顾问，拟定公关计划，采取传播手段来从事劝说、安抚以消除隔阂，平息矛盾。当然，在一个组织酿成危机时是需要开用大量“公关处方”，采取紧急措施予以处理的。但是，这种临时性的公关活动，一是很难消除不利舆论形成的影响，难以除治病根。二是“救火”式的公关不能避免组织的损失，大火已起，必有所伤。三是这种观念下的公关活动不利于组织形象的建立和维持。组织只能常年处于极不稳定的公关环境中以求发展。

后来，随着公关实践的深入，人们开始抛弃这种临时的“救火”式的公关观念，提出“防火”的公关观念，即认为公关应做在事态发生之前，要起着防患于未然的作用。但是，随着人们对公关认识的加深，人们又认识到单纯的防火并非是积极的办法。到了第二次世界大战之后，企业界已普遍认识到，健全的公共关系并不是临时性的，或是过渡性的活动，不能是一种短期的行为，而应是组织机构健全运作的正常机能，公关应是一种“管理制度”。这一时期专职公关部门的设立和公关计划、公关预算制度的普遍推行，就是这种公关观念被普遍接受并付诸实施的反映。

树立公共关系制度化的观念，在具体的公关工作中，就是要坚持立足于平时，长期努力的工作原则。平时的长期的努力是形成良好公共关系的基础。一个组织与公众的良好关系是无法在几天或几周里建立起来的，有时甚至一两年也很难根本改进彼此间的关系。善意和信任需要时间的培植，组织的形象、声誉也非翻手可得的东西。同时，没有长期的努力，公关形象即使形成也难以维护，特别的公关活动也不易取得成功。平时长期不懈的努力能起到未雨绸缪的作用，是防患未然的最好方法。平时长期的不懈努力也是对付、解决突发事件的重要途径。如果平时我行我素，不与他人联系，一旦不测风云降临，才临时抱佛脚，竭力示好拉拢，请求协助谅解，就会事倍功半，甚至徒劳无益。反之，平时关系好，则会换来四方伸援手，化解凶险。

平时长期的一般公关沟通联系工作和关键时刻开展的公关活动的特别沟通联系工作是有所区别的，要做好平时长期的公关联系沟通工作应注意以下几个方面：

1. 对于各类公众对象，平时一般的联系沟通工作应注意普遍和平衡。一般讲对所有对象不需偏重、分等级对待，不要只对有利害关系的公众特别火热，而对其他公众则采取视而不见或冷淡轻视的态度。因为今天的忽视轻视，将会招致将来的公关困境。

2. 平时的一般的联系沟通工作要注意自然而不露痕迹。在建立这种联系时，不要让对方感到我们只是有所求而来，最好应自然与公众对象长期保持一份君子之交的情谊。这样，如遇有不测就会产生一种道义上的必予援助的感情，而不是一项利益的交易。

3. 平时的一般性联系沟通要注意手法翻新。长期交往要有良好的效果，就应注意公众喜新厌旧的心理特点，常年累月老一套的公关交往方法，会使人产生厌烦，逐渐失去交往的兴趣。如招待记者老是用吃饭的方式，久而久之，记者也就不会来了。此外洽谈室、接待室、展览部、俱乐部等场所要不断更新布置，常给人耳目一新之感。交往的内容话题，交流的信息也要不断有新东西，才能取得良好的长期交往的效果。

四、树立平等观念，坚持双向沟通

平等沟通的观念是民主管理思想在组织信息传播上的反映，也是近代对传播关系研究的成果在组织传播中的运用。

20世纪初的艾维·李等，更多的是把公关看成是公关主体（组织）提供信息以影响客体（公众）的传播活动。第一次世界大战中美国克里尔委员会的公关活动，主要也是把公关看成是影响人的一种单向的劝服性传播。

到1923年，伯纳斯在其《舆论明鉴》一书中，开始探讨公关传播中的双向沟通问题。他认为，公关不是单向的由高高在上的领导阶级来控制大众，控制舆论，公共关系不能忘记对社会公众有呼吁舆论的作用。但是，伯纳斯这时还只是更多地把公关看做是一种诱导、劝服性传播。在他对双向沟通的认识中，仍持以组织为中心的非对等传播观念。这种观念直到1955年他出版的《获取赞同》一书中仍有体现。甚至目前，不少公共关系的定义仍把公关视为“引导公众理解组织……并对其产生好感”，这些都带有这种观念的影子。

随着公关实践的深入，传播学研究的发展，第二次世界大战后，受到施莱姆等在传播模式中所提出来的对传播关系新见解的影响，公关界对传播关系的认识开始由单向影响、非对称作用，发展为传播双方的关系应是相互影响、相互作用的平等观念。这种新的观念在这一时期出现的公关定义中也反映出来，如《韦氏第三版新国际辞典》英国公关协会等对公关的定义都已把公关视为“一种发展相互了解”的活动。

要树立平等沟通的公关观念，最重要的问题是必须抛弃以自我为中心的旧的传播观念。这种旧观念其实是封建管理意识的残余。在封建时代的传播一切都是建立在绝对权威之上的。如，君王与臣属，官与民，父与子，师与徒，主与仆，夫与妻，无不是如此。只有一方命令，一方服从，别无其他选择。在现代社会里，这种观念、意识、心态仍在不少地方和人的思想中保存着。如有不少的领导对下属或公众发表公告或讲话时常有着君临一切的气概。使得领导和被领导间的交流形成不平等的地位，甚至产生抵触对立情绪。又如，不少管理机构或企业常常各自称雄，互下命令，互不协作。有些在某一市场中独家经营的企业，更是我行我素，自吹自擂，不愿听取公众的意见。这种做法只会使社会磨擦、冲突加剧，对发展良好的公共关系是非常不利的。

树立平等沟通的公关观念，要求我们在具体公关实践中坚持双向传播的工作原则。具体而言，应做好以下几个方面的工作。

1. 要建立起全新的公关传播关系，即：双向平等的传播关系。要在思想上充分认识传播中的了解和影响都是相互的，要充分尊重公众的权利，组织的意见要传达给公众，公众的意见也应传达给组织。组织要影响别人，也要接受别人的影响。那种“以上对下”、“以我为中心”来看待、指导公关传播，都不可能真正实现双向传播。

2. 在公关工作中要特别注意，在做自我传播的同时，也应广开渠道，提供足够的机会、良好的环境，让公众的声音得以充分的表现和传播。公众意见的表达常常要比组织困难得多，常常要受各种客观条件的限制。因此，主动提供各种渠道和条件，以防止出现传播向组织一方倾斜应是公关工作的责任。同时，要相信公众的大多数是出于友好的诚意，不论公众的意见是否正确，对公众的意见要有耐心，要给予同情和理解。努力为公众创造良好的表达意见的环境。

3. 疏通组织信息收集、信息反馈的渠道，保证公众表达的意见能传到组织决策的最高层，保证公众意见能对组织的决策、组织的行为产生影响。

组织真正的双向传播关系的建立，一方面就是要能及时从公众中了解他们的利益、意愿和要求，了解他们对组织政策、行为的意见、态度，并使之成为组织决策的依据。另一方面又能及时把组织所采取的政策、行为传达给公众，让他们也能及时了解组织的情况，以减少双方的误解，保证组织的政策、行动得到公众的支持和理解，进而建立起良好的关系。就实际的情况看，前一方面的工作更值得我们公关人员注意，需要我们更努力地去把它做好。

五、树立行为观念，坚持自我完善

早期人们对公关的认识一般只停留在文字宣传的观念上。本世纪初的公关咨询更多的是以策划传播活动为其主要内容，虽然有时也涉及到改进组织行为的问题。如，艾维·李曾劝说洛克菲勒“要改变公众不喜欢的政策，为公众所愿意接受”。但这并不被视为咨询的重要方面。

到了20世纪20年代初，公关人员开始觉察到“在公共关系活动上，只靠文字是不够的，为了唤醒大家的兴趣与好感，文字必须获得行动的支持”①。公关工作不只是使用传播媒介而已，它还应考虑组织行为的正确问题，还应向委托人说明他应采取的态度、方向及政策，这时人们已认识到良好的组织行为才是公共关系的基础。

到20世纪30年代，公关界对这一问题又有了进一步认识。1937年，美国艾义尔公司总经理巴丹在全国广告商协会的演讲中指出，在公共关系上“许多厂商都忽略了公司本身的健全，而急于物色虎狼大夫式的公共关系专家……他们不知道公共关系不是药，不是医生，任何名实相符的公共关系，必须从商业界本身开始”。30年代末，公共关系专家哈伍德·L·蔡尔兹指出了公共关系实质，“不是陈述一个观点，不是调整训练思想态度的艺术，不是对真诚有益关系的发展”，而是“为了公共的利益，协调和修正我们个人和企业那些具有社会意义的行为”。30年代以来公关界、企业界进一步认识到公关对于企业政策、行为咨询作用的重要。报道、润色、戏剧化等活动在公关咨询中逐渐淡化为较次要的地位，在公关工作中注重组织行为的观念逐渐被普遍接受。

注重行为的观念，其核心的内容就是要求把公关工作建筑在健全的组织行为之上，要求公关应更注意调整组织的行为以适应自己的环境。对这一观念的强调其实也是对公关影响决策、真正

① 伯纳斯：《美国公共关系发展史》

行使起管理职能的注重。这一观念对现代公关活动的特点产生十分重要的影响。这一观念后来成为 1978 年国际公关协会通过的公关定义的核心内容。该定义着重指出公关要“给组织领导人提供咨询和实施有计划的行动方案”。

树立公共关系注重行为的观念,要求我们在公关工作中坚持首先自我完善的工作原则。坚持首先自我完善的原则,一是在研究、制订公关工作计划时,首先要检查组织自身的政策、行为,要把最主要的精力放在如何改进组织行为上。二是在解决已出现的公关问题时,要首先考虑是否应对组织的政策、行为进行自我纠正或改进。三是坚持一切公关工作要首先从组织内部做起,只有健全的内部公关,才有可能进一步图谋外部的发展。内部公关是外部公关的基础。内部公关的好坏直接影响到组织自我完善的程度。四是要注意公关活动本身的行为,公关人员要注重自身的形象,要切实体现出高度的伦理道德准则、高度的社会责任感。

六、树立科学观念,坚持调查研究

早期的公共关系更多地被视为一种协调组织与其公众的关系,解决、消除组织危机的艺术,或是参与市场竞争的艺术。以艾维·李为代表的早期公关人员一般也都是凭经验和灵感办事,基本上不注重公关事前的科学调查研究工作。当时公关研究大多数是集中于对传播中的传达艺术的探讨。现代科学的调查研究方法基本上还没有涉及到。

随着公关事业的发展,公关活动对组织的影响日益扩大,而组织也对公关提出更高的要求,特别是对组织行为的咨询要求的提出,对公关效果的关注,使得单凭经验或感觉已很难驾驭公关活动的开展。公关界开始认识到科学对公关的重要性。

1928 年,伯纳斯在《宣传》一书中积极倡导公关人员必须了解社会科学,指出社会科学对公关工作的重要性。20 世纪 30 年代后，不少大学开拓了对公共关系的研究领域，并逐步地发展出一系列衡量公众态度的方法和技术。随着科学研究的发展，公共关系的科学观念也逐渐形成。特别是第二次世界大战之后，社会科学研究方法大量用于公关研究，公关的学科体系形成和发展，促进了公关活动日趋科学化。70年代以来，多数的公关定义都在不同程度上强调了公关调研、效果评估的重要性。公共关系是一门科学的认识已为人们普遍地接受，强调公共关系的科学性已成为当代公关活动的一大特征。

公共关系强调科学性的观念，不但强调我们的公关工作要有科学理论的指导，而且更重要的是强调现代公关工作一定要建立在调查研究的基础上，要坚持以调查研究为基础的工作原则。

坚持以调查研究为基础的公关工作原则，在实际的公关工作中，首先要改变以往的单凭经验、凭灵感搞公关的做法。做到凡事先做调查，在调查的基础上进行科学的研究分析，做到有根有据，提高公关决策、公关计划的科学性。其次，要尽可能采用现代调查研究的方法和手段，特别是对重大问题进行决策时，对大规模的公关活动进行效果评估时，要尽可能做到既有定性分析又有定量分析。第三，调查研究工作要制度化，要确定为公关工作程序的一部分。调查研究工作的操作要规范化。第四，公关人员要随时代前进，不断提高自己的素质，特别是对现代科学理论、方法的掌握，要精通公共关系的调查研究之道。

七、树立公众观念，坚持互惠互利

艾维·李早期的公关实践虽然也劝客户要考虑公众的利益，采取一些有利公众的行动。但是，他们当时的基本立场和出发点仍是“代表企业及各公共组织”（艾维·李《原则宣言》）。随着公关实践的发展，企业也逐步认识到了公众利益的重要性。如，1913年，美国电话电报公司的董事长维尔在声明中指出：“我们已经发现，大众最好的利益也就是我们最好的利益。”①

1952年,美国贝逊企业管理学院公共关系主任康菲尔在《公共关系的政府与实务》一书中更进一步明确地指出:“公共关系……在所有的决策与行动上,都以公众利益为前提……。”把公众利益的问题提到前所未有的高度来认识。这样的看法,一直影响到现在。如《英国公共关系协会准则》中的第一条就指出,“公关在进行他的专业活动时应该尊重公众利益和个人尊严”。1978年的《墨西哥宣言》对此更是特别强调,成为当时提出公关定义的基本点之一。70年代后,在公关工作中强调公众利益的观念,已成为现代公共关系的一个重要的特点。

现代公共关系中的公众利益的观念,其基本内容是要求组织时时处处考虑自己的行为对公众利益的影响,自觉地保持在组织利益与公众利益一致下的发展。如果离开这一前提,组织形象的建立、良好的社会环境的形成、公关所有的努力就会成为一句空话。

公共关系强调公众利益的观念,落实在具体的公关工作中就是要坚持互惠互利的工作原则。公关工作的互惠互利决不只是表面的金钱或物质利益上的礼尚往来。它的基本含义应是对交往各方的根本利益的增进和维护。它的最基本的、最主要的衡量标准就是社会的整体效益。这是由于在现实的生活中,各类公众都生活在各自特定的社会环境中,都有着各自特定的利益要求。不同类型的公众团体在这些表面的利益上又常常是相互矛盾、相互冲突的。如价格低廉对消费者有利,但对生产者的收入、股东的红利、企业的利润都可能产生影响。单纯用马上可见的金钱、物质来衡量,常常会顾此失彼。公共关系不能以满足一部分人的利益,而牺牲另一部分人的利益来维系,更不能以组织自己的私利来划线,

---

① 《美国公共关系发展史》。

它需要有一种能符合各类公众根本利益的衡量标准，而社会整体效益的标准最能满足这一需要。这是因为，任何团体、公众的生存和发展，他们的利益的获得都离不开特定的社会环境，社会的发展、环境的改善才是大家根本利益之所在。作为社会组织只有用这一标准来认识衡量互惠原则，才能使我们的决策、行为符合公众的根本利益。

坚持互惠互利原则要求组织的决策、计划，以至所有经营管理行为，所有提供的产品、服务等都要以公众的需求、公众的利益为出发点，都要以社会的整体效益的尺度来衡量。如，企业在投资项目、资源利用等方面要考虑国家整体利益、国家总政策，如只图一时之利，与此相背，一旦国家运用法律手段进行控制，就会造成投资上的损失，甚至危及本组织的生存。又如，在产品质量的控制上，如采用偷工减料、以次充优方式来经营，一时企业的利润可能提高，但对整个社会可能是负数效益，长期以往也会失去市场。

坚持互惠互利原则要求组织在作任何决策时，都要有很强的社会责任感，要考虑到对他人、对社会环境、以及对后代可能造成的影响。如市政当局搞市政建设，修街道及各种设施时，就应考虑到周围厂家、商店的利益，居民、行人的方便，要尽可能减少对各类公众带来的损失和造成的困难，既要保证施工，又要尽可能地维护好社会环境。又如，企业界在自己的经营活动中，一定要注意担负起保护生态环境的责任，要注意与自己周围的生态环境构成良性循环系统，为社会、为后代着想，也为自己创造能够长期生存的环境着想。

坚持互惠互利原则要求组织具有政治家的眼光，看到社会整体发展、良好的社会环境对组织发展的重要性。对此，一方面要多行善事，尽自己所能关心社会的公共事业，参与社会服务。如，积极为地方创造就业机会，关心市政设施建设，关心公共卫生事业和环境保护，赞助各种社会福利、文化、慈善事业等。另一方面，当局部利益与全局利益、短期利益与长远利益发生冲突时，要敢于从社会整体利益出发，从事一些有益于社会的公关计划，即使自己一时还不太理解。如维护城市建设规划、交通整治、物价控制，更多地承担企业对国家的义务等。对这些工作，一旦认定对社会整体有利，就要大胆推行，并运用各种传播手段进行耐心的说服工作，以取得支持与合作。

此外，坚持互惠互利原则还要求改变过去那种只顾自己成功，不管别人死活，一切只从自己的利益考虑，不管对方利益、国家利益及社会利益的竞争观念。要看到那种传统的非鱼死即网破的竞争所造成的社会动荡和企业冲突磨擦所带来的损失，看到这些对整个社会环境的维护所造成的不利影响。特别是在我们的社会主义社会中，要特别强调坚持既竞争又协作的原则，在自己的发展中，对较弱的竞争者应给予提携和帮助，为创造更好的社会发展环境，为社会共同繁荣做出应有的贡献。

第七章　公共关系运作程序(上)

现代公共关系是一种用系统理论和方法来解决问题的程序化活动。这种活动的程序亦称公共关系过程或步骤,它反映了公共关系活动本身不以人的意志为转移的规律性特征。国内外公关界通常将其表述为“调查研究、谋思策划、实施传播、评估结果”四个阶段,又叫“公关四步骤工作法”。这四个步骤是一个联动的过程,每一个环节都可能对全局产生重大影响,因此我们必须对公关运作的每一步骤都予以高度重视。

第一节　公共关系调查

成功的公共关系活动,无一不是从细致周密的调查工作入手的。美国《纽约时报》的一篇报道开头这样写道:

“妈妈知道你往水里加几块冰吗?——可口可乐知道!

妈妈知道你有几条内裤吗?——凯斯维拉公司知道!”

报道显示美国企业重视调查,对市场具有“比妈妈更了解孩子”的过硬本领。20世纪80年代初,美国乳制品协会准备进行一场大规模的公关活动,向美国公民说明牛奶并不是胆固醇的主要来源,活动预计耗资数百万美金。恰好此时一家公关公司完成了这方面的一项调查,调查结果表明,绝大多数美国人并没有把牛奶和胆固醇联系在一起,美国乳制品协会因此取消了该次公关活动,节省了一大笔开支。从这个意义上说,公共关系调查不仅仅是公关活动的前提条件和热身运动,而且是公关取得预期效果的有力保证。

一、公共关系调查的意义

公共关系调查是通过对数据或文字的统计分析,显示公众对组织形象的整体印象,或就某一具体公关活动的条件进行信息收集和分析。市场经济的法则是:谁最了解消费者的喜好并向其提供最合适产品或服务,谁就是胜利者。因此,通过适宜的市场调查活动,了解广大消费者的真正需要,就成为企业顺利开展经营活动的前提。

日本环球公司20世纪60年代只是一家小型企业,5名职工挤在一间14平方米的办公室,如今它已成为神户市有代表性的大企业。1980年公司的营业额超过1200亿日元,利润高达228亿日元,在日本服装纤维业中名列前茅。环球公司的发展不是靠偶然的运气,而是他们重视市场调查的结果:一是开设侦探性专营店,陈列公司所有产品,给顾客以综合印象。售货员主要任务是观察顾客的采购动向,公司除在东京银座外,还在全国81个城市顾客集中的车站、繁华街道设这种商店。二是事业部每周必须安排一天时间全员出动,3个人一组,6个人一群分散到各地,有的到专营店,有的到竞争对手的商店观察顾客情绪,向售货员了解情况,找店主聊天。调查结束后,当晚回到公司进行讨论,分析顾客消费动向,提出改进工作措施。三是全国经销该公司时装的专营店有1300个,兼营店有5000多个,公司同200多个专营店建立了调查业务关系。他们制有顾客登记卡,详细地记载每一个顾客的年龄、性别、体重、身长、体型、肤色、发色,使用化妆品种类、常去哪家理发店以及兴趣、嗜好、健康状况、家庭成员、家庭收入、现时穿着的详细情况。这些卡片储存在信息中心,只要根据卡片就能判断顾客眼下想买什么时装。今后有可能添置什么时装。周密的调查为日本环球公司竞争致胜打下了坚实的基础。

公关调查的目的是使社会组织对自身的公关现状及原因有明

确的认识，并根据所获得的有效信息，确立组织的公共关系活动目标，围绕目标设计具体的行动方案。概括起来，公共关系调查的功能和意义集中表现在三大方面：

(一)为组织决策提供科学依据

实践表明，现代社会中的任何一个社会组织，其生存和发展不仅依赖于组织内部的管理、生产及人际关系状况，也和与组织相关的其他组织、群体及社会大环境的运行情况密切相连。要保证组织决策的科学性，就必须充分掌握组织内外的各种信息。公共关系调查就是要通过广泛的信息搜集和分析，为决策者的科学决策提供可靠的事实依据。据美国《财富》杂志统计，20 世纪 80 年代全美排名前 1000 家大公司中，有一半以上的公司都非常重视公共关系调查，有的公司的调研机构规模宏大，调研技术极为先进，如罗德尔·芬公司，仅电话调研设施一项，就耗费资金 1 亿多美元。

(二)提高公关运作效率

并不是所有的人类活动都能取得预期效果，公共关系运作也是如此。为了确保公关活动的有效性，组织在开展具体公关活动之前，必须对现有人力、物力、财力情况及活动的关键对象作充分调查，以利于做好事前准备并制定切实可行的公关计划，提高公关运作效率。

(三)实现组织与公众间的双向沟通

公共关系是社会组织为了营造有利于自身发展的内外环境，借助传播手段有计划地进行的一种信息传递活动。作为公共关系活动的一个有机组成部分，重视公众的信息反馈及组织与公众间的双向交流，是公共关系调查义不容辞的责任。从实践来看，由于公关调查通常采用现场调查、个人访谈、电话询问以及问卷调查等形式，这些调查形式都与被调查者 直接发生联系，这就为公关活动实现组织与公众之间的双向沟通创造了条件，公关人员有必要并且有可能在调查中把与公众的沟通工作做得更好。在美国，许多人都认为石油公司只是那些非常富有的个人和家族的产业，可是公关调查却发现，最大石油公司中的6家共有200多万个股东和1750多万个间接股东（即拥有石油公司股票的抚恤金计划受益人）。这一数据公开后，大大改变了美国人对石油公司所有权的成见，为石油公司扩大融资渠道创造了有利条件。

二、公共关系调查的内容

公关调查的内容是由组织发展的战略目标和公共关系的职能决定的。具体来说，主要包括以下几方面内容：

（一）组织内部信息

组织形象是组织的客观表现在公众心目中的反映，形象的好坏关键在于组织自身的状况。所以，公共关系调查通常先从内部信息调查入手。组织内部信息可分为历史、现状和发展趋势三大部分。以企业为例，调查企业的内部情况，既要了解企业生产、发展和演变的历史过程，了解各个历史阶段的生产、经营及管理特点，又要了解企业的生产经营现状、企业员工的基本情况和企业的未来趋势。

企业的生产经营现状包括经营目标、经营范围、经营方针、对社会的贡献、市场分布、市场占有率、产品质量、服务水平、价格状况、技术设备、组织机构、资产状况、商标品牌等内容；企业员工基本情况包括员工总数、男女比例、年龄结构、文化程度、技术特长、工资收入、对企业的亲和程度、满足感、积极参与管理的态度、对企业的要求和希望、企业英模人物、企业领导者的目标和管理方式、企业运行中存在的不足或问题等等。此外，企业开展公关活动必备的人、财、物情况，也是公关调查应予以关注的内容。

（二）组织环境信息

随着生产社会化和全球市场的一体化的发展，各类社会组织之间的相互依存关系日益紧密，单个社会组织的发展受社会环境的影响也越来越大。对社会环境信息的收集,有助于社会组织了解环境,知彼知己,趋利避害,从而提高公关活动的形象塑造力。以企业为例,组织环境信息包括宏观经济环境信息、竞争者信息和狭义市场信息。宏观经济环境信息主要有经济、社会、政治和技术四方面内容,竞争者信息主要有竞争者的基本情况、生产情况、产品情况、行销情况几项内容,狭义市场信息则包括消费需求信息和产品流通信息等等。组织所处的环境不是一成不变的,因而公共关系的组织和环境信息的调查是一项连续性极强的活动,要求不间断地把社会环境中出现的新情况新问题及时收集起来,供决策部门分析参考。

(三)公众舆论信息

舆论是具有权威性特点的公众意见,是利益一致的社会公众对组织行为的共同印象。公共关系的公众舆论信息主要指外部公众对组织的态度、印象和反映,包括:

1. 公众对组织了解和知晓的程度,即知名度;

2. 公众对组织及其行为的认可和赞美程度,即美誉度;

3. 公众对组织的公关活动及其它传播活动的接受程度。

知名度和美誉度是衡量组织形象的两个重要向量,知名度从量的方向标度组织形象样态,美誉度从质的方向规定组织形象的位势,如图所示:

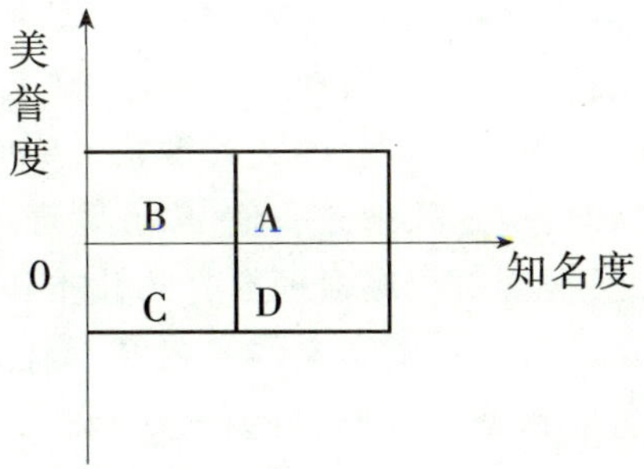

由于公众对组织的了解和知晓程度是从一无所知(即零点)逐渐增加的,所以知名度是一正向向量;而公众对组织及其行为的认可与赞美却既可以是肯定的,也可以是否定的(如广东万宝电器公司,80年代初期公众评价高,社会反映好;80年代中后期,由于万宝冰箱质量一度不稳定,公众评价随之转向,社会反映对企业的生存极为不利),所以美誉度既有正值也有负值。

根据知名度和美誉度的不同值域,我们把组织形象的位势分为A、B、C、D四个区,分别表示四种不同的公共关系状态。

所处区类	知名度	美誉度	形象实态	公共关系工作方向
A	高	高	好	继续保持原有公关方针
B	低	高	较好	维持美誉度,提高知名度
C	低	低	不佳	提高美誉度,扩大知名度
D	高	低	恶劣	竭尽全力扭转已形成的坏名声,挽回影响

值得注意的是,知名度和美誉度不是空洞的指标体系。不同性质的组织,其知名度和美誉度的具体表现方式也不同。就美誉度而言,生产性企业的美誉度主要体现在产品(性能、价格、质量)、服务(观念、手段、效率)、管理(内部管理、行销管理、文化建设)、人员素质(文化水平、技术、能力、道德)、厂容厂貌(建筑、布局、绿化、卫生环境)等方面;而服务性企业的美誉度则主要体现在提供的服务品种、服务手段、服务态度、服务质量、服务管理、人员素质、企业设施等方面。因此,社会组织应根据自身的性质和特点,设计出能客观反映社会公众对组织真实印象的知名度、美誉度指标体系。

传播力是知名度和美誉度形成的信息基础,组织自身建设再完善,如果忽略了组织信息的及时传递,社会公众无法知晓组织的存在,知名度就无从谈起,更遑论美誉度。以短缺经济时代“好酒不怕巷子深”、“皇帝的女儿不愁嫁”的态度来运营的社会组织,在竞争激烈的现代社会必然要被淘汰出局。提高组织形象的传播力,进而扩大知名度,提升美誉度,其中一条极为有效的途径就是实施 CIS 工程,通过强有力的理念识别、行为识别、视觉识别系统,把具有鲜明个性的组织形象信息传递给各类公众,使之对组织留下深刻印象。

总之,开展公共关系活动,调查阶段所获取的信息越充分,社会组织越“知彼知己”,就越有利于掌握活动的主动权,全面实现公共关系的战略目标。

三、公共关系调查的步骤与方法

公关活动的程序性,既体现在宏观管理上的张弛有序,也体现在微观实施上的板眼井然,还表现在方法上的灵活多样。

(一)公共关系调查的步骤

公共关系调查作为公关运作的一个基础环节,可分为准备、实施和总结三个相互依存的阶段。

1. 调查准备。公关调查实施前,要对调查所需的组织领导、课题构想、经费筹措、人员培训、资料收集等一系列问题作系统安排。其中,课题构想的优劣对调查能否成功至关重要。课题构想的主要任务,是根据调查目的和可能性,来确定恰当的调查内容与范围。“调查目的”即为什么而调查,是针对性局部“治疗”,还是普查性全面“体检”;“可能性”即达到这一目标的概率,其主要制约因素在资金、时间、对象的合作性。一般地说,资金充足、时间充裕、对象乐意配合,公共关系调查的内容可广些,范围可大些,这样调查的结果也会更具科学性、准确性。但现实情况往往难如人意,这就要求我们精心安排,严格按目标和条件精选调查项目,抓住要害,争取“一滴血查出全身病因”。

2．调查实施。这是公关调查的核心过程，其任务是按照调查目的和要求，及时、全面、系统地搜集公关信息，所以，实施阶段的公关调查必须：第一，制定周密的调查计划，包括调查目的、调查范围、调查内容、调查方法、调查日程、调查线路和调查经费预算等详细内容；第二，设计调查问卷，如果采用问卷调查方式，则须将设计好的问题系列以书面形式打印出来，用邮寄或留置的方式送到受访者手里。如果采用现场采访或电话采访的调查方式，也必须在访问前制定好调查提纲、调查细目及具体的问话样式，以确保调查顺利进行；第三，搜集调查资料，对现有资料和原始资料进行收集、整理，尽量做到客观、真实、丰富、全面，不遗漏调查项目，也不盲目扩大调查范围。

3．调查总结。在取得了大量公关信息后，接下来的工作是对所获资料，如调查记录、日记、录音、录像、问卷、综合统计数据、研究文献等，进行“去粗取精、去伪存真、由此及彼、由表及里”的分类、鉴别和审定，并在此基础上，以科学严谨的态度对之加以具体分析。分析的方法可采用描述性分析、因果性分析和预测性分析三种不同的方法，然后再根据调查资料和分析研究，把调查概况、资料分析、调查结论、对策建议等内容以调查报告的形式，向有关部门提交，并努力做好调研成果的应用推动工作，尽快促成公共关系活动向实质性过程推进。

（二）公共关系调查的方法

公共关系调查在方法上有多种选择。因调查对象和调查范围的不同，有普查法、个案法、典型法或抽样法等；因调查手段的不同，有访谈法、问卷法和文献法等。下面简要介绍几种常见的公关调查方法。

1．个案调查。即对某一组织、社区、市场、消费者家庭或某一具体事件所进行的详细调查。1998 年春节期间，山东七家知名商场联手拒售长虹彩电，长虹集团得知消息后，立即派员前往调查事件的起因、经过及影响，通过深入仔细的调查，为解决问题提供了科学的依据和方法。长虹电子集团这里采用的调查方法即个案法。在现代公关实践中，个案调查是经常运用的一种有效调查方法。

2. 抽样调查。当调查对象庞大、调查人员有限时，为了节省人力和财力，提高调查的经济效益，公共关系调查常常采用抽样调查的方法来获取所需信息。所谓抽样调查，即从总体中抽取一部分作为调查对象(样本)，然后根据样本值推论总体值的一种方法。按抽样原则的差异，抽样调查又可分为意识抽样和随机抽样两类。

(1)意识抽样。即调查者主观地、有意识地从总体中抽取部分单元进行调查。典型调查和重点调查，都属于意识抽样。如，为了了解高等院校教育和大学生思想状况，教育部组织力量对全国三十多种重点大学进行的抽样调查，采用的也是意识抽样方法。

(2)随机抽样。按照随机原则，即保证每个调查对象都有被抽取的机会，抽取部分对象进行调查。随机抽样的做法很多，主要有：

A. 简单随机抽样。即抽样时不需进行任何分组和排列，是抽样中最简单易行的方法，常见的有直接选取法、抽签法。

B. 分层抽样。调查者根据一定标准，先将调查对象分成若干类别，每一类别为一层，在各层中按一定比例抽取样本。大型公关活动的效果测评，常常采用分层抽样方法。

C. 等距抽样。即在调查对象总体中，每隔相等的单位抽取一个单位作为样本，所以又叫系统抽样和机械抽样。商业企业进行顾客印象调查，有时就采用等距抽样方法。

D. 整群抽样。按一定标准将整体划分成若干群，然后将群编码，再用随机原则从群中抽取样本。整群抽样又称聚抽样。公众舆论调查中，经常使用该抽样方法。

E. 多段抽样。即某种抽样方法可以使用多次，且在同一抽样过程中也可使用多种抽样法。

抽样调查的优越性是显而易见的，然而即使是最详细谨慎的调查，也有产生误差的可能——即某一抽样调查的结果与完全样本调查所得的结果有差异。在抽样操作规范合理的情况下，保持较低抽样误差率的关键在于样本容量，样本容量越小，误差越大。据分析，容量为100的样本其误差率可能大于19%，容量为4000的样本其误差率为2%，容量为1500的样本其误差率为3%。

3. 访谈调查。这是一种通过与公众直接交谈来收集信息的调查方法，有面对面的访谈，如个别访谈、座谈会等，也有不见面的访谈，如电话访问、电子邮件等。访谈调查的最大特点是信息获取直接、方便。

经验丰富的调查人员在进行直接访谈调查时，通常的做法是在与受访人取得联系（见面或打通电话后），先和蔼可亲地作自我介绍，后声明调查不会占用太多时间，并且说一些能够赢得信任的话，再然后开始调查提问并作详细记录，调查结束后对受访人表示感谢。

4. 问卷调查。问卷又称调查表，它把人们对事物的态度分解成若干个定量指标，通过定量指标的分析形成经验命题，若干经验命题的综合即可概括为理论命题，从而得到对事物本质的认识。

如雀巢公司在20世纪中叶推出速溶咖啡时，市场反映冷淡。为了查清原因，公司采用了问卷形式进行调查，调查的具体做法是：请专家设计两份购物单，然后由调查小组分发给受测的家庭妇女，并对持购物单的主妇的个性特征进行描述。

购物单一：　　　　　　　购物单二：

① 5 公斤朗福德焙粉	① 同购物单一
② 2 片沃德面包	② 同购物单一
③ 胡萝卜	③ 同购物单一
④ 0.454 公斤雀巢速溶咖啡	④ 0.454 公斤马克西维尔鲜咖啡豆
⑤ 0.681 公斤汉堡牛排	⑤ 同购物单一
⑥ 10 公斤狄尔桃	⑥ 同购物单一
⑦ 2.27 公斤土豆	⑦ 同购物单一

两份购物单的内容仅在一个项目上有区别，但接受测试的妇女对持不同购物单的“主妇”的个性特征描述却大相径庭：

购物单一持有者是——懒惰、喜欢凑合、不怎么考虑家庭的妻子。

购物单二持有者是——勤快、能干、热爱家庭、对丈夫尽心尽责的妻子。

据此，雀巢公司找出了速溶咖啡遭市场冷遇的真正原因——家庭主妇们害怕被认为是“懒惰、喜欢凑合、不怎么考虑家庭的妻子”，从而为公司制定正确的宣传方针提供了有力依据。

问卷调查的一般流程包括问卷的设计、检验、分发回收、预查等环节。

(1)问卷的设计。问卷调查能否取得预期的效果，关键在于根据调查目的设计好问卷。

① 原则。一份完美的问卷必须做到：第一，问卷令受访人乐于填答；第二，问项本身不带任何倾向性。

② 内容。问卷的问题按性质的不同可分为三类：

一是客观事实类问题，如年龄、性别、文化程度、政治面貌；

二是行为活动类问题，如“早餐吃什么食物”，“上班是否骑自行车”、“一天看几小时电视”等；

三是态度倾向类问题,如“你喜欢在雀巢咖啡中加糖吗”、“购买杉杉牌西服时你会选哪种颜色”等等。

③ 方式。问题的展开方式通常有开放式、限制式和标定式几种。

A. 开放式。开放式问项允许有多种答法,因而制表设问比较困难,并且成本较高,如“中央电视台的节目中哪些是你喜欢的”,“你认为组合式调味品有什么不适”等。

B. 限制式。限制式又称封闭式,即问题的答案由调查人事先拟定,应答者只须选择其一或多个作为回答,如:

——增加新设施,你愿意每月增加的租金是?

100 元□ 80 元□ 50 元□ 20 元□ 不增加□

——你对公司经理的管理有信心吗?—绝对有信心□ 非常有信心□ 比较有信心□ 基本信任□

要看表现 □ 有点怀疑 □ 不信任 □ 非常失望□

上述提问方式的长处是答问方便、答案规范、便于统计,不足是答案固定,可能无法完全反映应答人意见。

C. 标定式。即提出的问题为限制式,应答者答问时需要将给定答案标定等级,如:

——下列企业在废水处理方面做得好的是(在最佳者旁标 1,次者标 2,依次类推):

——民生制药厂□ 朝阳化工厂□ 泰州造纸厂□ 田泰农药厂□

(2)问卷的检验。为保证问卷调查的较高收效,我们可以在问卷设计完成之后,对其作如下方面的检验:

A. 说明调查目标——明确调查目标,有助于答案题材及问题的设计。

B. 写出问题的要点——再次地提醒你,对于所要获得资料的描述一定要简明扼要，避免问卷过分冗长，造成应答者缺乏耐心，否则，常会导致应答者敷衍了事或跳答，或无法完整地回答问题。

C. 分析特殊问题——询问问题时，要清楚明了，使应答者易于了解，避免笼统及模棱两可的词句。

D. 先写出草案——写出所有要点后，再重新修改润饰。

E. 利用简短的开场白——包括调查的概括目的。

F. 把容易回答的问题排在前头——尽量设计一些有趣的问题，避免难答或令人生厌的问题。如此，可使应答者心情放松。

G. 注意问题的先后顺序——使应答者能够合乎逻辑，并且轻易地依序回答。先问一般的问题，再进一步深入询问。

H. 有关少数人的问题，尽量不问或少问。

开放式的问题，能让应答者在任何情绪下皆可回答。但答案不易统计。采用开放式问题时，不妨提供一些可能的答案项目，在访问调查时，出示给被面谈者选择，可简化回答内容。

问题中应避免出现诱导答案的建议，或可能被认为诱导性的问题。务必让应答者完整、诚实地回答。遣词用字不要强调有利或者无利的言外之意，这会使他们回答的结果，不够公正。务必使问题容易回答——问卷避免冗长繁琐。否则，会使应答者慌张或困惑。如果可能，加入一些能与前面问题比较的问题。如此，对确认其有效性，十分有利。问卷最后，应附加人口统计问题(例如应答者年龄、收入、教育程序等)及其他个人资料。

(3)分发及回收。可采用邮寄和留置的方法。邮寄问卷适合于大范围的调查，费用低，应答时间充分，不足是邮寄往返时间长，回收率低。为提高回收率，调查人通常随问卷附寄回邮信封及邮票，有时还附送相应礼品或酬金。留置问卷法即调查人将问卷直接交与受访人填答并当场回收。留置问卷能减少分发误差，控制时间，提高回收率；不足是人力耗费大，难以适应大范围调查的需要。

(4)实施预查。实施预查可以发现问卷的矛盾和缺点,特别应注意的是,要确定问题是否说明清楚,以及所要问的问题是否业已齐全。实施预查时,只随意抽出 20~30 位应答者便足够了。

5. 文献法

这是一种通过对各种文件档案的收集和分析来获取调查资料的方法。文献法的信息渠道主要有:第一,文字渠道,如报刊、杂志、书籍、档案、政府文件、企业资料、日记书信等;第二,数字渠道,如统计报表、会计报表、各类年鉴等;第三,音像渠道,如影视制品、图片、绘画、雕塑、磁带、唱片、光盘等;第四,网络渠道,如局域网、国际互联网等。文献法比较适合于综合性调查项目,调查结论有着较强的理论氛围。

公共关系的调查方法很多,它们各有所长,也各有所短,在具体的实践中,可根据公共关系活动的需要,单独选择一种,也可综合使用多种方法(如先用文献法,再用问卷法),以最经济的方式,获得最充分的信息,为公关决策提供有力依据。

第二节　公共关系策划

策划,即策略的谋划,是人们为取得未来的成功而进行谋划的活动。公关策划就是公关人员根据组织的现状和目标要求,通过调查、分析和谋划,设计最佳行动方案的过程。人们常将公关策划形容为"点石成金"的魔杖。

一、公关策划的特点

公关策划不是单纯的想点子,而是一种有着鲜明的谋略性、超前性、创新性和系统性特征的智力活动。

1. 谋略性。公关策划的谋略性即策划活动中讲究时、势、度,把握机遇,以智取胜。1990 年北京亚运会,健力宝集团抓住时机,果断策划了亚运火炬接力的独家赞助活动，当时有一美国公司以10倍价钱竞标，健力宝集团以“在中国举办的亚运会，火炬上贴的应是中国公司的商标”为理由说服筹委会，从而使“健力宝”中标。如果没有智谋，单以出价竞标，健力宝断定会失败。健力宝集团抓住亚运时机，利用民族优势，成功地塑造了健力宝品牌形象。

2. 超前性。公关策划是为了开展高水平的公关活动，其超前性，反映在为塑造组织形象、推销品牌而主动谋划的全部过程中。任何公关策划活动，如同弈棋，不是走一步看一步，而必须事先作充分的准备，周密部署，未雨绸缪。柯达公司推出傻瓜照相机时，没有被动地等待公众来接受产品，而是在产品投入市场之前就进行相机市场调查，收集有关信息，进行综合分析，接着有针对性地策划品牌推广活动：宣称“所有厂家均可免费仿造柯达傻瓜照相机”；组织市民参加摄影大赛；组织专家举办摄影知识讲座……活动。经电视台、报纸报道后，“柯达傻瓜照相机”这一品牌声誉传遍全球各地，不但为傻瓜照相打开市场铺通了道路，而且为后续的彩色胶卷埋下了大伏笔。

3. 创新性。美国杰出的石油地质学家华莱士·普拉特在《找油的哲学》中写道：“真正找到石油的地方是在人们的脑海里。”公关策划是科学和艺术的统一，要求有新颖独到的创新思维和科学的操作规划。当年成群的新西兰人走在街上，突然从天空中掉下成百上千只手表，欣喜的新西兰人拾起一看，手表丝毫无损，秒针一如既往铮铮有声地跳跃前进。仔细一看，是“西铁城”牌手表。从此西铁城表耐损防震性能迅速被世人熟知。这就是西铁城创造的魅力。

4. 系统性。公关策划是智力型的头脑工程，是在系统思维科学指导下的复杂理性行为。虽然公关策划的内容丰富多样，形式千差万别，作用各不相同，但它们必须服从组织的战略规划，服从全局需要。而不能仅满足于获得零星的、孤立的公关效益。

公关策划是一项“系统工程”，高层次、亚层次、表层次活动之间应相互协调，互补发展，并且按照一定的程序展开，承前启后，环环相扣，不能只是一次灵感突发的“点子”。如北京长城饭店为全方位塑造饭店形象，策划出“宾馆满意系统方案”，以“长城饭店小事不小”为主题，把饭店所有环节的工作联结起来，以优质服务和优质公关工作来弥补时空变化带来的问题，达到宾至如归的总体效果。如果不讲究系统性，只让专题性公关活动来制造轰动效应，其结果可能就是知名度高而美誉度低。

二、公关策划的意义

作为现代社会组织成就“功名”的一种积极活动，策划被喻为“点石成金的魔杖”是有充分根据的。公关策划对于塑造和强化组织形象具有重要意义，具体表现为如下几个方面：

（一）强化组织形象目标

公关策划强调明确的目标意识，能把组织形象的完善和形象地位的提高具体化、数量化，发挥组织的特长，促进组织目标的实现。上海公交公司为改善组织形象，策划了以“优质服务、满意效果”为目标的系列公关活动，以“公交职工为上海大变样作贡献”为主题，成立路访小组，开展评选“百名文明安全驾驶员，百名优质文明乘务员，车辆规范服务车组”活动，强化检修工作，使广大市民由埋怨公交到理解公交，圆满实现了改善组织形象的目标。

（二）完善组织计划

公关策划实际上是公共关系的一种战略构思行为，是组织战略构思发展规划的核心。公关策划的计划、方案必须建立在科学预测的基础上，既考虑到近期形象目标的要求，又要考虑到远期形象目标要求，对不同时期、不同类型的公关活动，在时间、空间、人、财、物，方法、技巧、途径等方面都需作出通盘的安排和详尽的计划。使涉及不同部门的组织形象塑造工作能全面、有序地进行。

柯达公司通过精心策划，制定推出新产品的公关传播计划，具体内容有：

第一，了解制定新产品开发计划及其已确定的开发项目和开发目标；

第二，向顾客宣传新产品的适用性及其为顾客带来的益处，并介绍其易掌握性等特点；

第三，说服供应商和批发商，新产品具有很高的推广价值，可以给他们带来大量生意；

第四，向金融界宣传新产品的价值及企业的经营前景；

第五，经常向员工介绍新产品的利用前景和可能给企业带来的经济效果，使他们感到自己是一支富有热情和战斗力的保险队伍成员；

第六，在安全性分析方面，以及其他方面创造良好的公共舆论，提高柯达胶卷和照相设备的知名度；

第七，在广泛的范围内，利用各种手段向公众介绍柯达胶卷及照相设备在世界的销售情况，进一步促进广大消费者接受"柯达"。

柯达公司以此作为行动准则，通过一项项具体活动使推广柯达产品，宣传柯达形象的目标得到贯彻落实。

(三)提高组织效率

有远见的决策者，总是善于抓住一切机遇，向公众树立蓬勃向上、令人信赖的组织形象，从而取得公众的好感与信任，提高组织的竞争能力。任何一个组织在塑造形象的过程中，都需要运用公关策划的工作艺术，以鲜明的时代主题、创新的内容、独特的形式、奇妙的手段，表现组织观念，强化公众对组织的印象，增强组织形象管理的有效性。

王府井百货大楼为展现其全心全意为顾客服务的企业宗旨，从而在消费者中树立良好的企业形象，在大楼广场精心策划，塑了一座售货员的形象，底座镌刻陈云同志的题词"'一团火'精神光耀神州”，背面刻着：全国劳动模范、王府井百货大楼售货员张秉贵同志。张秉贵是被顾客称道“胸中一团火，温暖顾客心”的全国知名人物，王府井百货大楼以张秉贵精神为企业宗旨，成功地塑造了一个商场“顾客至上”的企业形象。

三、公关策划的原则

公关目标是公共关系活动所要达到的预定结果，公关行动方案是根据目标所设定的活动步骤。目标与方案确立的合理与否，关系到整个公共关系活动的成败。为了确保策划的科学性与可行性，公关策划必须遵循以下原则：

(一)公众至上原则

对公共关系活动来说，“公众”永远是上帝，公众利益是压倒一切的。因为公共关系的根本目的是通过有效的信息传播，实现组织与公众之间的双向沟通，使公众对组织产生“良好的印象”，进而为组织的生存发展创造有利的内外环境。这种“良好的印象”，只能建立在对公众利益积极维护的基础上。1999 年夏天，有位老太太在上海徐家汇某著名商厦购买新飞电冰箱时，货款被一骗子骗走，远在河南新乡的新飞冰箱生产厂家得知消息后，由总经理带队，立即空运一台最新型号的新飞无氟绿色冰箱“千里送冷”至老太太家里，老太太全家感激不尽。《新民晚报》对此作了报道，上海人对“新飞”厂家也口碑相颂，新飞冰箱在上海市场的销售很快看涨。

对公众利益的积极维护，不仅表现在对公众物质利益的主动捍卫上，也表现在对公众精神需求的满足上。1997 年 4 月，美国西北航空公司的一位空姐，在接受中国乘客机上用餐询问时，态度极不友好，并反问“难道你们中国人总这样饥饿吗？”致使乘客极为不满，这位中国乘客及时向机长投诉，没有得到合理解决后又向西南航空公司投诉，公司允诺提供免费机票一张作赔偿，中国乘客不同意,认为美国空姐伤害的不止一位中国乘客,而是所有的中国同胞,因此美国公司应向全体中国人赔礼道歉。事发半年后,西北航空公司总裁亲赴中国大陆专事处理,仍未取得圆满结果。美国航空公司在中国的形象因而大受影响。

(二)尊重事实原则

公共关系之父艾维·李倡导的"说真话,讲实情"、"公众必须被告知"原则,是公共关系活动的一条最基本的准则。公众作为公关活动的诉求对象,有权力知晓与其正当利益相关的组织信息。任何社会组织都不能隐瞒事实真相,更不能弄虚作假,欺骗公众。1986年,前苏联切尔诺贝利核电站发生核泄漏,新闻媒介在事故发生3天后才对外发表正式消息,此前各方猜测不断,人心惶惶,西方国家对之纷纷责难,影响极坏。前苏联政府不仅因为核泄漏蒙受了重大损失,其国际形象也受到了严重损伤。1988年澳大利亚墨尔本11届公关世界联盟大会上,一位前苏联教授作了题为《切尔诺贝利核电站事故以来的两年》的报告,报告中他沉痛地总结了切尔诺贝利的教训——违背了尊重客观事实的原则,事发后公布消息过晚,致使人们产生"前苏联政府是不顾公民死活的政府"的坏印象。"切尔诺贝利"已成为过去,但忽视"公众必须被告知实情"的公关行为仍不鲜见,有的组织甚至借公关做幌子,混淆视听,欺瞒公众,其结果是骗得了一时,骗不了一世。骗人者最终都脱不了以害己而告终的下场。

(三)灵活适用原则

公关活动设计是根据组织形象的现状和目标要求,设计最佳行动方案的过程。而组织形象现状是由一系列变量组成的复合体,成本有升降,技术会反复,人难免有闪失,公众偏好不稳定……即使成本、技术、人员、偏好因素不发生变化,组织自身也可能因时过境迁而调整目标。这就要求在进行公关活动设计时,既要制定明确的活动流程,又要充分考虑各种变化的可能,给计划留出一定的伸缩空间,以备适时调整。如企业周年纪念要借助“名人效应”来扩大影响,设计方案时就要考虑所邀请名人的具体名单,与名人联系的方法,接送名人的交通工具,名人届时生病或其它原因不能出席怎么办,交通工具出现 故障如何解决,名人列席后若有对组织形象不利的言行时怎样处理等方方面面的情况,只有通盘考虑可能出现的各种情况,才能使制作出来的公关活动计划具有较强的灵活应变性。

所谓适用,即公关活动设计要符合组织实际,既不过高过大,超出组织实际能力,又不过偏过窄,浪费有限资源。陕西省西安环保锅炉公司在这方面有许多值得借鉴的经验,该公司实施的公关活动别开生面,颇具特色,花钱不多,收效甚高。其主要做法如下:

服务项目:公司雇用两名工人,专门给所有来公司访问的客人擦自行车;在公司门口放着气筒,给过路人免费充气;给居住在公司附近的居民义务修理电灯、接电线以及修理家用电器;给公司所在地的值勤民警冬天供热茶水,夏天供汽水等。

宣传项目:向所有在西安召开与之相关的全国会议,奉送该公司的印刷资料与通讯录,给有关专家、学者免费印名片,名片的背面印上公司的标志与地址。

社会交际活动:协助有关部门接待名人来访(如曾负责接待台北学者柏杨夫妇);为省、市举办的重要大型活动拍照、摄像;争取参与各种会议,借机拜会社会名流,扩大公司影响。

赞助项目:除了赞助大型公关活动以外,还选择边远山区的小学教育作为长期赞助的目标,每年给那些山区教育局、小学赠送图书资料和学习用具,定期进行作文评奖活动,向特困学生提供生活费等。

正是通过这一系列实实在在的公关活动,西安环保锅炉公司成为了西安人家喻户晓、环保业无人不知的全国知名企业。

（四）连续与创新原则

良好的组织形象不是靠一两次成功的公关活动就能功德圆满、一劳永逸的。可口可乐经过一百多年的努力，今天它已成为美国精神的象征，与美国文化浑然融为一体，但可口可乐一刻也不敢放松形象塑造这根弦。可以肯定地说，未来的组织，只要它期望在历史舞台上存在多久，就必须坚持不懈地开展多久的公共关系活动。因此，一项完善的公关活动设计，不仅要考虑一次活动的前因后果，还要关注该次活动在组织整体发展链条上的前衔后续问题，把公关活动的阶段性和连续性有机地统一起来。与此同时，公关活动要取得预期的效果，还必须根据内外条件的变化，在内容和形式上不断创新，使每一次活动都成为自己过去的超越，永不停步地刷新记录。

四、公关策划的步骤

公关策划是公关人员通过调查研究和综合分析，确立公关目标，制定公共关系活动方案与战略的过程。按目前国内通行的做法，公共关系策划分两个阶段，七个步骤（见下页图）。策划的第一阶段为准备阶段，分形象分析和目标确立两个步骤。第二阶段为实际策划阶段，分主题设计、公众分析、媒介选则、经费预算和方案论证五个步骤。

（一）准备阶段

公共关系策划之前，首先应把握情况，做好调查分析，对搜集的材料、信息进行研究，为策划工作作充分的准备。准备阶段的工作可分为形象分析和目标确立两个步骤来进行。

1. 形象分析

这一步骤实际上是公关人员对策划所依据的调查材料进行一次整理，从中找出有价值的信息汇总分析，先确认调查材料的真实与可靠性，然后针对组织形象现状及原因，寻找其实际形象与应有形象、期望形象之间的差距和相关问题，将问题按轻重缓急排队，理出头绪。如某公司通过调查发现它在公众中的知名度并未达到期望指标，因此这个公司公关部门面临的问题是找出组织自我期望的知名度与实际的社会知名度之间的差距，并想办法采取有效的公关措施来弥补，没有这步工作，最后的策划也会因缺少对现状科学的认识而失败。

2．目标确立

确立目标就是在调查分析确认问题的基础上建立公共关系目标系统。公共关系目标系统可以从不同的角度进行分类。

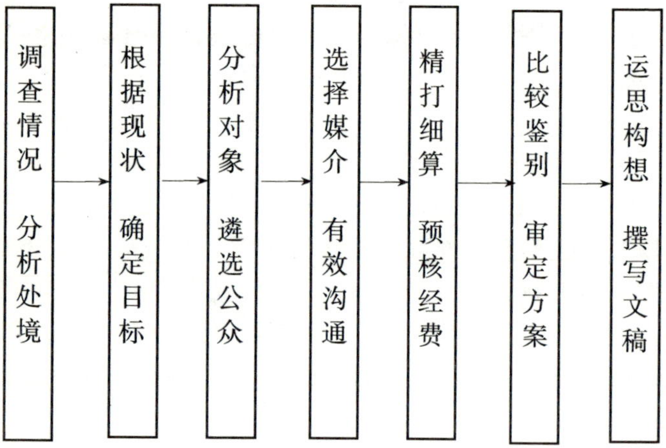

从时间上可分为长期目标、中期目标和短期目标；从规模上可分为战略目标和战术目标；从目的上可分为传播信息目标、沟通感情目标、改变态度目标、引起行为目标等；从作用形式可分为进攻型目标、防守型目标；从性质上可分为一般目标和特殊目标。

公共关系目标的确立，应符合四个要求：

一是确定性。即目标含义明确、清楚单一、没有歧义或多种理解，直观性强。

二是具体性。即目标可操作性强，可以数量化。如“改善商场形象，在本省使知名度提高 20%”。比笼统一句“提高知名度”要具体得多。

三是系统性。即阶段目标、局部目标、短期目标等具体目标必须与整体目标、综合目标、长远目标达成高度一致，具有内在的统一性。

四是可行性。即目标的提出要切合现实，不能太高，也不能太低，在客观条件限制下经过努力可以达到，而且条件变化时能灵活应变，留有充分的余地而不影响总体目标的实现。

（二）实际策划阶段

准备工作就绪以后便可进入实质性策划阶段。

1．主题设计

公共关系活动的主题是整个活动的灵魂，是对公共关系内容的高度概括。它提纲挈领，是公共关系宣传的重点。主题设计的是否精彩、恰当，对公共关系活动的成效影响很大。如某大学公关专业学生策划种植“公关树”活动。活动设计了“以人喻树，塑高尚正直的品质，用树比人，学勤奋向上精神”的主题，培植了一行挺拔伟岸的翠柏作为专业的纪念树，使同学们受到教育，同时也引起传媒关注。

2．公众分析

确定公众一般分两步走。先是鉴别公众的权利要求。其次是对公众对象的各种权利求进行概括和分析，找出哪些是公众的共性要求，哪些是公众的特殊要求，哪些与组织信念与发展目标相符，哪些相悖，以便分出轻重缓急，区别对待，谋求组织与公众利益的共同发展。

3．媒介选择

传播媒介多种多样，各有所长，恰当选择媒介才能事半功倍，成效显著。媒介选择应该慎重,基本要求有四个。

(1)与活动目标相适应。如组织活动目标是提高知名度,则可选择大众传播媒介,如是协调主雇关系则通过群体传播、人际传播,以对话、交谈等方式加以解决。

(2)与传播内容相一致。每种传播媒体都有鲜明的特点和一定的适用范围,而且优缺点都很明显。如广播覆盖面广、传播速度快但持久性差。电视传播生动逼真能引人入胜,但时空限制性强。所以内容简单的快讯可选择广播媒介,形象生动的内容可选择电视媒介。复杂、抽象内容可组选报刊等多重媒介。

(3)适用于公众对象。如对出租车司机可采用广播,对教师采用报刊,对儿童采用电视。根据公众对象的职业、年龄、受教育程度、生活方式以及常用接收信息的习惯,使用不同的传播媒介,使信息有效地传递给目标公众。

(4)与组织经济条件相符。成功的公共关系策划应"看菜吃饭,量体裁衣",选择适当的媒介与方式,争取以最小的支出取得最好的效果。

4. 经费预算

经费预算是确保公关活动顺利实施的必不可少的物质条件,一般包括行政开支和项目开支两部分。行政开支主要有工资、房租、水电、办公用品、通信费用、管理费用等;项目开支是该项公关活动单列的支出,如调研费用、咨询费用、广告费用、招待费用、赞助费等。公关活动经费额度的确立,可根据活动目标和内容的需要来确定(这种预算方法为目标先导法),也可先限定可支付总额,再据此安排公关活动的规模(此法称为总额限制法)。下面是某企业公关部的一份公关活动经费预算表:

劳动工资:公关策划部经理、职员、杂志编辑、摄影师、秘书等
………………………………………………………………… 元

行政费:房租、水电、照相、取暖、电话等…………………… 元

保险费：对汽车、设备、外出旅游、退休金以及医疗等所设的保险 ……………………………………………… 元

接待采访费：物品支出、招待费、租赁费 ………………… 元

内办杂志费用：编辑费、设计费、摄影费、美工费、印刷费、发行 ……………………………………………… 元

对外杂志：同上 ………………………………………… 元

幻灯放映费用：处理费、脚本费、摄影费、音乐费、解说员支出、制作费、洗印费、发行费、维修费 …………………… 元

纪录片处理脚本、演员、音乐、摄影、编辑、印刷、发行、维修、内容提要的支出 …………………………………… 元

新闻稿：调研、撰写、复印、编辑、邮寄发行 …………… 元

特写文章：调研与编辑协商、撰写、复印支出 …………… 元

报刊剪辑：手续费、补贴(制作标本)、复印分发服务 ……… 元

信息服务：信息输导、信息扩散、培训设施 …………… 元

电台录音：采访费、复制费、脚本支出 ………………… 元

电视道具：提供给电视台的产品、样品以供试用 ………… 元

印刷文献：散页印刷品、文件类、小册子、墙上挂图、日历、报告、公司简历 ……………………………………… 元

赞助：奖品、奖金、奖学金等 …………………………… 元

贸易会议：物品支出、膳食支出、住宿支出 …………… 元

研讨会：物品租赁费用，各项开支，差旅费 …………… 元

摄影：摄影、放大费、洗印、装潢费、带明信片的信封 ……… 元

设施参观：交通、供应、迎接、出版信息、材料、用工费及其他费用 ……………………………………………… 元

展览：(搬迁、预展)陈列镶板、放大、模特(机制的或人)等 ……………………………………………………… 元

车辆：轿车、货车 ……………………………………… 元

文具：信笺、稿纸、照相纸、信封和其他一般文具 ………… 元

通讯：电话、传真、互联网查询、电子邮件 …………………… 元

旅差费：津贴、伙食费、旅馆费…………………………… 元

招待会：场地租金、食品、饮品…………………………… 元

应急费用：（按 10%计） ………………………………… 元

合计 ………………………………………………………… 元

5. 方案审定

公关活动设计通常要求同时设计 2～3 种思路各异的方案，因此得对之加以比较鉴别，通过考察各方案的目标设计、操作过程及经费预算情况，择优而从。如果只设计一套方案，则必须对之进行完善，使活动设计具有可行性、可控性和高效性。

（1）优化方案。根据既定目标，从各种可供选择的行动方案中进行择优。择优的方法有重点法、反向增益法、优点综合法等。优化过程中应尽可能考虑各个方案的成本效益比，以最小成本获得最佳效益，同时预测环境背景的变化，增加策划方案的弹性，提高策划的抗风险能力。

（2）论证分析。其主要内容有：第一，可行性分析即评价不同的行动方案在人力、物力、财力和内外条件约束下是否可行、合理。第二，目标系统的限制性因素和潜在问题的分析。

（3）预期效果综合评价。即对公共效益、生态效益和社会效益的评价。

（4）风险预测。即对潜在问题进行分析，预测一方案在实施时可能遇到的风险和可能带来的负面效应。

（三）撰写策划书

公共关系论证后，必须形成书面报告——策划书。策划书的写作应简明扼要地说明背景，引人入胜地描绘策划主题，详细描述整体形象，严谨科学地说明预算，尽量条款化和图表化。

一份完整的公共关系策划书应包括以下 10 个方面内容：

1. 封面。注明策划的形式与名称、策划的主体（公司或部

门)、策划日期、文件编号。此外,还可加上简短新颖的内文说明。

2. 序文。扼要说明策划背景,概括提炼策划书的要点,篇幅不宜超过400字。

3. 目录。提纲挈领地将策划内容列出,体现策划精髓,给人一目了然之感。

4. 宗旨。说明策划的重要性、活动目标、社会意义、操作实施的可能性,展示策划的合理性和必要性。

5. 内容。这是策划书的主体,说明策划项目的具体内容,但切忌拖沓冗长,而要求一目了然,层次分明,逻辑性强。

6. 预算。按方案目标系统,列出开支细目,计算所需经费。

7. 策划进度表。即策划活动全部实施过程的时间安排表。标明各时间段的实施内容,使活动进展清楚明朗。

8. 人员目标责任分配表。为避免责任不清权力交叉造成混乱,相关人员的责、权、利应明确,每项目标、任务应由专人负责,并据目标管理原则,细列成表。

9. 策划所需物资及活动场地安排。何时何地提供何种物资以及场地布置的规格必须事先周密安排,并逐项落实。

10. 附件。指与策划相关的资料。一般包括有关的背景材料,前期调查结果、类似项目及竞争对手情况等,为策划的参与者和审查者提供决策参考。

下面是著名策划人王志纲为的昆明世博会所作的一项策划,供参考。

万绿之宗　彩云之南

——昆明世博会理念策划案例

中国区域经济的发展从改革开放前的计划、指令性经济、区域政策倾斜、允许部分地区优先发展,到现在,已进入了一个群雄逐鹿,各展其长的时代。谁能在百舸争流中脱颖而出,抢占先机,谁就将掌握21世纪竞争的主动权。这是大大小小的区域首脑们共同面对的世纪命题。如何发挥本地区优势,利用某个时机推动地区经济发展,是地方政府最关心的事情。完全依靠地方政府决策的时代已经过去,许多地方的政府逐渐认识到:借助外脑往往可以改换思路,获得意想不到的收获。由著名策划人王志纲参与策划的昆明世博会策划案例就是政府利用外脑进行理念策划的成功案例,“他山之石,可以攻玉”,本策划许多思路不仅对许多地方政府有所帮助,对企业经营也很有启发,如“把云南送出去,把世界请进来”等思路,其实可以延伸到许多企业的经营理念中去。

一、项目背景

1996年底,云南省负责人亲赴巴黎扛回了举办世博会的大旗。最初云南省政府只是把这次大会作为提高云南省知名度的活动来看待。等到筹备工作正式开始后不久,世博局发现此事远非想像的那么简单:不仅会期长(共184天),投资巨大,资金短缺,时间紧迫,经验匮乏,而且只能成功,不能失败,绝无退路。如此庞大的项目,指望用边设计、边施工、边修改的传统方式运作,运作将会非常困难。对于如何把主办一个会议当作一个项目来经营心中没底,担心单靠云南省烟草的财力很难支撑,搞不好此会将成为一个填钱的“无底洞”,成为全省人民的沉重包袱。

1997年7月,为了以超常思路办好世博会,云南省政府邀请王志纲工作室作为世博局聘请的经营及形象策划顾问介入世博会。1997年8月,工作室项目组成员和旅游、金融专家抵达昆明,开始实地考察工作。

二、项目分析

在世博会的历史上,主办地大多是发达国家中经济实力雄厚的中心城市,而我国第一次主办世博会,主会场就放在偏远的内陆城市昆明。如果仅仅是为办世博会而办世博会,这对于经济落后、综合经济实力较弱的云南省来说,将是一个沉重的负担。但办好20世纪最后一届世博会是中国政府向全世界作出的庄严承诺,是一项不容推脱的政治任务。

云南作为烟草大省有一定的财政积累,基础设施,尤其是机场的建设在西部地区也是比较领先的,但随着烟草行业的日渐势衰,沿海诸省的迅猛发展,差距的不断拉大,也面临着危机和挑战。所以,主办世博会这样一个世界级的活动,可以说是天赐良机。从天时来说,云南经过改革开放以来20年的发展,正好到了产业升级换代、二次创业的关键时期,正处于“丑小鸭变成白天鹅”的前夜;从地利来讲,更具有先天的优势,云南拥有世界上独一无二的自然地理条件,巨大的生物资源宝库、丰富多彩的少数民族风情。这些潜在的生物资源和旅游资源具有极大的开发价值;人和,世博会正是一次超级的聚集人气的机会。

三、项目诊断

通过对云南世博会各方面情况更深入的了解和分析,王志纲工作室认为:首先要搞清云南“为什么要承办世博会”的问题。这个问题貌似简单,其实奥妙无穷。如果按政府主办、包办的思路和传统的做法,以场馆建设和招展宣传为主,以财政出钱、企业赞助、社会捐款、政府花钱办会的纯政府行为来办世博会,按目前场馆建设、招商宣传、招商经营各自为政,“铁路警察各管一段”的做法,虽然最终可以办完世博会,但可能因没有充分利用世博会所创造的各种难得的机会,很有可能达不到理想的效果。

为办世博会而办世博会的做法只是一种短期的政府行为,没有充分考虑到各种利益主体的利益要求,不是各利益主体自愿的投资行为。因此,这种方式所能汇聚的能量不仅是极其有限的,同时也无法带动世博会的经济运作,因而也就无法获得可能由世博会本身所形成的有形和无形资产带来的巨大收益。

在过去的20年里，云南虽然创造了经济高速发展的辉煌成就，也有在短短300天里成功举办昆交会的奇迹，但决不能轻率地认为只要拿到了世博会的举办权，只要在500天建好场馆，就能成功举办世博会、就能够带动云南经济和社会的发展。如果按原有的思路走下去，即使大家竭尽全力，也只可能是门票多卖一些，人多来一点，而无法从“质”上发生转变与突破，扭转经营上的被动局面。最终很可能使云南财政负担加重、各级负责人劳而无功、老百姓也会很不满意。因此，简单地完成办世博会的任务，决不是云南所期望的结果。

对云南来说，承办中国'99昆明世界园艺博览会的意义，不单是关系到一个边疆省份能否代表国家成功举办一次国际性活动的问题，而是在于能否通过科学的策划整合云南省及国际、国内的各种相关资源要素，把世博园作为一个超级支点，把长达上百天的世博会作为杠杆，以全新的思路和绝妙的经营手法，撬动起云南这个经济板块。在展示云南全新形象的同时，促成它的经济转型和升级，从而为中国中西部地区的发展闯出一条令人耳目一新的、超常规发展道路来。

四、策略设计

把一个单纯的园艺博览会活动升华为一种撬动区域经济板块腾飞的产业化模式。

把一个政治任务式的园艺博览会变成云南省调整产业结构的契机(从以烟草等为主导，转变为以绿色产业、旅游产业为主导)；

把世博会培植成新的主导产业的超级“招商会”，实现“把云南送出去，把世界请进来”的目标，使云南省提前跨入新时代。

经营要想取得成功有赖于前期的准确定位，只有在这个前提下，才能有效地启动、营造、拓展、引导市场。因此，会前的市场启动工作,要宣传先行。面对云南省现有的各种资源状况及我国传统的宣传机制,用常规的思路来作宣传不可能带来令人满意的效果——托起云南。这首先是因为,浅土难生深根大树,单靠云南自身的力量来搞宣传将会力不从心;其次,传统的新闻机制、办事作风,都会极大地局限宣传效果,从而达不到预期目标。

要实施"反弹琵琶",送出云南,请回中国和世界的宣传策略。"进军北京",举办'98 金秋北京"云南月"——世博会国庆进京献礼预展。伴随预展,可使广大消费群体对世博会由未知到感知、到认识,产生强烈的参与冲动,从而有效地唤醒目标市场,扩大世博会影响,进而可以掀起云南各地区旅游资源的联动效应,同时又为开展有效的公关、宣传活动创造了舞台。

场馆建设,要从大经营的思路出发,合理规划,埋好预留管线,更要储备充足的土地,为后续的扩展和大规模开发作好准备;要实现效益延伸,应以世博会为依托成立世博集团,统筹经营世博会。可以延伸发展成为以绿色产业、旅游业、会展业为主的多元化企业集团。

"世博集团"应是总公司、控股公司的概念,并以绿色、旅游、会展产业为重点,吸收国内外的投资者,特别是港澳台企业、金融机构以及国内上市公司,联合组建相关产业的股份公司,并取得政府的支持,列入股份制改革的试点。

以世博会的场馆为基础,建设"昆明绿色产业交易市场",使之成为永不落幕的绿色产业(包括花卉、药材、园艺等)的展销会;以市场为龙头,整合绿色产业的相关资源,形成种植、加工、销售的完整体系,使世博集团成为云南"18 工程"的领头雁。

五、理念创新

世博会作为云南的一篇大文章、大项目,做过以后应该有无形资产沉淀下来,延伸开去。也就是说,从一开始就要围绕办会的宗旨提出一个鲜明的理念,并浓缩成一句口号,向全中国乃至全世界宣扬云南的全新定位和形象,使其随着世博会声名远扬并沉淀下来。

为此,在世博会原有主题:“人与自然”的基础上,王志纲提出了向世界展示云南形象的核心理念——“万绿之宗,彩云之南”。既体现了人与自然的神韵,更突出了云南的特色和特有的文化底蕴,同时明确了云南绿色产业、旅游产业新的产业定位,并给人留下无限遐想和延伸的空间。这个理念已被众多媒体作为宣传的主题,世博会亦将之作为对世界进行宣传的形象口号。更有精明的公司把它抢注为公司的商标。随着世博会的举行,作为一个旅游大省的实力和形象已被国内外所认同。上述定位的理念亦在潜移默化中沉淀为云南的无形资产和金字招牌。

六、运作成效

1997 年 10 月 14 日,提交策划报告时,王志纲和项目组成员与负责此项目的省领导进行了深层次的探讨。

1997 年 10 月 27 日,中共云南省委办公厅发文将省委书记令狐安同志 10 月 16 日就世博局策划组顾问王志纲《万绿之宗、彩云之南——99 昆明世博会策划报告》的批示印发全省各有关部门和领导。云南省委书记令狐安对策划报告的批示如下:“基本构思可行,以世博会的筹备为契机,把全省动员起来,在整个云南开展塑造形象工程的活动。”

世博会已成功闭幕,这次盛会不仅在政治和经济上获得空前成功,更为重要的是,由于思路清晰,准备得当,利用此次契机,实现了把新云南、新昆明送进世界视野的目的,并极大促进了云南产业的升级换代。世博会策划的意义还在于,它为正在探索经济腾飞之道的中西部各省市提供了宝贵的经验和启示。

第八章　公共关系运作程序(下)

公共关系活动,是一个以调查为起点、策划为龙头、实施为核心、评估作收笔的序列化动态连续过程。如果说调查和策划是从现实到理想的飞跃的话,那么实施和评估则是把理想变成现实的转型。

第一节　公共关系实施

公共关系实施即公关策划方案经审定后,由组织的相关成员将方案所确定的目标和内容付诸实践的具体过程,这是公关工作的实质性阶段。如果缺乏这一过程,再好的策划也无助于组织形象的改善。

一、公关实施的特点

公关策划的实施状况,决定了公关目标实现的范围和程度,有效地实施推进,可以圆满地完成行动方案中确定的任务,甚至还可以由实施人员创造性的努力来弥补方案的不足。为了确保公关策划方案的顺利实施,我们有必要了解实施过程的基本特点。

1. 过程的动态性。一项公关方案,无论制定得多么周密,总免不了与实际情况存在这样那样的差异,加上随着时间的推移,环境的变化,实施过程中还会遇到新情况,这就要求我们适时调整实施方案、程序、方法和策略等,以适应复杂且多变的公关环境。

2. 实施者的创造性。也正是由于公关环境的复杂且多变,公关方案的实施决不是一个简单的照章办事的过程,实施人员应根据整个方案的目标和原则，充分发挥主观能动性和创造性，对公关方案计划进行不断地丰富和再创造。

3. 影响的广泛性。公关方案的实施会对组织甚至社会产生广泛的影响。一方面，方案实施会对众多的目标公众产生深刻的影响，成功的实施，常常会使社会组织的异己力量变为自己的合作者和支持者；另一方面，公关实施有时会对整个社会的文化、习俗产生深刻的影响。如德国“金龟子”车成功“登陆”美国，改变了美国汽车消费者多年来喜好车体阔、大、长的消费习惯。

二、公关实施的原则

为确保公关方案实施的高效性，公关实施者应遵循以下原则。

（一）目标导向原则

所谓目标导向，指的是在公共关系方案实施过程中，要以目标为行为导向，对整个实施过程进行引导和制约，保证公共关系活动不偏离公共关系目标。

在具体的公关实践中，公关人员常常采用直线排列法和多线排列法，将所有公共关系行为和措施按先后顺序有规律地排列、组织起来，然后按要求加以实施。

直接排列法是按公共关系行动、措施的内在联系为先后顺序逐一排列出来，一步一步地向目标迈进的方法：

① → ② → ③ → ④ → ⑤ → 公关目标

多线排列法是将几个公共关系行动同时展开，共同向公关目标迈进的方法：

（二）整体推进原则

整体推进是在方案实施的过程中使工作所涉及的各个方面达

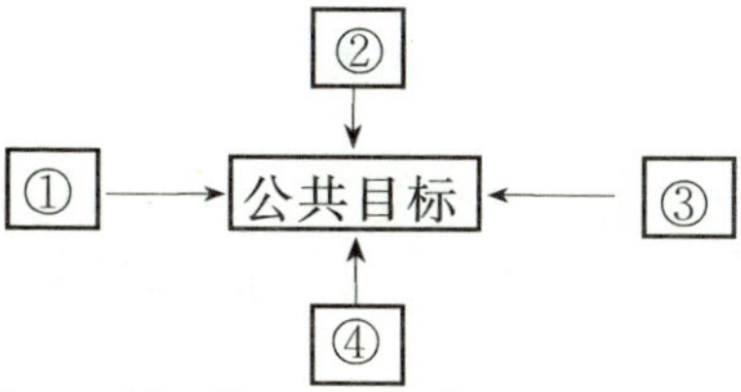

到和谐、合理、配合、互补、统一的状态。它强调的是各个环节、部门之间及实施主体与其公众之间相互配合，不发生矛盾或少发生矛盾。

整体推进可以采用网络图法进行，将公关目标及方案的各项工作绘制到推进工作的网络图上，网络图不仅包括各项工作的名称，而且还表明了它们的相互关系以及每项工作的起止时间、时差和整个公关方案的关键线路。根据网络图，实施者可知道各项工作之间的关系及轻重主次，从而进行整体的协调。

（三）进度控制原则

进度控制就是根据整个公共关系计划和目标的需要，按照一定的程序，掌握工作的进展速度，力争使方案中各项工作同步进行，以避免出现畸轻畸重问题。具体作法是在公关实施过程中，经常检查各方面的工作进度，及时发现超前或滞后的情况，全面协调公关进程，使各项活动平衡推进。美国的黛伯拉·斯旺森（Deborah Swanson）和普雷斯顿·麦克墨里（McMurrgy）发明的“雷达跟踪制度”（RADAR），就是典型的进度控制方法。

（四）反馈调整原则

由于公共关系方案实施的环境和目标公众的情况错综复杂、变化多端，因而，在实施过程中，必须不断地把实施结果与公关目标相对照，如有偏差，应及时作调整，然后把修订过的方案再付诸实施，并将实施结果与原定的目标相比较，以调整下一步方案和行动，直至目标实现。反馈调整是公共关系方案实施过程中必不可少的环节，只有在不断的反馈和调整中，公关实施才能臻于完善。

三、影响公关实施的主要因素

影响公共关系实施的因素很多,一般来说,主要有目标障碍、组织障碍、沟通障碍及意外干扰等几个方面

(一)目标障碍

目标障碍就是指公关目标拟定得不正确或不具体而给实施带来的种种困难。如某洗涤用品生产厂家在一项公关活动中,将其目标确定为"较大幅度地提升知名度和美誉度",由于"较大幅度地提升知名度和美誉度"这一目标不具体,缺乏必要的量化标准,给操作带来很多不利影响。

为排除目标障碍,我们在开展公关工作之前应从多方面检查公关目标,做到五看:

一看目标是否切合实际;

二看目标是否可衡量;

三看目标是否可控;

四看目标是否与组织的期望一致;

五看方案是否规定了目标的完成期限。

(二)组织障碍

组织障碍主要指由于公关活动主体的机能缺陷而给公关方案实施带来的种种困难。这些困难主要包括机构障碍和人员障碍两个方面:

1. 机构障碍,是由于组织层次不合理——机构臃肿或机构松散而造成的信息传递失真或传递速度减慢现象。

2. 人员障碍,是由于组织成员的能力缺陷或执行态度问题而使公关实践偏离公关目标的一种常见现象。

克服组织障碍的方法,关键是健全组织结构、合理配置中间环节,提高人员素质、增强团队战斗力,让公关实施有一个强健的机体和畅通的管道。

（三）沟通障碍

公共关系本质上是一种互动和循环的双向沟通过程，为了保证双向沟通渠道的畅通，公关人员应该排除沟通障碍，创造沟通条件。

阻碍双向沟通的不利因素很多，主要有公关方案的内容障碍和传播过程的软件障碍两方面。

1. 方案的内容障碍，集中表现在目标定位偏失、具体活动缺乏操作性、公众分析不周、媒介组合不当、经费预算不合理等方面。如杭州某饮料厂“六·一”儿童节在西湖举办大型娱乐活动，并通过媒介宣称活动参加者中有同堂四代生日都在六月一日的家庭，带身份证明可当场领取饮料厂提供的5万元赠金。不料活动现场一口气来了六个四代同堂的“六·一”寿星家庭，饮料厂大感意外，让6家人平分5万元赠金，寿星们则要求厂家兑现诺言，向每个家庭赠金5万元，双方争执不下，结果整个活动一败涂地，饮料厂事后很长时间都陷于处理“后事”的尴尬境地。饮料厂的失败“祸”起于方案设计中对公众情况调查不周全。排除方案障碍的根本途径是设计公关方案时严肃、认真、一丝不苟把好每一个环节。

2. 过程的软件障碍，即公关传播的隐含条件出现问题，如语言歧义、风俗差异、观念变化、心理障碍等。排除这类障碍的较好办法是尊重公众，接近公众，为公众利益着想。

（四）意外干扰

组织内外出现意外事件是在所难免的，这些事件极有可能对组织产生负面影响，有的甚至会危及组织的生存。当意外事件不幸降临，必须保持清醒的头脑，在公关实施中注意选择时机，客观陈述事件真相，并派专人联络媒介公众，确保对外宣传渠道畅通。

著名危机公关专家里杰斯特把制订公关应急方案看成是公关实施的关键，不仅要求制订一个周密的危机方案，还要针对发生意外事件时需采取的各项措施、通讯手段进行演练，才能争取主动，减少损失，化险为夷。他对此提出三条指导原则：

第一，采取积极态度；

第二，以实际行动维护企业的信誉和满足公众的期望；

第三，善于捕捉和运用意外事件中出现的良机。

加拿大 DOW 公司制订的危机沟通原则要点是：

首先，诚实第一，永远诚实；

其次，同情心，人道主义；

第三，公开化、坦率；

第四，日夜工作；

第五，有预见性，不被动应付。

可见，危机并不是不可战胜，面对复杂多变的现实，公关人员要有“雄鹰”一样的敏锐和远见，做到未雨绸缪，临危不乱。

四、公关实施与“全员 PR 管理”

善待公关，就是善待自己。公关的目的是塑造良好的组织形象。组织形象要靠人来体现，这些人不单是组织的公共关系工作人员，而是组织的全体员工。可以毫不夸张地说，组织员工的素质有多高，组织形象就有多高。员工不但要懂得自己的一言一行与组织形象的关系，而且还应当自觉地完善这种关系。为了实现这一目的，就需要对全体员工实行公共关系管理，即全员 PR 管理，使组织由被动公关到主动公关，由局部公关到全员公关，由自发走向自觉，真正进入“人人公关”的自由王国。

(一)全员 PR 管理的涵义

全员 PR 管理，是一种让全体员工都高度重视组织形象，使员工深刻认识到自己的一言一行都会对组织形象产生影响，并自觉地为维护组织形象尽心尽责的公共关系管理方法。其最大的特点是“人人公关”、“时时公关”、“处处公关”。在全员 PR 管理状态中，员工的个人形象是组织形象的重要组成部分，它们交融渗透，互为映衬。一定情境中，员工个人形象对组织形象还具有“少数”否定“多数”，甚至一票否决的威力。如在大型国际体育比赛中，某国个别运动员道德境界低，违规乱纪、出手伤人、辱骂裁判并且随地吐痰，那么受损的不仅仅是那位运动员的个人形象，其所在国的国家形象也要受到牵连，甚至连该次比赛的整体形象也会蒙上污点。从这个意义上说，全员 PR 管理也是一种“细微之处见精神”、“一滴水反映太阳的光辉”的事业，必须从最平凡处入手，往最深层次耕作，持之以恒，执著不移，将塑造良好组织形象的外在压力，转化为员工内在的心理需求。

北京燕丰商场的一位职工在乘坐公共汽车时，看到有位乘客提着印有“燕丰商场”字样的购物袋，就热情地把座位让给了那位乘客。那位乘客问道：“你不下车，我也不是老弱病残幼，为什么要给我让座呢？”燕丰的职工说：“你提着我们商场的购物袋，就是我们的顾客，即使不在商场里，我们也要为您提供方便。”这位乘客感动了，在场的乘客也感动了。燕丰商场的形象就这样通过职工你一砖我一瓦的建造，在名店林立的京城里颇有点名气了。

(二)全员 PR 的管理方法

全员 PR 管理的特点在“全员”，难点也在“全员”。公共关系要走向自由王国，就必须强化全体员工的公关意识，规范全体员工的公关行为。

1. 公关意识的强化，主要包括以下几方面内容：

(1)整体形象意识的培养。即通过教育引导，使组织成员时时想到自己是整体的组成部分，想到整体的利益和形象，以整体为重，肯作自我牺牲。有了整体形象意识，个体的言行才会趋于同整体形象的要求相统一，组织成员才能形成一种合力，在组织形象受到损害时挽救和维护组织形象。

(2)服务公众意识的强化。优质的服务是组织的“软黄金”，是组织参与市场竞争的重要资本。公共关系的实质是公众关系，良好公众关系的确立和维护，单靠公共关系工作人员是远远不够的。服务公众意识必须深化到组织每一位成员的内心。目前一些企业服务公众只停留在口号上，停留在公关人员单方面，许诺极为诚恳，兑现时不认帐，这种虚情假意，或可骗取公众的一时信任，但对组织形象的损害却是不可估量的。真诚服务公众，必须在组织所有行为中体现，在所有员工身上体现。

(3)传播沟通意识的培养。传播与沟通则是形象塑造的基本手段，组织要引导全体成员利用一切机会把组织的真实状况，如组织的目标、产品、服务、形象等告知公众，同时想尽一切办法了解公众的反应。有了强烈的传播意识，不仅组织全体成员会利用一切机会进行自我形象宣传，而且还会诱导社会和公众为组织作宣传。

(4)创新奉献意识的培养。没有创新，就意味着衰亡；没有奉献，就意味着冷漠。创新和奉献意识的培养，主要靠激励。美国商用机器公司在聘用经营人员时，要求他一年内犯一次“合理错误”，否则将被解聘。所谓“合理错误”，是指在工作中勇于开拓，敢于担负一定风险，犯一些非主观性原因出现的失误。公司认为，不敢犯错误，则意味着没有创造性和上进心，保守平庸，不可能有所建树。

(5)成就意识与危机意识的培养。能够做出卓越贡献的人，无不以自己从事的工作而骄傲，以自己所在的组织而自豪。一个组织如能使所有员工感到自豪，则说明这一组织是富有朝气和活力的。在现代社会，员工的成就意识就是组织的成就意识，“三菱”公司的一名普通职工，当他惟一的宝贝女儿带她的男朋友到家里做客时，他从三楼窗口看到未来的女婿开着尼桑汽车，连门都没开就拒之门外。女儿问老人为什么，老人回答说：“一个不爱三菱车的人，怎么会爱三菱人的女儿呢？”三菱老职工的事迹充分体现出老人以组织为家的成就意识。危机意识是组织公共关系的动力。有了这种忧患意识，即使在组织顺利发展时也会居安思危，谦虚谨慎；在遇到矛盾和危机时处变不惊，沉着应付。红豆集团就是通过

“末日”教育计划，强化员工的忧患意识，从而推动组织不断开拓前进的。

2. 规范全员公关行为

组织形象的传播依赖于语言，组织形象塑造则靠行为。百言不如一行，全员 PR 管理的最终目标体现在员工的行为上。员工行为的引导和规范，一般要经历解冻、消融、固化三个阶段。解冻，即引导员工破坏原有的价值标准与传统的处世习惯，接受新的行为方式。此时要把奖赏和处罚结合使用，增加公众改变行为的内驱力，减少抵制改变的遏制力，促使解冻加速。消融，即员工因激励而改变态度和行为，接受新的行为方式。此时要不断激发他们对新行为的认同与固化。固化即将员工新的行为方式固定为一个模式，并使之持久、巩固。此时必须对员工行为进行有效的定向强化与规范。

引导和规范员工行为可采取以下不同的方式：

(1) 思想教育。即以科学、正确的思想教育来指导员工、规范员工的日常行为。如通过礼仪教育，规范员工的行为举止；通过理论教育，提升员工行为追求。常见的情形有员工在小团体活动中发表感想、编辑 CI 新闻及导刊、举办征文比赛等。如日本松下公司每一个员工每隔一个月至少要在他所属的团体中进行十分钟的演讲，说明公司的精神、公司与社会的关系。

(2) 纪律约束。这与思想教育是相辅相成的。严明的组织纪律，分明的奖惩制度，对规范员工行为非常有效。一些企业为落实“顾客总是对的”这一理念，规定服务中不能讲“不对”，否则重罚，同时又设立“委屈奖”，奖励容忍无理顾客的员工。

(3) 道德规范。即通过信念来约束员工行为。职业道德是促进人们爱岗敬业的内在力量，职业道德的水平直接影响员工的工作绩效，只有良好的道德意识和道德规范，才能有效地约束员工的个人行为和组织行为。

(4) 经济调控。即用物质利益激发员工贯彻行为要求的积极性。心理学家赫茨伯格曾把企业中影响职工积极性的有关因素分为保健因素和激励因素。保健因素包括金钱、安全、工作条件、管理和公司政策等;激励因素包括工作本身、赏识、尊重、责任、提升和成就感。赫氏认为,保健因素不能激励人,只能维持现状。赫氏的观点虽然不尽科学,因为金钱、安全、公司政策等在一定条件下也可成为激励因素,但他把满足员工高层次的需要,看做激励的有效区间,是富有启发意义的。

(5) 心理调节。即通过员工自主心理调节,适应组织要求,在行为上积极、主动接受引导和规范。日本一家公司专设了员工"泄愤室",即员工气愤、不满时,可以到该室泄愤,室内共三间房,第一间安置"哈哈"镜,员工走进房内,就可在镜内看到变形放大的自己,模样可笑令人忍俊不禁。第二间有面弹力墙,室内有篮球,员工尽可以以球击墙,球往往迅速弹回,击中自己。这使员工悟出对抗和抵制反会使自己受伤害。第三间有管理秘书,能非常耐心听员工的任何牢骚和谩骂,不顺心的员工经此三间"泄愤室",都能心平气和地出来。

(6) 舆论引导。即依靠组织内部舆论的力量,对组织员工行为起约束和规范作用。

第二节　公共关系评估

公共关系经过调查、策划、实施……一路征战,到这里接近尾声了。但接近尾声不等于结束活动。我们时常发现有些组织的公关活动运作到此,便草草收场,这就好比有人辛苦地种茶、制茶、煮茶,待茶水热腾腾调理好后却弃之他去。而茶沏得好不好,下次是否如法炮制,少了围炉品鉴显然难有交待。对公共关系来说,调查、策划、实施是茶水从无到有的历炼过程,当然重要。但业绩测评也绝不是可有可无的节目，因为品茶不但能检验本次行动的成败，更重要的是指导下次怎样沏得更好。

一、公关评估的目的

公关评估的主要作用是提供关于既定公关工作的各种信息。对于这些信息，计划的制定者和实施者均抱有不同的期望和要求。公关计划的制定人员一般都希望得到关于计划整体效益的信息。它们包括：计划制定得是否正确合理，计划实施的程度、范围及效果怎样，计划实施的方法、程序是否需要调整或修正，计划实施所需的资金是否恰当等。

公关计划的实施人员希望知道，为了成功地达到战略目标，在既定的成本条件下，哪些实施策略、方法最为有效，计划实施的关键是什么，计划与实施中的哪些要素密切结合能得到最好效益，实施对哪些公众产生了影响、影响程度如何，哪些方法和技术可以有效地排除沟通中的各种不同的障碍，等等。总之，根据不同的需要、不同的着重点，提供不同的信息，就是公关效果评估的目的。或者说，公关效果评估的目的就是取得关于公关工作过程、工作效益和工作效率的信息，作为决定开展公关工作、改进公关工作和制定公关新计划的依据。

二、公关评估的意义

公共关系评估就是根据特定的标准，对公共关系调查、策划，实施及效果进行衡量、检查和评价，以判断其优劣。这是公关运作必不可少的环节，对公关全局有着重要意义。

(一)有利于总结经验教训

通过评估，可以发现公共关系活动的成绩与不足，优点与缺点，使组织能够总结经验，吸取教训，提出修正意见，从而为新的公共关系决策提供依据。

（二）是开展后续公关工作的必要前提

从公关工作的连续性来看，任何一项新的公关工作计划的制定与实施都不是孤立存在和产生的，它总是以原来的公关工作及其效果为背景的。公关人员制定新的公关工作计划，要对前一项公关工作从计划的制定到实施进行系统评估分析，即使是前后两项公关工作所要解决的问题各不相同。这是公关工作连续性的一种表现。

（三）是鼓舞和激励员工士气的重要形式

公关工作实施的效果本身往往表现为一个复杂的局面，既涉及到公众利益的满足，也涉及到公众利益的调整。一般来说，企业内部员工很难对它有全面深刻的了解和认识。所以，当一项公关计划实施之后，由有关人员将该项公关计划的目标、措施、实施的过程和效果向内部员工解释和说明，可以使他们认清本企业的利益和实现的途径，自觉将实现本企业的战略目标与自己的本职工作紧密地联系在一起，并变为一种行动。

（四）可以争取领导的支持

通过评估，可以使领导人看到公关工作的明显效果，从而使他们更加重视公关工作，积极地支持组织的各项公关活动，为组织创造良好的公关条件。

三、公关评估的依据

公关评估的依据主要有媒体情况、企业外部资料、企业内部资料几方面：

（一）传媒情况

通过观察新闻媒体对企业的报道情况，可以分析企业形象，测量出公关活动效果。分析评估的主要内容有：

1. 报道的数量。大众传播媒介报道的次数越多，篇幅越大，出现频率越高，引起公众注意和兴趣的程度就越高。

2. 报道的质量。大众传播媒介对企业公关工作的成就、经验、发展情况报道越多,效果越好,越有利于塑造组织的良好形象。

3. 媒介的影响力。一般来说,发行量大、覆盖面广、权威性强的新闻传播媒介,其影响力亦大,能提高公关活动效果。但公关主管在重视新闻媒介的发行量、覆盖面、权威性的同时,还应当重视是否面向目标公众。

4. 资料的使用方法。无论是正面报道还是反面报道,是全面报道还是摘要报道,是重要报道还是一般报道,是主要版面还是次要版面,是黄金时间还是一般时间,这些差别均会使报道的效果产生差异,从而影响到公关活动效果。

5. 报道的时机。新闻界报道的时机是否及时、适时,是否能配合企业的实际发展,也会影响企业公关活动的效果。

(二)内部资料

1. 公关人员从企业经营管理过程中观察出特定时期内公关目标达到的程度与效果。

2. 企业成员以亲身体验,从各不个同的角度,对公关活动的成效作出评价。

3. 业务人员及产品销售人员通过自己的经营销售活动,对公关工作的效果进行评价。

4. 股东对企业的公关活动的效果也会有较客观的评价。

5. 企业内部的各种资料,如资金平衡表、统计报表、财务活动分析以及公众的来信来访记录、企业各种会议记录等,都是检验与分析评价公关效果的重要资料。

(三)外部资料

1. 消费者与用户。对企业来说,消费者与用户是公关活动的主要对象,公关目标都直接、间接地与消费者和用户相联系,因此,消费者和用户的反映应是评估公关效果的重要资料。

2. 相关企业。企业在生产经营中有许多经营伙伴,如原料供应者、产品经销者等，他们与企业交往频繁，与企业的生产经营密切相关，并且与大批消费者和用户发生关系，相关企业的信息反馈是评估公关效果的重要资料。

3．主管部门。通过上级主管部门对企业行为的支持程度，反映出公关的社会效果。

4．社区公众。社区公众是企业的左邻右舍，企业与社区公众由于地域上的接近而关系密切，易相互了解，企业可从社区公众那里得到较快的反馈信息，这也是公关评估效果的重要资料。

四、公关评估方法

公关效果评估实际上是对整个公关活动过程的评估。它可以随着公关工作的进展，根据要求随时评估。在组织进行公关效果评估的时候，常用的方法主要有：

（一）民意测验法

民意测验法即选择一定数量的调查对象，用问卷、表格、访谈的方式，了解他们对一定问题的意见、态度和倾向，再加以分析、统计及说明，借以了解公关活动的效果。

（二）专家评估法

专家评估法即由各学科、各领域的专家会同公关人员组成专门评议组，对公关效果进行评估，接受质询，予以论证。具体步骤为：

1．由主持人拟定调查项目并给出评估标准。

2．邀请公关、管理、心理、传播专家、社会学家等10—20名。

3．请专家们以不记名方式，独立地拟定项目，发表意见。若意见分散，则将上一轮意见汇集整理，再反馈给每一位专家，请他们重新发表意见，直至意见趋于一致。

4．分析、研究专家们的意见，得出能代表大多数专家意见的结论，作为专家集体对公关活动效果的权威性评估。

(三)观察法

观察法公关人员以旁观者的身份与其他公众一样接触各种公关活动,借以观察、评估公关活动效果。

(四)访谈法

访谈法分个别访谈和集体座谈两种。个别访谈的优点是谈话深入,受外界干扰小,缺点是费时费力。集体座谈省时间,信息来源广,涉及范围较大,但座谈者往往易受他人发言观点的心理影响。企业通过对公众的访谈来分析、评估公关活动的效果。

(五)实验法

用前四种方法可了解公关活动是否产生了效果,但不能证明如果没有这些活动,这种效果就不能够产生。要解决这个问题,还需要使用实验法。在公关效果评估实验中常采用以下两种方法:

1. 测量法。即选取一定对象,用比较的方法对其变化进行度量。常用的方法有三种:

(1)单组测量法。随机选一组被试验者,针对实验组在实验前后分别测量,然后比较两者的差异。如果实验前后的成绩不同,就说明实验条件对被试者产生了影响。

(2) 后测法。随机选两组被试者,使两组的条件尽量对等,一个作实验组,一个作控制组,在实验前不对其进行测验,施加一定条件后再进行测验比较,看两者成绩是否有差异。

(3) 复杂的前测、后测法。这种方法是对实验组和控制组分别进行前测、后测法实验,然后把两组的成绩放在一起比较,从中发现实验条件所起的作用。

2. 非均衡控制法。这是在不能随机选取被试者时所使用的一种方法,如人们为改善企业内部领导与员工的关系而进行一系列公关活动,但人们不一定能找到两个条件完全相同的工厂进行比较研究,因而只能在非均衡条件下进行实验评估结果。

(六)反馈直接统计法

反馈直接统计法,是通过企业销售额和利润等数据的统计,来描述公关绩效的一种方法。现代企业的销售额及利润的增减受市场环境和企业内部因素的影响很大,不完全是公关活动的效果。但是,在一定时期内借助公关活动,其市场效果还是明显的。在这种情况下,就可采用反馈直接统计法。如知名度和美誉度低的企业,虽有优质的产品,但销路仍受到限制,一旦加强公关活动之后,企业的销售额迅速上升,提高了经济效益,这时则可用一定时期的销售额、利润率说明公关活动的效果。

五、公关评估的内容

根据公关的具体内容,可以将公关活动评估具体划分为准备过程评估、实施过程评估和影响效果评估三部分。

(一)准备过程的评估

在整个公关计划实施过程中,及时发现在环境分析中被遗漏的、对项目有影响的因素是十分重要的。有系统地对这一过程进行评估并作记录,能够有效地解决这一问题。因为这样的评估只有在充分占有和详细分析计划制定的背景材料的基础上才能实现。

1. 资料的充分性和判断的准确性的评估。这些分析包括:

(1)在确定目标公众时是否遗漏了关键公众?

(2)哪些关于公众方面的假设被证明是错误的?

(3)新闻界所需要的材料哪些没有充分准备?

(4)企业环境中所有的关键因素是否都已确定?

2. 信息的组织和项目战略评估。

信息组织和项目战略评估关键,在于检验企业说过、做过的一切并对它进行分析,为开展未来的项目提供有益的启示和经验。但是这一检验过程必须从建设性批评的角度出发才能达到预期目的。例如,在政治活动中,公关活动的计划者要研究竞选者在电视辩论中的发言以及各种新闻媒介对他的讲话及其本人的评论,并通过选举过程中选民们对这个竞选者的反应看公关活动是否成功。在评估这一活动时则要分析:

(1)准备的信息资料是否符合目标及媒介的要求?

(2)在时空和方式上是否符合目标公众的要求?

(3)是否具有与公关活动对抗的行为?

(4)制造新闻或其他方面做得够不够?

(5)与任务相比,人员与预算资金是否充分?

对于公关活动中信息资料的内容分析,可以利用剪报、宣传品以及广播讲话录音和原稿。这种评估分析的结果,可以作为进一步审定或调整计划与战略,改进方案实施过程的重要参考资料。

3. 信息和其他成分的有效性评估。

这里的主要目标,是检验有关信息传递资料及宣传品设计的是否合理、新颖?是否能达到引人注目?是否给人以深刻印象?具体包括文字语言的运用、图表的设计、图片及其展示方式的选择等。这是对公关活动组织者专业技能的检验。但是,这种检验受主观因素的影响,没有完全客观的标准。

(二)实施过程的评估

多数评估活动都发生在公关活动实施过程中。它的作用在于发现哪些决策是正确的,哪些决策是错误的,哪些决策不利于公众产生对企业的信任,以及发现决策执行过程中出现的偏差等等。这里需要注意两个问题:一是活动执行记录对于评估是必要的;二是评估结果不能作为项目影响效果。

实施过程的评估主要包括制发信息、传播信息、接收信息几方面的情况:

1. 制发信息。实施过程的评估从检查发送信息资料的数据开始,这些数据直接反映实施公关活动中所进行的电视广播讲话次数、发出信件、其他宣传材料以及新闻发布的数量，并能发现其他宣传性工作如展览等进行与否及其努力程度，换句话说，这一评估过程是要了解所有信息资料的制作情况和其他宣传活动的进行情况。

一旦这项工作完成，不理想的环节和计划实施过程中的一些弱点便会从这些数据中反映出来。

2. 传播信息。如果进一步考察，那么不仅要注重信息资料的制作数量，而且要注重这些资料为传播媒介采用的数量，因为只有通过媒介传播的，才能最有效地保证公众接触到这些信息，并受到它们的影响。

通常，报刊索引和广播记录被用来作为查对传播媒介采用信息资料数量的依据；其他宣传活动如展览、公开讲话的次数，也反映出组织为有效利用各种渠道将信息传递给目标公众的努力程度。

通过对信息传播的评估，可能发现公关活动实施过程中的一些重大失误。一位公关专家在效果评估后发现，某位公关代理人耗费巨资开展了一次公关活动，但是他负责制作的大量信息资料却很少为传播媒介采用。媒介拒绝接受这些信息资料，理由是："因为合同已经过期，代表媒介一方在合同上签字的有关人员已经离开了原来的岗位，新上任的负责人拒绝采用这些资料。"结果，这些送到传媒的稿件大部分被扔进了垃圾箱。所以，即使是内容丰富、形式恰当的信息资料，如果不能被目标公众所接触，也产生不了应有的影响。

目前，我国许多大型企业都建立了自己的剪报档案，以研究不同传播媒介采用宣传材料方面的习惯、重点与偏好，并通过传媒了解社会动向、寻找与企业相关的市场机会。

3. 接收信息。目标公众接收信息的情况即接收到信息的目标公众的数量，是实施过程评估的关键。这里需要注意的是，应该将收到信息的各类公众进行分类统计,从中比较收到信息的目标公众的结构。对于评估来说,收到信息的公众的绝对数量并不重要,而最重要的是这些公众的结构。也就是说,看有多少真正需要这些信息资料的目标公众收到了这些信息资料,不能仅仅了解宣传材料被多少人接触,而应了解宣传材料被多少目标公众所接触。通过评估,如果发现目标公众对企业信息材料接触不足,积极采取补救性措施,如可以把这些在传播媒介上发表的材料再复制出来,并将之送达到目标公众中的关键人物手中。

报刊和杂志的发行量可以作为评估组织信息传播效果潜在的参考数据;事件、会议、展览的出席人次数也可以作为这种评估的参考数据。这些数据反映了信息的理论接收人数,而不是实际接收人数。但一般情况下,接收信息的公众数量往往很难准确计算,在进行项目评价时,应该谨慎地使用这些数据。

另外,注意到信息的公众的数量也构成公关实施过程评估的一个标准。通过对阅读、收看、收听信息的范围调查,可以了解到公众对不同媒介所传播的信息集中注意力的不同程度。美国人吉姆·布里德调查美国圣地亚哥凯撒慢性病医院时,发现其员工只有不到50%的人接收到院方的新闻公告材料,另外50%左右的员工根本没有收到任何公告材料。他的调查结果促使该医院在信息传递方式上加以改进,而不是仅仅注重信息的内容。

阅读调查可以明确哪些人在阅读组织发出的信息材料,他们的数量是多少,他们读到了什么,读了多少内容……这为公关实施过程的调整提供了指导性意见。

美国人丹尼尔·斯塔奇创造了著名的印刷广告阅读程度测定方法。他认为,人的阅读理解程度可分为三个层次:

(1)注意。被测者只是注意到有这样一则广告,或者说他们已经见到这样一则广告。

(2)认知。被验者对广告的内容略有了解,但是不能够回忆起广告人的名字。

(3)熟知。被测者能够回忆起广告内容的50%以上。

对广播电视节目接收者调查,一般采取以下三种方法:

第一,日记法。这种方法要求被测验者在测验期间,将自己每天收听、收看广播电视节目的次数、时间以及其他有关事项记录下来,以供分析和研究。这种方法比较简单易行,但是测验效果受到被测者态度及责任意识的影响较为明显。

第二,表录法。这种方法是将一种电子记录器指针调整到与被测电台、电视台的频率、频道相一致,以测定各媒介对有关信息的发布情况,然后将测定的资料传送给中心电子计算机系统进行处理。这种方法的最大缺陷是无法确定哪些人在收听、收看。

第三,电话访问或回忆法。这种方法是在节目播出期间或刚刚播放完毕,由调查者对被测者进行电话访问,了解公众对节目的收听、收看情况。

长期以来,美国一些著名的公关调研咨询公司综合运用这些方法,为客户提供有关广播电视以及报刊的收听率、收看率、阅读率等各种数据。

(三)影响效果的评估

英国著名的物理学家、数学家威廉斯·汤姆森(Willam Tompson)曾经说过:“如果你不能测量它,如果你不能用数字表达它,那么你所掌握的知识则处于一种贫乏的、不理想的状态。”威廉斯的这些话反映了公关活动效果分析中一个值得重视的问题。正如一位公关主管所说的:“我们不能仅仅追求效果,而且要具备测量它的能力。”影响效果的测定,表现了公关活动对每一个目标公众的作用程度以及整体目标实现程度。

影响效果评估的作用就在于控制和协调公关活动过程,使它朝着实现既定目标的方向发展。如果说对初步调查资料的评估是基本评估的话,那么,对影响效果的评估则是总结性评估了。总结性评估不仅在本次公关活动实施过程中发挥着重要作用,而且还可以作为下一个方案实施过程的评估基础。

由于每一个项目的期望结果是各不相同的,所以,我们应该结合具体的公关目标确定评估标准。通常使用的标准,包括改变或维持内外部公众的立场、观点和态度以及与其相联系的舆论和行为后果等内容。例如,一家煤气电气公用事业公司准备开展一次宣传活动,这次活动旨在增加用户对正确绝缘、绝热从而节约能源的知识的了解。要对这项活动的影响效果进行评估,首先是测验一组接到宣传材料的用户的相关信息,然后对一组没有接到宣传材料的用户进行测验,最后将两组结果相比较而完成的。

1. 改变态度。“有多少人改变了他们对企业的态度”,这是评估公关效果的一个较高层次的标准。因为“态度”所涉及的范围广,内容丰富,而且不容易在短时间内发生变化。例如,煤气电器公用事业公司的节能宣传活动,可能使用户增加了“使用隔热天花板可节省空调器电费”的认识,但这并不意味着他的态度成为“自然资源保护者”。评价一个人的态度,要根据一段时期内他在所有有关问题上的立场和观点,而不能仅凭一时一事判定一个人的态度是否发生变化。

2. 改变行为。“发生期望行为的公众数量——行为的改变”,这是评估影响效果的一个更高层次的标准。人们行为的改变受到多种因素的影响,如同态度与知识和观点的关系一样,行为与知识和观点之间也不存在必然的因果关系。但是有一点是可以肯定的,行为发生变化的人们在行为改变以前,肯定接受了某些信息或在某些方面被说服了。评估公关活动对公众行为产生的影响,可以主要利用三种方法,即自我报告法、直接观察法和间接观察法。

(1)自我报告法。这是被调查者自己说明行为变化的方法。这种方法有时可能产生不真实的测量结果;尤其是向被调查者提出一些较为敏感的问题时更是这样。例如,很少有雇员敢表示他们蔑视雇主的政策；很少有学生敢承认他们根本没完成老师分配的阅读任务；很少有纳税义务人能够承认自己去年少缴了一大笔所得税。当然，如果利用灵活的提问方式，许多行为变化还是可以通过这种方法调查出来的。

（2）直接观察法。这主要是研究人员在各种会议和较大事件发生期间，对人们的行为进行观察（当然，就某些特定的主题观察人们的日常行为变化也是十分必要的）。这种方法需要较长的调查时间，并要求研究人员具有较高的调研技术和分析能力。

（3）间接观察法。这是利用各有关部门的记录，如各种社会代理服务机构的委托人记录、展览馆的维修记录（表明哪些展室及展柜前面的地板瓷砖磨损最快，换得最频）、图书馆内的书刊检索记录等。通过人们行为的副产品，估量有多少人利用了社会代理服务，哪些展品最能引起人们的注意，有多少人借阅了有关公关的书籍等等。这种观察方法在美国行为管理学家韦伯（Webb）等人的著作中都有论述。

公众行为的测定需要综合运用多种调研技术，并要灵活巧妙地取得各种对测定有价值的材料，还要注意不要影响被测定人。

3．维持行为。“增加或保持期望行为的公众数量”，是许多组织举行公关活动的重要目的之一。比如，单纯计算在开展戒烟运动中第一天戒烟者的总数，并不能充分地说明这一运动的影响效果；一天或一个下午的戒烟行为并不能表明这些人将永远根除吸烟的恶习。对这一运动的影响效果评估要根据运动开展以后几个月甚至几年的持续观察数据。评估一项公关活动在改变人们长期行为方面取得的效果，需要较长时期的观察，并取得足以说明人们行为调整后不断重复与维持期望行为的有力证据。

值得注意的是，有时公关活动产生的结果并非完全与计划目标相一致，但是这些结果同样是积极的，可以认为是达到计划目标的其他表现方式。在这种情况下，这些结果也应该作为评估公关活动效果的根据。例如,前面提到的节约能源宣传活动,其目标是减少总的能源消耗。其结果却表现为人们增加了对节约能源的兴趣,增长了这一方面的知识,甚至改变了使用煤气与电器设备的习惯。从表面看来,这次运动的结果与既定的目标不完全吻合,但这些结果也足以说明这次宣传活动是成功的。当然,其中也包括结果与目标的部分吻合。美国圣地亚哥煤气电器公用事业公司这样总结了他们宣传活动的成功:对市民来说,公司在节能宣传活动中的基本目的,是使用户们掌握每人每月节约11美分煤气费的方法。而调查结果表明,公司在这项活动中投入的成本与居民们节约费用的比例是1:10。

六、公关评估的程序

对公关活动进行评估,应按照以下程序逐项进行:

(一)确定评估目标

统一的评估目标是检验公关工作的参照物。有了参照物才能通过比较来检验公关计划与实施的结果。即使这一评估目标更多的是定性的而非定量的,仍需订出一个统一的评估目标。这需要评估人员将有关问题以评估重点、提问要点的形式形成书面材料,保证评估工作顺利进行。另外,还要详细规定调查结果如何运用。如果目标不统一,则会在调查中搜集许多无用的材料,影响评估的效率与效果。

(二)编制评估计划

取得企业决策者的认可并将评估过程纳入公关计划之中,是公关效果评估的一个关键环节。评估不是公关计划的附属品或计划实施后的事后思考即补救措施,而是整个公关计划的重要组成部分。因此,对评估应该给予足够的重视,对评估的方法、程序等方面予以充分的考虑和周密的筹划。

（三）统一评估意见

我们应认识到，即使是公关人员出身，也不能一下子就把公关活动没有实物性结果的性质和它的可测量效果联系起来。要给他们足够的时间认识效果评估的作用和现实性，并允许他们通过自己的亲身体验加深这一认识。

（四）量化评估标准

在公关评估过程中，首先应该将项目目标具体化。例如，谁是目标公众，哪些预期效果将会发生以及何时发生等等。没有这样的目标分解，项目评估就无法进行；同时，目标分解还可以使公关计划的实施过程更加明确化与准确化。

目标说明了企业的期望效果，如果一个企业将“让公众了解自己支持当地福利机构”，以改善自己的形象，作为公关活动的目标，那么，评估这样的公关活动效果的标准就不应是了解公众是否知道当地报纸上哪一个专栏报道了这一消息，占用了多大篇幅，而应该了解公众对本企业的认识情况以及观点、态度和行为的变化。

（五）选择最佳途径

调查并非总是了解公关效果的最佳途径，有时企业经营的活动记录也能提供这一方面的大量材料。在有些情况下，小范围的试验也是十分有效的。在搜集有关评估资料方面，没有绝对正确的最佳途径。在这一方面，方法选择取决于评估的目的、提问的方式以及前面已经确定的评估标准。

（六）保持实施记录

这些资料能够充分反映公关人员的工作方式和工作效果，尤其重要的是反映计划的可行性程度，哪些策略是有效的，哪些策略是无力的或者无效的，哪些环节衔接比较紧密，哪些环节还有疏漏或欠缺。

（七）制作评估报告

以适当的方式，将评估情况告知决策层，这应该成为一项固定的制度。其作用是一方面可以保证企业管理者及时掌握情况，有利于进行全面的协调；另一方面也可说明公关活动与企业目标保持一致及其在实现企业目标过程中的重要作用。

公共关系总是以一定的社会环境为活动空间的，活动期间所发生的效用，有的是公关活动导致的，有的却可能是非公关的其他社会因素作用的结果。因此，科学的公关评估，需尽量排除外部效应，显示公共关系的净价值。

下面是一份 CI 实施业绩测评方案，可供公关人员借鉴。

实施效果的测试与评估，是 CI 工程保持一种流变常新循环状态的必要前提。测评的主要内容和方法如下：

(1)企业内部测试。CI 人员就 CI 导入过程中的意义、活动、方法、目标、理念、总体效果等多方面的问题，在内部员工中进行测试。

①询问调查个别采访，召开 CI 座谈会，定期统一测试。

②问卷测试有关事项可参考设计前的问卷调研，调查对象最好选择在调研阶段的受访者，以便提高调查结果的可比性。

③测试项目 CI 推进中整体性计划及活动状况，具体单一项目的实施状况。

(2)企业外部测试

①测试内容。相对于内部测试，外部测试的重点是：A. 视觉设计项目的传播效果；B. 企业总体形象的评价度、认知度；C. 设计品位。

②测试对象和 CI 对外发布对象相同。

③测试程序：A. 确定调查方式：个别访谈、集中座谈、问卷征答。B. 筹备调查：设计问卷，确定对象。C. 调查实务：进行采访，发放、回收问卷。D. 整理统计：对调查资料进行整理、统计、归类、对比、分析、评判。

(3)企业营运业绩测评

从企业营运实践看，CI 导入的效果好坏，直接体现在企业产品市场占有率、销售金额、利润、效益的提高与营销费用开支上,这些可以从企业年度报告的统计资料中获得。只需把导入CI前后几年的数据进行统计,从增长率中即可看出效果。重点分析的是以下三组数据:

①销售金额的年增长率;

②广告宣传费的年增长率;

③利润的年增长率。

如果销售金额和利润增长率高于广告宣传费的增长率,就足以说明CI导入实施的效果良好。反之,如果广告宣传费增高,而销售金额、利润率不增长或相对偏低,那么导入CI的效果就是不好的。

日经广告研究所对9家公司导入CI前后的以上三项指标进行了统计,结果是:

指标＼公司	美津浓	伊势丹	星电器制造	华歌尔	松屋	共立	富士软片	Minotta照相机	菱备
销售额/年增长率(%)	17.1	7.8	30.9	14.2	4.8	17.9	29.6	14.4	30.7
利润/年增长率(%)	13	32.4	117.5	12.7	-95.1	20.4	22.4	12.6	26.2
广告费/年增长率(%)	13.5	-8.4	15	40.6	113.6	46.2	44.4	6.8	56.9

此表显示,就短期效益而言,星电器制造公司的CI导入效果最佳,广告宣传费增加了15%,而利润却提高117.5%;其次是伊势丹,利润增长32.4%,而广告宣传费却降低8.4%。

(4)目标检测与CI循环

CI战略目标在从提案到总概念企划阶段即已确定,尔后的导入、实施过程的所有作业项目，都是据此确立的，因而也必然成为效果测评的基本参照物。从定量和定性两方面分析测试结果，评判是否达到了预期目标。如果这一战略目标被细分为长期、中期、短期，还应进行阶段性测试评判。就是说拿实际效果与预定目标相对照，不断地提高实际效果，向目标状态靠近，最终达到吻合一致，这是 CI 工程实施的本质所在。

在每一次测试结束后，CI 人员应写出总结报告，提交 CI 委员会讨论，据此制定修正方案，再提交企业主管审批，然后进行新一轮对内对外的发布——实施——管理——测评。

第九章　人际沟通技巧

在一定意义上,整个人类发展史就是一部社会关系发展史和一部人际沟通发展史。在信息社会,谁不重视信息战略,谁就要落后挨打,而沟通就是信息的生命之所在。

公共关系作为社会关系的一个重要部分,同样有一个沟通技巧问题。而公共关系本质上是通过人去实施的,信息传播更是公共关系的运作手段,所以人际沟通技巧也就是公共关系人员所必须掌握的工作手段。

第一节　人际吸引

在一群人当中,人们的交际距离不可能是相等的。我们或许是喜欢一些人并接近他们;不喜欢甚至讨厌一些人并疏远甚至敌视他们。这里的"喜欢"、"不喜欢"、"讨厌"等感情和"接近"、"疏远"、"敌视"等行为实质上是一个人际吸引的问题。人们的社会沟通取决于人们的交际距离,而人们的交际距离又源于人际吸引,因此,讨论人际沟通问题先必须讨论人际吸引问题。

一、什么是人际吸引

所谓人际吸引就是指在人际交往中引起双方的好感、缩短双方的交际距离并延续双方交往时间的那些主客观因素。

任何人都喜欢接近有吸引力的人,而不愿意接近没有吸引力甚至乏味的人。一个有吸引力的人,必定受到众多的人的喜爱和尊敬甚至令人产生崇拜之情。美国前国务卿基辛格对周恩来总理的气度风情和杰出才能产生了由衷的敬佩，他说：“每当我看见周总理的时候，我就无法不感到我是从蛮荒中走来的人。”在现实生活中，人们彼此间会不会产生人际吸引，产生何种程度的人际吸引，这要受很多因素的影响和制约。

二、人际吸引的构成

人际交往是一个相互影响、相互作用的动态过程，人际吸引既体现在个人的特点上又体现在双方的关系状态中。因此，人际吸引是由个人吸引力和相互吸引力共同构成的。

(一)个人吸引力

所谓个人吸引力是指交往的一方能引起对方的好感、满足对方的需要的那些主客观条件。在人际交往中，一个人如果有吸引力，那么他与人交往和沟通就会变得顺畅起来。那么，个人的吸引力受到哪些因素的影响呢？具体来说，主要有以下三方面的因素：

1. 外貌因素。人的外貌因素包括长相、穿着、体态、举止、风度等，这些都对人的吸引力有着重要的影响，特别是交往的初期，外貌因素的作用更大，外貌因素会形成第一面印象的成见效应。第一面印象，会给人形成一种特殊的心理定势和情绪定势，由此而把他的一些他尚未显示出来，或者你还未曾了解的一些个人品质(可能是好的，也可能是坏的)主动地归属于他，而不管这个人是否确有这些品质，这就是所谓“成见效应”。成见效应会形成一个人的吸引力或排斥力。

英国前首相撒切尔夫人十分注意自己的仪表风度，人们评论说，撒切尔夫人雍容而又不过度华贵，庄重但不显老相，内心是“铁女人”而谈吐却温善柔和。她从头发样式到衣服颜色、乃至珍珠链下系一个轻松的蝴蝶结，都经过精心设计，既保持女性魅力，又雍容大度。撒切尔夫人连任三届首相，与她的仪表、风度有一定关系。

2. 性格因素。性格是人对现实的稳定态度以及与之相适应的习惯化的行为方式。美国心理学家安德森通过对人际吸引的研究,发现最受人欢迎的性格特征有十个,它们依次是:诚恳、诚实、了解、忠心、可信、可依赖、聪明、关怀、细心、体谅、热忱。性格影响交往的深度,热情、诚恳、善解人意明显受到人们的欢迎;而冷漠、虚伪和不解人事则拒人千里之外。

3. 能力因素。美国社会心理学家阿伦森在做了一系列关于人际吸引力的实验后,得出如下结论:能力非凡可以使一个人富有吸引力,但是犯错误且能力非凡的人是最有吸引力的人。一般来说,聪明能干的人总比平凡庸碌的人更讨人喜欢,因为当人在某些能力方面比较突出时,就容易使他人产生欣赏、钦佩甚至崇拜的现象从而产生强大的吸引力。但人们并不喜欢结交能力太强、十全十美的人,其原因也就在于他能力太强。十全十美的人容易使他人产生自卑感令人敬而远之,从而降低了他的吸引力。相反,一个能力非凡的人经常犯一些小差错,就使他更接近我们,从而使他的吸引力又增添了几分,这就是“差错效应”。

美国出版的《日本企业成功的秘密》一书中记载了这样一个事例,日本企业的经理常常故意在工友面前开工段长的玩笑,这种适当的玩笑,非但无损于工段长的威望,反而会使工人更喜欢他,道理就在于“差错效应”,这可以说是有意识地利用差错效应改善人际关系的一个例子。

然而,必须说明:一是“差错效应”不适用于能力平庸之辈,这只会使人更觉得他能力低下,说他连这点小事都做不好;二是所出的差错不能有损于人格,不是原则性的、重大的差错。我们介绍“差错效应”的目的不是鼓励犯错误而在于使人明白在交往和处世中不必因害怕出小差错而承受心理压力,弄得谨小慎微,失掉个性,不敢敞开心扉。

(二)相互吸引力

人际关系是互动的,人际吸引也是双向的,因而它不仅取决于个人的吸引力,还取决于交往双方相互间的吸引力。

所谓相互吸引力是指人际交往过程中引起双方好感和相互满足对方需求的那些主客观因素。在现实生活中,人们相互间会不会产生吸引力,其大小程度如何,也受到诸多因素的影响和制约,其中主要有以下几方面的因素:

1. 相近因素。这里的相近是指时空距离因素,它是人际交往的客观条件。在通常情况下,人与人之间的时空距离越近越便于交往,易于相互了解和相互吸引,继而形成人际关系。相近因素不仅在交往初期起着重大作用,更贯穿在整个交往的始终。这是因为,交往的手段有言语和非言语两大类。后者,如体语等,只有在一定的距离——视觉范围内才能起作用,超过这个距离就不产生作用。交往手段的单一,无疑对交往的深度会产生影响。而且,距离较远,必然对交往频率的密度有影响,这对交往和关系也会产生不利影响。

2. 相似因素。随着交往的深入,人们在某一方面或某些方面的相似,会对相互吸引的产生发挥越来越大的作用。我们在选择交往对象,发展人际关系时,一般都会选择相近似的人。所谓"物以类聚,人以群分",正说明了人际吸引中相似因素的作用很大。这里所说的相似,包括社会生活方面的相似、生理方面的相似和心理方面的相似等。如果交际双方在这些方面相似,他们就容易交往和沟通,就容易找到共同的话题,也就容易相互理解和支持等等,于是,他们之间互相都对对方有一种吸引力。

3. 相悦因素。大凡人们都有这样的体验:喜欢能给自己带来愉快或奖赏的人,讨厌那些给自己带来不快或惩罚的人;也喜欢那些同意自己或对自己有好感的人,而不喜欢不同意或反对自己的人。这些现象的存在,正说明了人际吸引中相悦因素的可望喜欢自己的人,却常常讨厌那些给自己带来不快或惩罚的人;还喜欢同意自己或对自己有好作用。这是因为,在人际交往中,双方的相悦可以增强心理上的接近感和相容感,减少心理上的磨擦和冲突。

4. 相补因素。所谓相补,是指交往双方的需要与期待正好成为互补关系时,就容易产生彼此间的相互吸引。互补有两大类,一类是需要互补。人的基本需要可分五个层次,但是,个人在特定条件下的具体需要,在特定时期里的优势需要不尽相同。这种不同,在某些条件下可以互补,成为相互吸引的一种因素,因而也可以成为某种关系得以建立的基础。另一类就是交往双方作风和性格上的互补。一方对待另一方的方式或态度,并不影响另一方以个人的心愿处世行事,甚至有助于他实现自己的愿望和习惯了的处世行事方式。许多社会心理学家认为,这种互补对关系的稳定和深度有很大的影响,但性格、作风上的互补有一个前提条件,那就是他们的基本价值观应该相一致。

瓦西列夫在《情爱论》中提到马克思和恩格斯的友谊时说:"马克思长着一头雄狮般的黑色的卷发,目光炯炯,显然具有暴烈、严厉的气质。恩格斯与他不同,头发是浅色的,几乎总是情绪愉快,面带微笑,动作敏捷。在他身上,活泼气质的平稳和少许恬静成分结合在一起。这两位思想巨人非同寻常的相互爱慕是众所周知的。这种相互爱慕的内因不仅在于共同的思想,而且也在于不同的气质。"瓦西列夫的这段话深刻地揭示了互补因素是对交际的稳定和深度的影响。

值得指出的是,表面看来,相似因素和相补因素是矛盾的。其实不然,这两种因素在不同的情况下各自发挥自己的作用,有时二者是一致的。一般说来,社会角色及人的需求相同时,人们更重视相似因素,而社会角色及人的需求不同时,人们更重视相补因素。

一、公关人员如何增强人际吸引力

(一)公关人员增强人际吸引力的重要性

公共关系指的是社会组织与公众的关系,而这种关系是要通过社会组织与公众的往来交际才能实现的。在具体的交往过程中,组织的公关人员作为组织的代表去与公众进行交往,这种交往常常表现为个体与个体、或个体与群体之间的人际交往。出色的人际交往能力是公关人员沟通与公众联系的桥梁,是建立良好的社会关系的客观要求,也是衡量一个公关人员素质与能力的直接尺度。从公关操作方面讲,人际关系是联系公众的纽带,同时又是公共关系最有效的传播媒介。人际关系的好坏直接影响和制约着公共关系职能的发挥。因此,作为社会组织的外交家的公关人员,应当努力在实践中掌握和运用人际交往的各种技巧。

(二)公关人员增强人际吸引力的方法

了解了影响人际吸引的两类因素以后,公共关系人员可以努力提高个人的外在和内在素质,注意修饰容貌、穿着,形成优雅的风度,给人留下良好的第一面印象,当然更重要的是培养良好的性格和能力。具体来说,公关人员增强人际吸引力有下面一些方法:

1. 主动热情地与人交往。公关人员在工作和人际交往中应该主动热情。具体做法是:

一是排除羞怯心理。心理学家调查发现,美国有 40% 的成年人认为自己害羞,日本则有 60% 的人怕羞,连在世界上经常抛头露面的名人也在所难免。美国前总统卡特,英国王子查尔斯,四次获得奥斯卡金像奖的电影女明星凯瑟琳·赫本,奥运会四枚金牌得主、著名的田径运动员刘易斯,都承认自己曾是十分害羞的人。从交际的角度考虑,羞怯是交际的障碍之一。羞怯腼腆者在社交场合常常会感到窘迫紧张和手足无措,严重者甚至难以清楚正常地表达自己的愿望和想法,因此他们常常将自己封闭在个人的小天地里不愿主动进行人际交往。有这种心理的人,在不熟悉的环境中,显得焦虑、紧张、局促不安、不自然、不协调等。由于羞怯,会使记忆发生障碍、思维出现差错、反应迟缓、词不达意、举止适当、错失良机等。这是相当不利于搞好人际关系和公共关系的。

再就是排除自卑心理,树立起自信自强的自我人格。不少心理学家认为,自卑感强的人自尊心也强,他们勤于反思而又敏感多疑。为了保护自尊心不受伤害,他们不愿意坦率地与人交往,对社交活动采取回避态度。在人前他们时常表现出低眉顺眼的表情,缩手缩脚的举止和自惭形秽的心理。心理上的自卑,必然导致自感低人一等,缺乏与别人平等交往的勇气,从而难以正常地进行交际,更有甚者,这种情况会导致恶性循环,加重他们的自卑心理。所以,无论是从组织的发展还是从个人的发展出发,我们都应该做交际的主动方。

二是排除嫉妒心理。嫉妒是以多种形式表现出来的一种情感,它包含忧虑和疑惧,羡慕和憎恶,愤怒和怨恨,猜疑和失望,屈辱和虚荣以及伤心和悲痛。日本心理学家诧摩武俊认为:这是一种极欲排除别人优越地位、或想破坏别人优越的状态,含有憎恨的一种激烈的情绪。作为一种变态心理,嫉妒影响人际交往是十分明显的 。具有嫉妒心理的人,很难保持心理上的平衡。一旦不能控制情绪时,心理上的痛苦会激发情感上的对立,势必造成分裂和攻击行为的增多,极大地损害人际关系,更有甚者,严重地影响自身的身心健康。

三是排除猜疑心理。猜疑,是一种缺乏事实依据的主观想像和猜测。猜疑心重的人,时常用自己的“合理想象”去揣度别人的心理,甚至会用千奇百怪的理由来证实自己的猜疑,无事生非。猜疑心理是人的消极心理品质,常常导致人际关系的恶化。

四是排除自傲心理。有自傲心理的人自我评价过高,总以为人不如己,孤芳自赏,骄傲自大,唯我独尊,缺乏自我批评,而且不允许别人批评。其实,过度的自卑就是自傲,二者都是不能正确地评价自己,都是一种不健康的心理。自傲的人很容易与人发生冲突,使他人远离自己,从而使自己陷入孤立的泥潭。

以上的心理状态都会成为公关交际的心理障碍,必须加以克服、消除,否则不可能很好地与交际对象建立和发展人际关系。

2. 与人交往时善于求同存异。美国学者梅尔文·特福洛在《大众传播理论》一书中,提出了著名的"个人差异论"。个人为什么会有差异?特福洛认为:每个人的心理构成有极大差别;人的差异来自于先天条件和后天获得知识的不同;每个人的心理构成所以有差别,在于个人在认识客观环境时所形成的立场、价值观和信仰各有不同;来自于人们在认识客观事物所处的社会环境不同;人们在理解客观事物时往往带有成见或偏见。正因为个人有差异,所以在现实生活中"人心不同,各有其面",即使双胞胎个性也不一样。了解了这一点,我们在与人交往时,就不能强求一律,只能求大同,存小异,就是在基本方面求得大体一致或相似,特别是态度上的相同或相似;在非原则问题上,保持各自的特点、差异。要有包容心,允许别人与自己不一样,允许别人有自己的观点、认识、看法和生活方式。

3. 要能恰当地赞许别人。心理学研究表明,人都有被尊重和被肯定的需要,而且这种需要是比较高层次的需要。而赞美就是满足人性的需要的有效方式。当我们赞美他人的时候,我们的态度是尊敬的、我们的语气是柔和的;而被赞美的人,他的肌体——肉体的、精神的都呈现开放状态,整个人都处在轻松的心理感受中,从而继续接受信息。赞美能在交际双方之间营造出轻松和谐的交际气氛,所以有人说"赞美是语言中的钻石",它能抚平人心灵的创伤,帮助人摆脱自卑,树立自信。真诚的赞扬和欣赏就是心理学家梦寐以求的灵丹妙药,当你赞美别人的时候,你无疑是把一份最好的礼物送给了别人,因此,善于发现和赞美别人的优点的人是最有吸引力的人。

4. 要了解对方的需求，并尽可能地予以满足。一个乐善好施而且善解人意的人是一个富有吸引力的人。在社会生活中每个人都需要、依赖他人的关心、友爱和温情，尤其是身处逆境时，对别人的态度更为敏感。因此，对失意的人送去宽心的话，向焦虑的人伸出援助的手，都能激起对方感情的波澜，获得对方的信任与感激。在人际交往中，人们苦于欺诈、苦于冷漠，苦于真情被慢待，苦于温暖受嘲讽。因而那些善解人意、关心体贴别人的人就能更快地征服人心。一个公共关系人员不仅要主动关心、帮助他人，更要将心比心善于体谅对方的难处，更好地理解对方的动机，挖掘出对方潜在的需求，从而增加相互之间情感的融洽。

5. 不断增添新的内容。人们喜欢追求新的东西，在公关交际活动中，我们也要抓住常人的这一特点，给交往活动增添新的内容，增加新鲜感、新奇感。如果交往双方总是千篇一律地你来我往，而没有一点儿变化，没有一点新鲜感，那对方会感到兴趣索然的。因此，适当改变一下交往活动的方式，增添一些新的活动内容，就会增加交往双方的兴趣，提高相互的吸引力，从而使双方的关系得到进一步发展。

6. 要善于解决人际冲突。公关人员在长期的公关交际中也难免与人发生磨擦、甚至冲突。如果真的发生了人际冲突，那就应及时、积极、认真、妥善地加以解决。解决的办法，一是先平息自己的情绪，并设法消除对方的对立情绪；二是要善于解释表白，即把握时机、合情合理地、真实地表露自己的心迹，以赢得对方的谅解和理解；三是要有宽容克制的精神，也即严于律己、宽以待人；四是要能够以理服人，也即摆事实、讲道理，使对方心悦诚服。

7. 注意培养心理素质。许多人在交际中，常常心理压力较大，举止缩手缩脚，妨碍了自我能力与形象的充分展示，要成为出色的公关人员，首先要具备上佳的心理素质。社交前的心理准备主要包括：

一是目标明确，信念坚定。信念是人类征服困难的有力武器，它蕴含着取之不竭的能量，推动人们向着最终目标坚定地开拓前进。

二是增强自信，消除自卑。上面一条是解决“要不要做”的问题；而强化自信心是解决“我行不行”的问题，拿破仑说过：“我的字典里没有不可能。”充分肯定自己，对提高交往成功率至关重要。

三是重视仪表和举止。美好的仪表服饰，既给对方留下良好的印象，也可使自己获得心理上的满足。落落大方、风趣幽默的言谈举止，会使你一扫拘谨，神采飘逸。

四是与微笑结伴同行。微笑不仅给人美感，而且常常给你带来满意的信息和友好的情感。微笑既表示友好、礼貌，也是自信、成熟的象征，它是社交中一种最积极的表情。掌握微笑的艺术，与之结伴而行，必定受益无穷。

五是正确评估，知己知彼。过高估价别人，过低估价自己，会打击甚至压垮你的自信心；过高估计自己，过低估价别人，则会使你盲目自信，决策失误。在交往中，要主动审视对方，由时时顾虑别人认为你怎样，变为你评价对方怎样，这样有助于消除紧张的压抑感，保持与对方心理上的平等。

8. 擅用多样化的交际方式。交际方式和渠道不宜单一，而应多种多样。这样，才能使自己有机会结交社会各界人士，建立广泛的人际关系。交际的主要方式有：参加“沙龙”活动，举办或出席生日或节日宴会，举办或参加舞会，参加其他各种群体娱乐活动，赠送礼品、致信问候、登门拜访或回访，保持经常的感情联络，等等。

公关人员还要注意培养广泛的兴趣与能力。在人际交往中，如果能琴棋书画、诗文戏舞都略通一二，便能有效地扩展和融洽人际关系，被各行朋友引为知己。这样，既有利于丰富自己的文化生活，陶冶自己的情趣，又十分有利于人际的交往与友谊的增进。

公关交际是一种复杂多变的活动，要想在交际活动中得心应手、左右逢源、广结良缘，取得最佳公关效果，就得不断地总结成功的经验，吸取失败的教训，掌握行之有效的交际技巧。

第二节　人际沟通

几十年前，“沟通”一词还只是少数专家学者所用的冷僻术语。可是今天，它已经渗入到社会生活的各个方面，频频出现在政治家的外交辞令中，文学家的作品中，各界人士的经验之谈中。可以这么说，沟通已是我们外交、社交、工作和生活当中最广泛的社会现象，是我们每个人必备的一项能力，也是公共关系研究的一个重要方向。

一、人际沟通的涵义

广义的沟通现象并不限于人类社会，在有些动物中，也存在一些成员被“派”到离群很远的地方“放哨”，一旦四周出现威胁，它们会用叫声报警，通知同伴们采取一致的习惯行动来摆脱险境。

对复杂的有机体来说，没有沟通也是不可想像的。例如，人体有心、肺、肾、角膜、表皮等，有几千种相互关联而又各司其职的部位。如果不是通过脉冲电波、化学裂变或激素分泌液等媒介在人体内交换各种生理信号，就不可能在中枢神经的统一调度下有规律地正常运转，也不可能维持人体的健康存在和发展。

我们在这里讨论的是狭义的沟通，即人类特有的信息沟通。

人际沟通含有多层意思，可以是传达、联系、交通，也有磋商、对话、谈判之意，它是人们相互之间通过交换语言和非语言信号来分享信息和相互影响的互动过程。

上述定义包括以下基本涵义：

1. 人际沟通的外观是信息的相互传递

沟通正是借助于信息为载体而得以进行的，没有信息就不会有沟通。在沟通过程中信息的传递是相互的，双方在各自向对方提供一定信息的同时，也从对方那里获得一定的信息。信息又是借助语言信号和非语言信号来传递的。

2. 人际沟通的实质是观念和意识的相互作用和影响

在沟通的过程中，相互之间交换信息只是沟通的表层现象，并不意味着相互间已经理解对方的意图，更不意味着相互接受对方的观点。沟通的深层目的是相互影响和相互促进，它是一个互动过程，最终达成双方的共识。

汉语的“沟通”颇有深意，沟者，本意为通水道；通者，本意为由此端至彼端，中无阻隔。“沟”与“通”合为一词，原指开沟而使两水相通。《左传·哀公九年》说：“秋，吴城邗，沟通江淮。”以后，泛指相通。信息概念出现之后，又泛指信息沟通。“沟通”一词，反过来就是“通沟”，我们把相互之间的联络环节叫“渠道”，台湾叫“管道”。“渠道”、“管道”堵塞了形成沟通不利，容易造成误解和产生对立，所以要通“沟”。

通俗地说，在文化背景、价值观念都不相同的人群之间的距离比较大，出现了“鸿沟”；在上辈与下辈之间思维方法、生活理念都发生了很大的变化，出现了“代沟”；社会分工不同造成的行业不同、知识结构不同，出现了“行沟”；由于角色地位的不同造成的上下级隔膜、等级差异，出现了“位沟”等等，需要把二者连接起来，相互对话，以达到思想平台的对接，这就是沟通的实质和目的。

二、人际沟通的分类

对沟通进行分类就是从外延方面来进一步明确其概念，根据不同的标准，可对人际沟通作如下分类：

(一)正式沟通与非正式沟通

根据沟通渠道产生方式的不同，可以把人际沟通分为正式沟通与非正式沟通。

正式沟通一般指在一定的组织机构中,通过明文规定的渠道进行的信息传递和交流。按照传递方向,又有四种不同情况,即上行沟通,如下级向上级呈送材料,反映情况等;下行沟通,如上级向下级发送指令、通知等;平行沟通,如同级各单位或各部门之间的信息往来等;斜行沟通,如销售科长与计划科员之间的信息交流等;组织系统是正式沟通的主要渠道。

在正式沟通以外进行的信息传递和交流是非正式沟通,如人们私下交换意见、评议某人某事、传播小道消息等。这种沟通不受组织的约束和干涉,可以提供正式沟通难以获得的某些信息,是正式沟通的必要补充。

(二)言语沟通与非言语沟通

人际沟通必须借助符号系统才能进行,根据所借用的媒介的不同,可分为言语沟通与非言语沟通。

言语沟通是使用正式语言符号的沟通,又分口头沟通和书面沟通两种。讨论、会谈、电话联系借助口头语言而进行的沟通叫口头沟通。口头沟通简便易行、迅速灵活、伴随着情感交流,受到广泛欢迎,但它较受时间和空间条件的限制。书信、刊物、文件、布告等借助文字语言而进行的沟通叫书面沟通。书面沟通受时间和空间的限制较小,有利于长期保存,反复研究,比较简洁,但沟通效果受文字修养的影响大,同时对情况变化的适应性较差。美国心理学家戴尔的研究证明把口头沟通和书面沟通结合起来,效果最佳。

非言语沟通是借助非正式语言符号,即语音和文字以外的符号系统来进行的沟通。有的学者把非言语沟通归纳为三类,即动态无声类,如眼色、微笑、皱眉、打手势等;静态无声类,如一定的服饰、姿势传达一定的信息等;有声无形类,如音乐、语调的变化和停顿等。非言语沟通不及言语沟通明确清楚,普遍性小,但它使沟通丰富多彩往往能对言语沟通起到巧妙的配合作用,甚至在一些特殊场合下能起到言语沟通达不到的效果。因此在沟通中也占有重要的地位。

（三）单向沟通和双向沟通

从发信号者与接收者是否交换的角度看，人际沟通可分为单向沟通和双向沟通。

单向沟通是在沟通过程中，发信者和接受者之间地位不变的沟通，如作报告、发指示、作演讲等。它们虽然也是一种交流活动，但主要是为了传播某些意见、思想，并不重视反馈。单向沟通往往具有速度快、秩序好、干扰少、条理清的优点。如果意见十分明确，不必讨论，又急需让对方知道，宜采取单向沟通。

双向沟通是在沟通过程中，发送信息者与接受信息者之间的地位不断变换、发信息与反馈往返多次的沟通活动，如讨论、交谈、协商等。注意，双向沟通是标准式的沟通，它调动了双方的积极性，有利于发展沟通关系，增加沟通容量，并使沟通的信息更加准确，是正确决策、增进良好的人际关系，加强群体凝聚力的重要手段

（四）思想沟通、信息沟通与心理沟通

根据沟通的内容不同，又可把人际沟通分为思想沟通、信息沟通、心理沟通。

思想沟通即意识形态的沟通，包括哲学观点、政治观点、法律观点的沟通，道德的沟通等等。

信息沟通是知识的沟通，我们今天的时代已经是信息时代，信息作为一种重要的资源和自然资源、人力资源并列成为三大资源。我们每日每时都在进行信息的交流，如东西方文化交流，还有各种技术革新小组、读书会、学术沙龙等使信息沟通大众化、普及化。

心理沟通即人的心理活动的交流，包括情感的沟通、意志的沟通、兴趣的沟通、性格的沟通等等。思想工作者转变人的态度，战场上鼓舞士气，赛场上的激励拼搏，管理上注重感情投资，教学讲究兴趣效应实际上都是在进行心理沟通，心理沟通有着十分广阔

的应用前景。

（五）告知型沟通、征询型沟通和说服型沟通

根据沟通的目的不同，还可以把人际沟通分为告知型沟通、征询型沟通和说服型沟通。

告知型沟通是以告知对方自己的意见为目标的沟通，一般以言语沟通方法进行。要求准确、明了，否则有可能会产生歧义。比如，一位总经理让秘书去买两份报纸，结果秘书有事，转请另一个同事去买，那个同事最后买了两只包子给总经理，这是语言信息在传递过程中产生错误。另外，重读、语气、语调和语速都可能影响沟通的效果。

征询型沟通是以获得期待的信息为目标的沟通，一般以发问的方法进行。要求谦虚、真诚、有礼貌。

说服型沟通是以改变态度为目标的沟通，主要用说理的方法进行。说服型沟通具有较大的难度，因为它必须改变他人的观点、思想、情感、态度，而不仅仅以传达到或被人接收到为结束。批评、规劝、调解与争议等都属于说服型沟通。

三、公共关系沟通

一个社会组织在实践它与公众的全部关系的活动中，除了信息的传播还有感情的沟通和关系的协调。而公共关系沟通最终是靠人去实现的，并且落实到人与人之间的沟通上。因此，公共关系沟通与人际沟通是密切相关的，在内容上和手法上是直接相通的，不仅如此，有时候在公共关系活动中，人际沟通还直接参与和发生作用。

（一）公共关系沟通的概念与意义

公共关系沟通，指的是社会组织与公众之间在双向或多向传播之后双方互相理解、相互影响共同合作的互动过程。公共关系沟通是整个公共关系工作的重要环节，它有两大意义：

1. 提高公关传播的效果

因为传播的效果是有限的。所以公关人员在进行公关传播活动时,就不能将传播停留在单向传播上,不能满足于把什么信息都传播出去了,而不去了解传播的效果究竟怎样。我们认为,要提高公关传播的效果,除了要遵行公关传播的一般规律之外,还必须进行公共关系沟通,及时了解公众对所传信息的理解和接受的程度,认真收集公众的反馈信息,然后根据实际情况采取相应的措施,或继续传播,或调整传播计划,或加大传播力度,或巩固传播的效果等等。这样,社会组织与公众之间才能互相理解、相互影响、共同合作,最终达到公共关系传播的目的。

2. 优化社会组织的环境

每个社会组织都处在某种环境之中,这种环境又可分为内部环境和外部环境两方面。毫无疑问,每个社会组织都希望自己的内部环境与外部环境均处于良好的状态,否则既不能生存下去,更不可能得到发展。那么,怎样才能优化组织的环境呢?我们认为要优化组织的环境,对内要使员工关系与股东关系十分协调,进而达到融洽的程度;对外要使消费者关系、政府关系、新闻界关系、社区关系、竞争对手关系十分协调,进而达到融洽的程度。而这一境界的实现,离不开人际沟通。这是因为,社会组织在与内外公众进行沟通的过程中,双方都能了解对方的观念和意愿,彼此进行适应性的调整,进而相互理解、相互影响、共同合作。

(二)公共关系沟通的内容与技巧

社会组织与公众的沟通内容:一是信息;二是意见;三是情感。公关人员可以紧扣内容,巧妙地进行沟通。

1. 与公众的信息沟通

(1)信息沟通的含义。即双方互相传递使对方感到有意义、有价值的信息,并保证对方能准确地理解其真实的含义。

信息沟通是公关活动中一项最基本的内容。社会组织为了提高自身的知名度和美誉度,会及时主动地向公众传播组织的各种信息,让公众认识、了解组织的宗旨和目标、行为方式、组织活动的内容、产品质量、服务水平、社会地位、对公众的态度等,同时也会通过一定的反馈机制收集和整理来自公众的各种信息,让组织认识、了解公众的基本情况、公众对组织的态度和期望等。这样,社会组织便实现了与公众的信息沟通。

如果社会组织只顾传播信息而不顾公众是否理解和接受,甚至不清楚能有多少公众接受了信息,那么社会组织就走进了传播的误区,与"自我欣赏"、"自言自语"没什么两样。如果社会组织不去收集和整理来自公众的各种信息,对有利于组织的信息不加以利用,对不利于组织的信息不加以处理,那么社会组织就走进了反馈的误区,与"我行我素"、"唯我独尊"没什么两样。这样的社会组织由于没有实现与公众的信息沟通,便失去了做好公共关系工作的前提。

(2)信息沟通的网络。信息的沟通都是通过一定的渠道进行的,由各沟通渠道所形成的结构形式称为沟通的网络。信息沟通的有效性与所选用的沟通网络有直接的关系。信息沟通的网络有五种基本形式,如图所示。

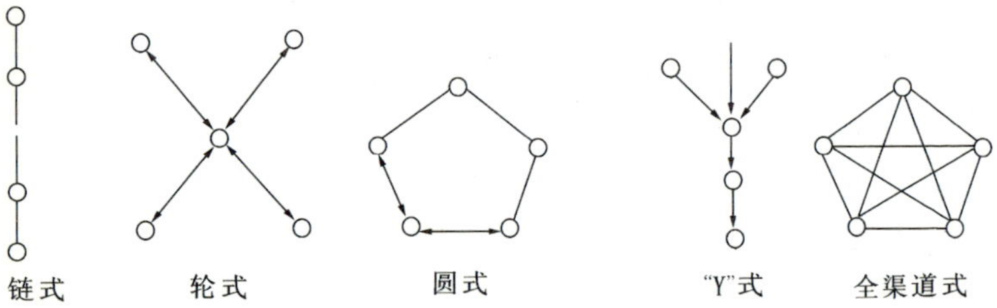

在链式沟通网络中,信息按层次逐级传播,信息的交流与贯通可以自上而下进行,也可以自下而上进行。

在轮式沟通网络中,可以由处于中心地位的人向周围的人进行交流与贯通，也可以由周围的人向处于中心地位的人进行交流与贯通。

在圆式沟通网络中，信息可以由某人向左右两边的人进行交流与贯通，也可以由左右两边的人向某人进行交流与贯通。

在Y式沟通网络中，信息可以由上面的两个人分别向下面的人一级一级进行交流与贯通，也可以由下面的人一级一级向上面的两个人分别进行交流与贯通。

这五种沟通网络都可以用来进行公共关系的信息沟通。不过，从沟通的效果看，每种沟通网络都有各自的优势。链式网络沟通过程中的层次分明，但两个相距较远的人之间只能进行间接沟通；轮式网络沟通的速度快，也容易控制，但周围的人缺乏沟通；圆式网络沟通中，参与沟通的人都有与其他人进行沟通的机会但沟通的速度比较慢；Y式网络沟通的速度比较快，但上面的两个人又缺乏沟通；而全渠道式网络无疑是所有网络中民主色彩最浓的，人人都参与沟通，而且是全方位的信息沟通，但缺乏一个信息中心，沟通过程显得杂乱无章。因此，社会组织要根据实际需要选择合适的沟通网络，使信息沟通更加有效。

2．与公众的意见沟通

(1)意见沟通的含义。即社会组织主动地、经常地听取公众的意见，并将自身的意见持续而广泛地与公众进行交流，努力形成比较一致看法的过程。

公众的意见是多种多样的，归纳起来大致可以分为五类：对人的意见和对事的意见；指导性意见和征询性意见；正确的意见和不正确的意见；批评性意见和建设性意见；口头意见和书面意见。

(2)意见沟通的过程。社会组织与公众进行意见沟通的过程，是一个从意见不通逐渐转变为意见一致的过程，其中包括四个环节和两个矛盾转化的过程。

意见沟通中的四个环节是：

意见不通→意见互通→意见分歧→意见冲突→意见调停

意见沟通中的两个矛盾转化过程是:

第一个过程:从意见不通→意见分歧

第二个过程:从意见冲突→意见调停

在与公众进行意见沟通的过程中,公共关系人员需要在“诚”、“勤”、“广”、“谦”、“和”五个字上下功夫,努力实现与公众的意见沟通。

“诚”,就是要有诚意。要真心诚意地征询各种意见,而且要听得进不同的意见和刺耳的意见。

“勤”,就是要勤快。要经常地发表自己的意见和经常地听取公众的意见,只有勤于沟通,才有利于吸引公众的注意力和唤起公众的责任感,有利于及时地进行意见沟通。

“广”,就是意见沟通的范围广。公关人员要广交朋友,与公众进行广泛的联系,在尽可能大的范围内与公众进行意见沟通,争取大多数公众的理解与合作。

“谦”,就是要谦虚。尤其是自己对公众发表某些意见时,需要注意以谦逊的态度对待公众,尊重公众。

“和”,就是要和气、和睦。与公众意见沟通的目的是为了消除意见分歧、避免意见冲突,与公众建立更和睦的关系。所以在进行意见沟通时有理说理,说理有节,态度和气,语气和蔼。

在这方面,广东大亚湾核电站的公关人员就做得很好。1988年,由于当时苏联切尔诺贝利核电站发生核泄漏事故给全世界带来了核恐慌,接着,香港125万人签名反对在香港的附近大亚湾修建核电站,香港的反核机构还派出了请愿团赴北京请愿,意见可谓大矣!面对如潮的不利意见,大亚湾核电站的公关人员认认真真地做好疏导工作,在香港公众中进行广泛的联络与交流,谦逊地发表自己关于和平利用核能的看法和意见,十分和气地对香港公众介绍大亚湾核电站的特点与安全保护措施(包括请公众代表到大亚湾核电站进行实地参观考察)。经过一系列公关活动的展开,很快就平息了一场反对修建大亚湾核电站的轩然大波。

3. 与公众的感情沟通

(1)感情沟通的含义。这里所说的感情沟通,是指社会组织体察公众的情绪变化,满足公众的情感需求,与公众进行感情交流,使组织与公众之间感情融洽的过程。

人的感情包括情绪和情感两个方面,情绪和情感都是人们对客观事物所持态度的体验,但二者既有联系也有区别。情绪一般是由具体原因引起的,具有情境性、外在性、短暂性,强度较大;情感则是积淀于人脑的习惯性体验,具有稳定性、深刻性、含蓄性,比较深沉。情绪是情感的外在体现,它可以用不同的方式表现同一种情感;情感是情绪的内在依据,不同的情绪都可以找到情感方面的原因。

情绪和情感对人的理智和行为有三大作用:一是具有肯定或否定的作用,能产生满意或不满意、爱或恨的感情;二是具有增力或减力作用,促使人们产生积极或消极的行为,并对人们的理智和能力产生兴奋或抑制作用;三是具有使人产生紧张或轻松情绪、激动或平静情绪的作用。

(2)体察公众的情绪变化。体察包括体验与观察两个方面。体验就是要把自己放在对方的位置上,设身处地为公众着想;观察就是要把自己放在主动者的位置上,积极主动地洞察公众的情绪变化。公关人员只有既把自己放在对方主动者的位置上,又把自己放在对方的位置上,才能够认清和理解公众的情绪,实现与公众情绪方面的沟通。

情绪又分心境和激情两个方面,体察公众的心境与体察公众的激情有着不同的要求。

在体察公众心境方面,公关人员需要注意三点:一是在自身心境良好、公众也心境良好的情况下,不失时机地进行直接的沟通;

二是在自身心境不良的情况下及时进行自我调整，消除不良心境带来的消极影响；三是在公众心境不良时进行的直接沟通，要有“引火烧身”的心理准备。在体察公众激情方面，公关人员除了要注意前面提到的三点之外，还要再注意两点：一是当公众处于愤怒、发泄的激情当中时千万要保持头脑的冷静，以静制动，以真诚的态度说理，以理解的态度劝服；二是当公关主体的代表者与公众发生尖锐矛盾、不利于进一步沟通的时候，应当考虑由其他组织的代表从中进行协调。

(3)满足公众的情感需要。公众的情感需要多种多样，最基本的情感需要有四种，即：自尊需要、友爱需要、理解需要、表现需要。

要想与公众进行感情沟通，公关人员应该尽量满足公众的自尊需要，尊重他们的人格，尊重他们的意愿；尽量满足公众的友爱需要，与他们交朋友，让他们感到友爱的温馨；尽量满足公众的理解需要，设身处地地为他们着想，不勉为其难；尽量满足公众的表现需要，给他们一个自我倾诉、充分表现自己的机会，帮助他们实现自己的愿望。

第三节　影响人际沟通的因素及障碍排除

有一位哲人这样说：“人生的美好，就是人情的美好；人生的丰富，就是人际关系的丰富；人生的成功，就是人际沟通的成功。”确实，我们生活中的烦恼和痛苦，主要是人际关系和人际沟通的烦恼和痛苦；我们生活中的快乐和幸福，主要是人际关系和人际沟通的快乐和幸福。

然而，沟通过程并不是一帆风顺的。恋人们因误会而分手，同事们因语言而失和，客户因处理不当而投诉，下级因批评过重而抵触等等不一而足。我们在实际生活和工作中，常常会因为沟通要素的质量不高、沟通工具的运用不佳、沟通方式的选择不当、沟通渠道网络的状况不良而使沟通的结果不尽如人意，以至于人们不得不感叹：我们面对的，仍是一个难以沟通的世界。

一、影响人际沟通的因素

（一）语言的运用方式造成的沟通障碍

人们只有借助语言才能表情达意、交流思想、协调关系。因而，语言是最重要的沟通工具。但语言又是极其复杂的工具，不同国家、不同民族有着不同的语言和文字，语言不同造成相互之间几乎“绝缘”。1962年，在列入《美国科学技术干部登记表》中的21.5万名美国科学家中，约有48%能阅读德语科技文献，39%能阅读法语文献，5.5%能阅读俄语文献，1.1%能阅读日语文献，只有0.6%能阅读汉语文献，这意味着93%的美国科学家不能阅读中国、日本和俄国出版的科学技术刊物，而这些刊物占全世界科学技术文献总数的三分之一左右，其他国家的语言不通状况更加严重。因而，不同国度、不同民族之间的交流，往往需要翻译才能进行。这远远不能满足人们沟通的需要。随着对外开放的不断深入，在我国，尤其是沿海城市“外语热”高涨，正是要求克服语言障碍，扩大社会沟通的必然现象。

1. 方言差异造成隔阂

我国地域辽阔，有八大方言区：北方方言、吴方言、湘方言、赣方言、客家方言、闽北方言、闽南方言、粤语。而每个地区方言还可以分出大体上近似的一些次方言，以至于初次到南方的北方人饱受语音之苦，问路走错路、乘车乘错站、购物听不懂话、甚至因语音误会而引起纠葛。有一个北方人出差到广州，在公交车上，因为人多，把他挤到了一位妇女身边，这位妇女皱着眉头对他说：你爱着我，我很幸福。这位北方男子莫名其妙地说：我没爱你呀。结果，弄到最后才明白，这个妇女原来是说：你挨着我，我很辛苦。而广东人“辛苦”的发音一般人听起来就像“幸福”。

近年来，有关专家一再提醒人们，由于一度自我封闭，大陆与台港澳之间的语言差异在扩大，不仅直接影响到海峡两岸之间的交流，也使信息产生差异，给电子计算机的汉字输入系统的研制带来困难，这是不利于祖国统一大业的。因此，社会各界普遍感到，当前研究消除语言障碍，对中华民族来说，不仅必要，而且十分紧迫。

2. 语义不明造成歧义

语义即词语的意义。词语是最小的能自由运用的语言单位，它是句子的细胞。语义不明，就不能正确表达思想，不能成功地沟通。比如，有一个学生给校长写信说："新学期以来，王老师对自己十分关心，一有进步就表扬自己。"校长看了这封信，非常纳闷：这究竟是一封表扬信还是批评信呢？这个"自己"是指"老师自己"还是"学生自己"？经过询问调查才弄清这是一封表扬信，其中的"自己"是指学生本人。

在生活中有不同的概念却用同一语词来表达的现象，这种现象不仅使沟通不良甚至引发纠纷。1983年，湖北沔阳县某区多种经营办公室，派了一名工作人员，到福建省某单位签订了三份价值27万元的定购"黄花苗"的合同。可是，由于这位工作人员不熟悉业务，黄花苗运回后，种了一千亩，但长出来的却是一种不能食用，开红花，与本地黄花苗截然不同的所谓"黄花菜"。当时，货款已付出24万元，还剩3万元只好拒付。对方提出申诉，工商部门处理这起纠纷，了解到这种开红花的植物，在当地叫"黄花"是一种供观赏的花，福建等单位发来的货与合同标的物是一致的。在这里，主要是需方的工作人员没有准确地理解"黄花苗"这个概念的内涵与外延，误把"黄花"当作"黄花苗"。

有的语词语义明确，但由于语音和另一语词完全一样，容易误用，也会带来严重的后果。我国东北某公司与韩国某公司签订了一份提供橡子面的原料的合同，结果货发出之后，韩国方面拒收，原因是合同写的是"橡子"，而我方发出的是"橡籽"。这二者虽然是同一种东西，但前者是加工后的半成品，后者却是原始的农作物。结果，查出是我方工作人员在签订合同时，由于读音相同而没有细察，以至于给公司带来损失。

要避免这类错误，就必须学好语言基本功，学会辨析词义。另外就是加强工作责任感，做事耐心细致，特别是重要的文件必须多看几遍，甚至到了字斟句酌的地步，然后再签字。

3. 语构不当造成费解

语构即语言结构，包括语句、语段的结构等。当这些结构不符合语言规律时，就会产生语病，给沟通带来困难。

例如，自相矛盾。常有人说："你的意见我基本上完全同意，就是有一点值得商榷。"在这里，"基本上"和"完全"，"完全同意"和"值得商榷"都是不相容的思想，把它们杂糅在一起，令人摸不着头脑：到底不完全还是完全？完全同意还是不完全同意？

又如，转移论题。一位骑自行车的女青年闯红灯，交通警察批评她违犯了交通规则。这位女青年争辩说："我是赶着去上班，又不是去逛公园。迟到了耽误生产，你能负责？"幸好这位交通警察受过很好的逻辑训练，一下子就抓住了女青年偷换论题逻辑错误，针锋相对地作了批评教育，使女青年心服口服。否则，也许会长时间地争辩不清楚。

再如，先后无序。有一篇文章这样写道："起火了！小王听到喊声，从床上一骨碌爬起来，冲出房门，抄起床边的脸盆，朝起火方向跑去。"这里断定的是连续发生的五种情况，先后顺序明显，不容颠倒。但在这段文字中，"冲出"与"抄起"的次序颠倒了。这种错误达到严重程度时，就是语无伦次，它只能使人糊涂。

研究语言结构的学问即语法学。克服语构方面的沟通障碍，不掌握语法学知识是不行的。

4. 用语习惯造成误会

我国虽是大一统的文化背景，但各地区的亚文化还是有很大的区别，人们的用语习惯也会给沟通带来障碍。有一个西北地区的小伙子和北京的小伙子是业务上的朋友，一次，西北小伙子见北京小伙子的头发很长了就对北京小伙子说："你这头该剪毛了。"北京小伙子一听就火了，心里想，我又不是羊，说剪毛。就回说一句："你才剪毛呢，我怎么得罪你了，你要这么骂我？"西北小伙子也很生气，心想，我好心好意叫你去剪毛，你发什么火？两个人不欢而散。西北人就把头发叫做头毛，北京小伙子不了解这点，认为是侮辱他，而西北小伙子用语也不很规范，以至于闹了个误会。

又比如，上海人称呼女性不管大小，一律称"阿姨"，有一天，一个女青年到一所大学的女生宿舍去推销小饰品，一开口就称呼女大学生们"阿姨"。本来兴高采烈的女大学生们，被她一喊都蔫了，没有一个人买她的小饰品。她走后，女同学炸开了锅："喊我们阿姨？我们又没有老！"

同一语言中的语词含义不同，在山东，"老爷们"如果称少女为"姑娘"会挨耳光，因为那里的"姑娘"是妻子的谦称。

文化人的用语习惯在与知识水平不太高的人沟通时也会造成阻隔。有一个老妈妈托人给儿子介绍对象，几天以后，小伙子写信告诉母亲："女方爽约。"母亲非常高兴，以为女方是爽快地赴约了，逢人就讲儿子有对象了。一年后，母亲要求见见姑娘，儿子才把"爽约"解释清楚。母亲连连责怪儿子没把话说清楚，耽误了大事，儿子也后悔莫及。

我们在与人交际和沟通时应当按礼仪规范去称呼和交谈，一般不用文言词和方言词，才会少一些误会和多一些谅解。

(二)文化习俗的不同带来的沟通障碍

文化的定义多到不计其数，但大致可以包括知识、信仰、艺术、道德、法律、习俗以及个人的能力和习惯等。文化规定和调节人们的行为。

来自不同文化的两个人，在沟通行为和赋予意义的方式方面的差异,是非常大的。一种文化的编码的信息和另一种文化的解码会带来沟通的困难。

“天气转冷了,多穿点衣服,别感冒了。”这是一个富有爱意的劝告,可同样的这句话,如果对中国人说,他会感受到你的关心和好意;而如果你对美国人说,他却认为你是一种站在优越地位上的教训口吻,认为是把他当作一个孩子,连穿衣服这样的小事也不知道,因而很不高兴。显然这与美国人强调自我的独立个性意识是背道而驰的。

习俗,即风俗习惯,是在一定文化历史背景下形成的具有固定特点的调整人际关系的社会因素,如道德习惯、传统礼节等。风俗是因约定俗成而世代相传的,虽然不像法律那样具有强制力,但通过家族、邻里、亲朋的舆论监督,往往形成一种强大的力量,迫使人们入乡随俗。忽视习俗因素而遭致沟通失败的事例屡见不鲜。

1. 跨文化传播的困惑和悲剧

文化背景也会影响语句意义的理解。有一种牌号叫魁克托(CRICKET)的小型汽车,在美国的销售情况与英国的销售情况大为不同。究其原因,在于对“CRICKET”一词的理解不同,这个词是多义词,既可以指“蟋蟀”,又可指体育运动中的板球。美国人不爱打板球,所以一听到“CRICKET”理解为蟋蟀,于是觉得这种汽车虽然很小,却跑得很快,就像蟋蟀一跳二跳就跑了一样,所以在美国市场上这牌子很有吸引力。而英国人则相反,听到“CRICKET”首先就想到板球,“板球牌”汽车怎能吸引人呢?

又如,1980年初,联合国秘书长飞抵伊朗协助解决人质问题。伊朗的大众传播媒介一播放他抵达德黑兰时发表的谈话“我来这里是以中间人的身份寻求某种妥协的”时,他的努力立即遭到严重的挫败。原因是“中间人”(MEDIATOR)一词在伊朗文化中是暗指“爱管闲事的人”,即未被邀请的参加者。在这样的文化背景中理解“中间人,的意义,自然他的坐车会受到愤怒的伊朗人石头的袭击。

不同文化的翻译也会使沟通产生悲剧。第二次世界大战临近结束时，在意大利和德国投降之后，同盟国也向日本发出最后通牒。日本首相宣布他的政府愿意(MOKUSATSU)考虑这份敦促的最后通牒。然而，日本通讯社对外广播的译员，却选取了MOKUSATSU一词的另一义项——“注意到”。美国据此断定日本不愿意投降，于是先后在广岛和长崎投下了两颗原子弹，其后果的严重可想而知，这可以算得上是沟通史上的一大悲剧了。

2. 不同的礼节习俗带来的误解

一位保加利亚籍的主妇招待美籍丈夫的朋友吃晚饭，在保加利亚，如果女主人没让客人吃饱，那是件很丢脸的事。因此，当客人吃完盘里的食品之后，这位主妇照例要为客人再添一盘。客人里正巧有一位亚洲留学生，在他的国度里，宁可撑死也不能以吃不下去为理由来侮辱女主人。于是他接受了第二盘，紧接着是艰难的第三盘。女主人忧心忡忡地准备来第四盘。结果，在吃这一盘的时候，那位亚洲留学生竟撑得摔倒在地上。

一位德国工程师到日本去谈判，在日本期间，他受到热情的接待，当他提出自己的意见时，日本对手微笑着频频点头。他回国后满怀希望地期待了三星期后，却得到了完全出乎意料的回答——他所提的意见，半数以上遭到否决。他实在不知道，日本人的点头和微笑，决不是同意的表示，那只不过是一种礼貌。

更令人惊异的是，日本人在宣布亲朋的死讯时，有时也面带微笑。原来。微笑对日本人而言，并不一定表示愉快，也可以表示尴尬或哀戚，甚至用微笑来掩饰愤怒和厌恶。1941年，日本特使与美国国务卿赫尔举行最后一次会谈之后，面带微笑，告辞而去。参加会谈的美方人员看到日本特使的愉悦神情，都对未来的美日关系表示乐观，可是，谁也没料到，不多久便爆发了举世震惊的日机突袭珍珠港事件。难怪一些研究“非言语传播”的学者说，如果当年的美国官员对所谓的“JAPANESE SMILE”(日本式的微笑)有深切的了解，或许珍珠港事件就不会发生。

3．不同的宗教习俗带来的冲突

不同的宗教习俗也会给我们的经济活动带来灾难。80年代，我国向阿拉伯国家出口鸭子，在阿拉伯国家，鸭子的宰杀方法是有规定的，必须得从鸭子的背上剖开，而我国的出口鸭子全部是由机器开膛，从胸脯上剖开，冻好送到阿拉伯国家。结果经由伊斯兰教的阿訇检查，一看宰杀方法不对，全部退回，光是运费就很昂贵，损失巨大。

可见，要使沟通达到预期目的，就必须很好地了解各国各地的各种习惯、风俗以扫除沟通中的障碍。

4．不同的时空习俗带来的麻烦

人们发现动物在自己的“领土内”，最有办法防卫自己。人，也是一种有领域感的动物。事实上，我们每个人都占有一定的空间领域，我们把这些空间领域随身带来带去，并对侵入这些空间领域的举止做出各种反应，这就是界域观念。界域观念是非语言传播的组成部分，是人体语言沟通的基本原理之一。

不同国家的人在交流的时候对双方的空间距离和双方的目光要求也有很大的不同。北美人与拉丁美洲人交谈时，如果他们是在一个空荡荡的大厅里，那么他们可能会从大厅的这头一直移到另一头。这是因为，在北美洲，如果谈话对象是成年男子，谈话内容又是业务关系，那么，双方的距离大约为2英尺，如果距离太短他们就会感觉不舒服。在拉丁美洲办事机构工作的北美人，甚至善用“路障法”，即用一张桌子或一台打字机来与当地人保持一定的交谈距离。而对拉丁美洲人来说，2英尺的距离好像显得太冷淡、太不友好了。于是，他会主动接近谈话对象，甚至无视北美人设置的“禁区”，把身子探过桌子与人交谈。结果就出现了前面所说的情景：北美人为了获得舒适的交谈距离而一点点地后退，而他的拉丁美洲伙伴为维护他的习惯距离就亦步亦趋，直至北美人因墙壁的阻挡再也无法后退为止。

在交谈的目光上的不同表现在：瑞典人交谈时喜欢互相对视；英国人则很少对视；美国西南各州的那发赫人认为向对话人投射目光是不文明的举动；日本人认为在闲谈时直接盯着对方的脸是不礼貌的，于是常盯着对方的脖子交谈；地中海各国，人们普遍认为，呆滞的目光是不吉祥的凶光，所以他们力避直眉瞪眼，以免招惹是非，他们习惯闪电式的扫射；阿拉伯人则与之相反，认为与人对话而目光旁落是侮辱他人的行为等等。

（三）心理差异形成的沟通障碍

人的个体心理过程和个性心理特点也有很大的不同，因此，现实中的沟通活动还常为人的认知、情感、态度等心理因素所左右，有些心理状态常对社会沟通造成障碍。

1. 知觉的选择和需要偏差导致沟通障碍

知觉是人脑对直接作用感觉器官的客观事物或人的整体反映，是个体心理过程的主要成分之一，人的知觉的产生受各自的经验、知识、价值观和需要的影响。同样的客观事物对不同的人往往会产生不同的知觉，人的知觉与客观事物常常发生不一致。

知觉的选择性造成的偏差。心理学家的多次实验证明：人们对作用于自己感觉器官的客观事物，往往根据各人的经验、兴趣、身份、地位、职业等的不同，有选择地认识其中一部分。比如，有人做过这样一个实验：让 23 个经理阅读一份有关某化工厂全厂概况的资料，阅读后，要求他们以“该厂生产经营中存在的最主要的问题”为题各自写出分析报告。由于这 23 个经理中，有 6 人是负责销售的，5 人负责生产，4 人负责会计，8 人负责其他部门，各人所负责的部门不同，因而各自感受也不同。于是各人写出来的，大多数都是与他自己主管业务有关的问题，而不是反映这家工厂全貌的问题。

了解了知觉这一特性之后，我们在与人沟通时就应认真地了解对方的经历、兴趣、身份，并作认真的分析研究，这样在我们发表意见时，就能使对方不至于产生理解上的偏差，以使沟通顺利地进行。例如，当我们与外商洽谈出口一套先进的化工生产装置时，当了解到外商谈判人员是设备专家时，就应该在与之沟通中着重强调设备方面的优越性，其他方面，不宜过多地叙述。

知觉的需要造成的偏差。由于个人对某一方面的特殊需要，在与人打交道时会对某人某事的优点看得比较多，对其不足之处看得比较少，有意无意地歪曲事实，以达到自己的预期目的，这种现象，在心理学上称之为“知觉的需要”。

心理学家做过这样一个实验，让一部分人在实验一小时之前进食。另一部分人在实验前16小时内不吃东西，然后给这两类人看一些模糊不清的图片，要求他们说明图片的内容。结果是那些很久没吃东西的人中，很多人把图片的内容看成是食物。这实际上是需要驱使的心理作用。由此可知，在生活中，为什么有些人急于发财或急于恋爱，反倒往往被人骗钱骗色，并不是他们看不到对方的破绽，而是他们被自己的“需要”蒙蔽了双眼，而对骗子并不高明的骗术“视而不见”。

初次参加经济活动的新手，往往比较急切地希望生意能够成功，因为是初次亮相，涉及到上司和同事们对他的胆识与能力的评价问题，为了不致最后空手而归，他宁可在谈判中多作一些让步，也要争取成交。即使是生意场中的老手，有时，对某一笔交易事先期望过高而准备不足，又在上司和同事面前做了许诺，而对方态度非常强硬，他们常常也会出现这种情况。而他们在向上司和同事回复时，一般都是有意无意地夸大对方的实力和本方的困难，以证明自己决策的正确性。他们可能会这样说：“我们能够签订这样的协议，获得这么多的利益，实在是不容易了。”而实际上，他本来可以得到更多的利益。

认知的偏差还有“成见效应”，这在论述人际吸引的章节中已写到，此不赘述。

2. 情感失控使沟通失利

人总是带着某种情感状态参加沟通活动的。在某些情感状态下，人们容易吸收外界的信息而在另一些情感状态下，信息就很难输送进去。如果不能有效地驾驭情感，就会有碍正常的沟通。比如，不能摆脱心情压抑状态的人大多数表现出孤僻，不愿与人交往的倾向，在公共场合很少说话，对别人的话不感兴趣，对某些信息甚至有厌恶感。

又比如，感情冲动时往往不易听进不同的意见。《三国演义》中的刘备一向对诸葛亮言听计从，但在关羽被害后，因伤心过度一反常态，拒绝诸葛亮的劝阻，兴兵伐吴，结果被火烧连营七百里，气死在白帝城。在现实生活中，感情冲动的现象真是太多，一些人遇有不合便怒目而视，唇枪舌剑，互相容不得对方意见，更有甚者不由分说便挥以老拳，酿成后果不堪收拾。

还有情绪偏颇，如骄傲情绪、急躁情绪、妒忌心理、猜疑心理也会束缚沟通。歌德在莱波切釜大学求学的时候，爱上了一家酒馆老板的女儿，老板的女儿也爱他。然而初恋时的歌德也犯有猜疑和妒忌的毛病，当他看见姑娘在戏院中和别的男子谈话时，便非常气愤甚至发狂。爽直的姑娘受不了这种感情上的折磨，最后还是和歌德分手了。可见猜疑和妒忌伤害感情，疏远关系。《红楼梦》中的林黛玉自己说："我最是个多心的人。"正因为如此，别人的言语行为很容易引起她的猜疑和伤感，以致经常过着以泪洗面的日子，她年轻的生命过早结束，与她的性情不无关系。

某地有一个颇有名气的企业家在赞扬声中渐渐滋长了骄傲情绪，自我陶醉，忘乎所以，把学习现代管理知识看成是浪费时间，还把办公室搬到有四道门卡的密室中，连副厂长都不能随便见他，谁的意见他都充耳不闻，把自己变成了一个孤家寡人，最后他的企业终于倒闭了。

3. 态度欠当达不到理想的沟通

态度是人对其所接触的客观事物对象所持的相对稳定的心理倾向,并以各种不同的行为方式表露出来。一个人的态度会对他的行为产生指导性的推动作用。凡是以恰当的认知、健康的情感支配行为的心理倾向,就是科学的态度;反之,就是非科学的不端正的态度。态度不正确,也不能有理想的沟通。

美国某大学心理学系做过这样一个实验:在开始讲课前,教授给学生们介绍一位客人说:"这位是汉斯·斯密特先生,他是世界著名的化学家,我们特邀他来美国研究某些物质的物力和化学性能。"然后,这位斯密特先生用德语向学生讲,他正在研究一种新发现的物质的性能,这种物质的扩散非常快,以至于人们刚刚嗅到它的气味就立刻消失了。尔后,他从皮包里拿出一个装有液体的小玻璃管,说:"我一打开试管,这种物质会立即蒸发出来。这是一种无害的气味,像我们厨房里的煤气一样。这一点点样品具有强烈的刺鼻气味,你们很容易嗅到。请大家一闻到气味就立即举起手。"他打开试管后不一会,从第一排到最后一排,所有的学生都举起手来。

事后,心理学教授向全班同学讲,这位"斯密特"先生不是别人,乃是德语教研室的一位老师。所谓具有强烈刺鼻气味的物质,不过是普通的蒸馏水而已。实验证明,迷信权威往往会使人接受虚假信息。而这是沟通之大忌。

实验还证明,爱面子也会造成判断失误,以至于人云亦云、以讹传讹,这些都是沟通中不正确的态度。

4. 角色意识过强阻碍沟通

角色一词其原意是指演员在戏剧舞台上依照剧本所扮演的某一特定人物的专门术语。引进到社会学中,是指每个人作为社会一分子,在社会大舞台上都扮演着角色,都得按照社会对这些角色的期待和要求,服从社会行为规范。在人际沟通中存在着"角色性非对等人际沟通”和“非角色性人际沟通”。

“角色性非对等沟通”是指沟通者本身承担着某一角色的传播活动，所以有很多的规范。所谓非对等是指有一方是主动的、积极的、直接施予影响的，另一方则是被动的、消极的、接受影响的。最为典型的便是演讲、说服和推销。

“非角色性人际沟通”是指在沟通活动中不代表本身以外的角色，仅以个人角色介入。这种沟通其实是最为轻松自在的，角色压力等于零。

但是，人们在实际沟通中往往自我角色意识太强，给沟通带来障碍。比如，素不相识的甲乙两人在公园里相遇，通过攀谈双方本来都有好感，但经过深谈之后，甲得知乙是大学教授，因而肃然起敬，乙也得知甲是工厂工人，此时由于职业的不同和层次的差距，出现自我角色意识障碍：甲可能觉得自己与大学教授相比显得渺小，难以产生共鸣；而乙也可能自命不凡而拒绝与甲深谈。因此甲乙二人虽然进行了接触，但未能达到深层次的沟通。

（三）组织机构不合理导致沟通不畅

一个社会组织只有恰当地协调与整合各子系统及其与环境的关系，才能实现自己的功能。而衡量一个社会组织的优劣，很重要的一个标准是看其能否有效地内外沟通。反之，不合理的组织结构也是捆绑沟通的绳索。

1. 层次过多造成信息失真

传递层次越多，失真的可能性就越大。有一个这样的实验：拿一张图给第一个被试者看，然后，让他根据记忆重新画出来，再将重新画的图给第二个被试者看，也让他根据记忆再画一张。传到第四个人时，画出的图与原样就相差甚大了。每多传递一次，信息就丢失一些，甚至有的信息传到最后和原来的面目全非或截然相反。“三人成虎”的故事正说明了这个道理。有些社会组织中间层次过多，以至于最高决策层的指令贯彻下来已经走样或力度不够，有人形象地把这个现象叫做“深井效应”。要避免这种情况，就要在组织机构中减少层次，减少信息传递环节，尽量做到“一竿子到底”，这是保证沟通内容准确无误的根本措施。

2．机构重叠造成沟通缓慢

机构设置繁多，必然造成印章循环。有一个美籍华人到杭州投资，创办一个企业，结果从列项到签约总共盖了二百多个公章，还没有成功。医学上讲，一个过分肥胖的人，反应迟钝，缺少活力，心脏承受着重压，血压循环与新陈代谢受阻，往往导致血管坏死和高血压动脉硬化，冠心病也相伴而生。社会组织也是同样，过于“肥胖”，必然缺少活力，反应迟钝，信息传递失真，沟通缓慢。在农业时代，我们注重的是土地；在工业时代，我们注重的是科技；在资讯时代，我们注重的是速度。那么，一个过于“肥胖”的组织机构是不适应生存的。可喜的是，政府对此已经做了很大的改进。在西部开发的浩大工程中，许多市县销毁了不适应新时代前进步伐的红头文件，简化手续，让招商引资工作一路畅通，大大加快了西部开发的步伐。

3．条块分割造成沟通“短路”

我国原有的经济体制是自然经济和超前产品经济的混合物，其经济组织基本上从属于各级政权机构。条块与条块之间，各个条条之间，各个块块之间，出于自身的利益，各自为政，各霸一方。这种组织系统，使企业之间在商品流通、技术交流、劳力调配等方面，要发生横向的协作与联系都要经过繁琐的审批手续，取得主管部门的认可。只要一关通不过，就不能实现沟通。条条分割、层层设卡、地方封锁，严重地堵塞了企业之间共同联合、自由沟通的渠道。加快改革的速度和力度，打破隔山隔水的分割状态，架起沟通的桥梁，是各级政府和我们公关工作者义不容辞的任务。

4．渠道单一造成信息不足

传统的组织结构，传递基本上是单方向的。组织结构的安排不大考虑便于从下往上提建议、商讨问题等途径，所以往往出现信息不全面，组织的决策下属不理解或不感兴趣等问题。许多基层工作人员积极性不高，大多不是自身做不好，而是不了解工作结果及意义。为了加强上下沟通，许多单位研究设计了多种沟通渠道，如通过正式组织，象党、团、工会等渠道反映情况；举行民意测验，广泛收集意见；召开各种类型座谈会；进行家访和谈心；定期进行上下对话，商讨共同关心的问题。

二、排除障碍　创造双赢的沟通

多年前，美国前总统尼克松就指出：对立的时代已经结束，谈判的时代已经到来。的确我们的时代是一个沟通的时代，很多事情可以不通过武力来解决，而通过沟通得到一个圆满的结果。现代社会学研究揭示，社会交际中大量的是“非零和博弈”的交际。所谓“非零和博弈”是相对于“我赢你输”($1+[-1]=0$)的“零和博弈”而言的，也就是说，常常是你赢我也赢，最终大家都赢，或者是“你要占便宜我也要占便宜，结果两个都吃了亏”。改革开放的总设计师邓小平在香港回归问题上提出的“一国两制”，无疑是沟通的伟大创举，它将是载入沟通史上的光辉典范。

要创造双赢的沟通，必须注意这样几个原则：

1. 不要争辩，重要的是解决问题

争辩是沟通的最大障碍之一。有两个人在图书馆里争论不休：一个要开窗，一个要关窗。图书管理员跑过去，问其中一个，为什么要开窗，回答说，我要呼吸新鲜空气；又问另一个，为什么要关窗，回答说，避免噪音。管理员想了一会儿之后，关掉这间房间的窗户，打开旁边房间的窗户，这样一来，既让空气流通又避免了噪音。这个例子告诉我们，沟通，不要忘了目的是解决问题，而不是去针对立场。每一个立场背后，都隐藏着潜在的利益或需求，沟通就是努力挖掘出立场背后的需求（或是转化），再寻求满足利益或

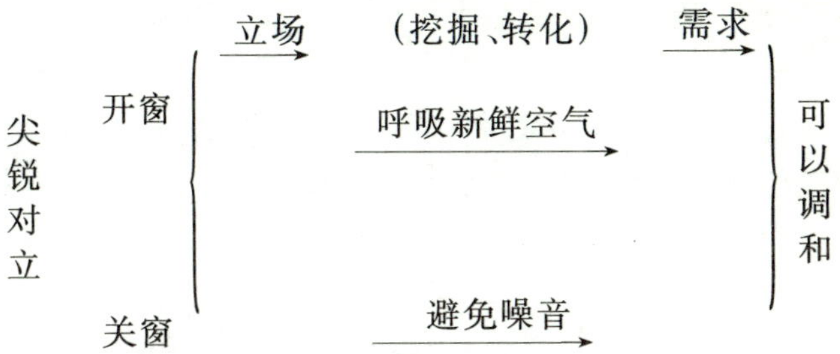

需求的办法，而争辩只能伤害感情，破坏关系。

2. 公平的原则

兄弟二人分享一块蛋糕，谁也不愿意少得一点，妈妈建议一个孩子切开蛋糕，而另一个孩子可优先挑选其中的一块，结果两个孩子各得其所，高高兴兴地分享了蛋糕。这个事例，演变为一个公正的程序，名为"C C 法"其英文原意为"One cut, the other choose"（一人切开，另一人选择）。在海洋法的谈判中，与会各国就如何分配深海底资源的开采地域问题展开激烈的争论，草案规定，整个地域一半由私人公司开发，一半由联合国管理的开发组织——国际海底管理局开发。但发展中国家的代表认为：私人公司技术先进，有能力选择条件最佳的区域开发，国际海底管理局因技术能力不强而只能开采某些不理想的区域，协议草案无法通过。最后还是"CC 法"。解决了问题：准备开发海底资源的私人公司必须同时向国际海底管理局提交两个开发区域，国际海底管理局有权优先挑选其中的一块作为自己开发的区域，同时授予私人公司开发另一区域的许可证。

3. 最优化原则

有时候，公平法则并不是最优化、最大化的双赢局面。同样两个小学生分一个橙子，采用"CC"法一人一半，谁也不吃亏。但后来的结果是，一个学生把橙子肉吃了，而把橙子皮扔了；而另一个学生把橙子肉扔了，把橙子皮拿回家给妈妈做蛋糕。其实，他们完全可以各取所需，无需争议地最大化地获得自己的需求。

这个原则，在美国调停以色列和埃及因西奈半岛而发生的争端中，得到了最佳演绎：1967 年以埃六日战争之后，原本属于埃及的西奈半岛被以色列占领。之后，两国为西奈半岛的主权问题发生争端，谁也不肯让步，这个问题已成为世界最紧张的焦点。

1978 年美国总统卡特在戴维营，主持埃及总统萨达特和以色列总理贝京的谈判。其实西奈半岛只是一片沙漠，没有多大的经济价值，但收复半岛的主权关系埃及国家领土完整的尊严；而身处阿拉伯国家包围中的以色列如果放弃西奈半岛，则等于没有了军事屏障。美国将双方的利益作了分析，经过协商达成协议，把西奈半岛完全归还埃及，但要求大部分地区非军事化。如此一来，一个得到了领土的完整，一个保障了国家的安全。双赢！

4. 不要预设立场

沟通中切忌犯预设立场的毛病，立场是人们对事物的观点和主张。在没有了解到对方的真实或完全的想法与意愿之前，不可凭主观猜测而作出自己的决定。比如，一对好朋友，有一天，其中一个见对方冷淡自己，便想，有什么了不起，你不理我，我也不理你。而另一个本就心情不佳，见状，也疏远了对方。一直到最后，才了解到前面那位和男朋友闹了别扭。

在营销中也常见这类现象。一个销售人员去拜访客户，一见面，客户便大叹苦经，销售员就以为上次说的那批开关对方不打算要了，纯粹是为了不白跑一趟，而开始介绍一种新产品。没想到，对方说："厂里现在这种情况恐怕不会考虑新产品，如果你们根据我们的特殊情况延长付款期限，那批货我们还是可以下订单的……"并不是经常会发生事后证明"我以为"的想法是错误的。应当用提问的方法来了解对方的意图和需求，而不是用"我以为"来让我们掉进看不见出路的陷阱。

在这方面美国人做得比较好。中国人和日本人比较爱面子，也非常注意别人的面子,而美国人则不理会这一点,只要他们没有得到明确的答复时,决不认为你对讨论的问题已经否定了,他们将继续他们的谈话。

5. 幽默是人际沟通的润滑剂

幽默是打开沟通大门的金钥匙。陈毅外长在1965年的一次中外记者招待会上,先作了简短的开场白之后,就别开生面地话锋一转,笑眯眯地说:“各国记者阁下们可要警惕啊!你们到中国来,存在着被洗脑筋的危险哦。”大家一阵哄笑,会场气氛顿时活跃起来。

幽默也是消除窘境的润滑剂。一次谈判会上,双方为一个焦点问题闹僵了,这时作为东道主一方的经理灵机一动地指着一盘菜说:“这是一道什么菜?”一位客人说:“是鸡。”经理一本正经地说:“一定是公鸡!难怪大家要斗起来,我提议,来点儿灭火剂。”他举起酒杯:“干杯!”大家全笑着干杯,一场干戈顿时化为玉帛。

第十章　公关言语技巧

公关言语技巧是指在公共关系实践活动中,公关主体在公共关系基本原则和语言理论的指导下,创造性的使用语言而表现出来的给人以美好感受并能取得良好效果的各种方法和技巧。由于语言运用贯穿于公关实践活动的始终,言语交际就成为公关实务的基本手段。存在于公关实务活动中的言语现象,由公关言语活动和公关言语成品两部分构成。公关言语活动是指一个组织为了特定的公关目的而对特定公众所进行的言语活动:从表达和领会的角度看,它分为表达活动和领会活动;从语言媒介形式的角度看,它分为口头的说听和书面的写读。公关言语成品是指公关言语活动所产生的成品,即公关主体所说出来的话语和写出来的文章。无论是表达活动还是领会活动,是说听还是写读,都是以人类自然语言为主要工具,其中的说听活动还要运用到体态语言等。如何准确灵活地运用语言媒介向公共关系对象传播信息,改变公关对象的态度,从而达到公共关系工作的目的,就成为每一个从事公关活动的人最基本、最重要的技能之一。

第一节　公关语言概述

一、语言是人类最重要的交际工具

(一)语言、交际和交际工具

什么是交际?交际就是人与人之间的往来接触。人们进行交际的目的是协调彼此的关系,沟通彼此的思想感情。在交际过程中,每个人既是交际的主体,又是交际的客体;他用自己的言行去影响别人,同时也被别人的言行所影响,从而达到双向交流,双向影响的互动效果。

人类交际的主要工具可以分为两种:语言和非语言。什么是语言?语言是声音和意义相结合的符号系统。语音如果不表达某种确切的意义,只是一种纯粹的声音,属于物理现象;语义如果不依附于某种确定的声音,也无从存在,所以说语言是一种特殊的社会现象。从另一个角度看,没有语音,词汇就无从存在。没有词汇,语法就无从存在。语音、词汇、语法三大要素相互关联、相互对立,共同构成语言的整体。除此以外,人类还用旗语、红绿灯、电报代码、数字符号等进行交际,也用面部表情、手的动作及体态等进行交际,但这些都无法与人类的有声语言相比。首先,这些非语言的交际工具都是建立在语言的基础之上,离开了语言文字,它们就不能独立存在。其次,它们的服务领域特别狭窄,仅限于相应的领域。再次,它们偶尔也能独立完成交际任务,但都仅限于某些特定环境,如眉目传情、挥手告别、鼓掌欢迎等。非语言在大多数情况下是作为语言的辅助工具,与语言一起完成交际任务,所以只有以声表义的语言才是人类最重要、最富表现力的交际工具。

(二)语言、言语和言语活动

语言被用于交际应看做言语,故人们通常说的语言的交际应当准确的表述为言语交际。什么是言语?言语指的是对特定语言的具体运用。一般认为言语包括两个方面:一是使用语言的过程,即言语行为;二是使用语言的结果,即言语作品。“言语不同于语言,运用同一种语言的人不见得有同样的言语,言语就是说话(或写作)和所说的话(包括写下来的话)。例如,我们运用汉语去说话(或写作)的行为和我们运用汉语说(或写)出来的一句一句的话

(甚至于可以大到一段演说、一篇文章、一本著作),就是言语。"[①]

语言和言语的主要区别是:语言是抽象的,言语是具体的;语言是民族的,言语是个人的;语言的材料和组合规则是有限的,具体言语却是无限的。语言存在于言语之中,言语是对语言的具体运用;人们可以根据交际的需要随意讲话或写文章,但却必须使用民族共同语的材料,遵循其语法规则。任何一种语言的语音系统、词汇系统和语法系统,都是从使用这种语言的全体成员的言语交际中抽象、概括出来的;而使用这种语言的人们的大量言语交际实践,又必然进一步改变、发展、完善全民族的语言体系。语言体系又制约着人们的言语交际活动,如果没有语言体系的规范,言语就无法理解,从而失去交际的作用。

什么是言语活动?言语活动就是使用语言进行交际的具体活动。说写、听读,表达、领会都是对语言的运用,都是言语活动,说出来供别人听的话是言语活动的结果。用信息论的观点来观察言语活动可以分为五个阶段:(1)编码。当说话人产生了说话动机,准备向听话人传递某个信息,那他首先必须"制定计划",想说什么,以怎样的方式说,据此选择适当的词语并且根据语法规则组词成句。这是个心理过程。(2)发送。几乎是在编码的同时,大脑通过运动神经将特定的指令传到声带、舌头、嘴唇等发音器官,引起发音器官的肌肉运动。发送阶段是"执行计划",是个生理过程。(3)传递。发音器官的运动使它周围空气产生了微小的压力变化,即声波。与一般声波不同的是,这些声波作为信息载体,含有特定的语言意义。声波以空气为媒介,从说话人传到听话人耳里,是个物理过程。(4)接收。在听话人耳朵里,负载意义的声音作用于听觉器官——鼓膜,并产生神经冲动,沿着听觉神经传递到听话人的大脑。从鼓膜感知声音信息到输入大脑是个生理过程。从信息传递的方向看,是

① 高名凯、石安石主编:《普通语言学》,中华书局 1963 年版,第 17 页。

发送的逆传递。(5)译码。在听话人的大脑中,这些声音信息经过加工整理,以一种特殊的方式由神经冲动还原成为特定的语言意义,从而达到理解的目的。这是个心理过程,它将最初编码的内容最终加以还原。译码是全过程中最关键、最重要的步骤,因为它需要综合运用丰富的知识和各种能力,如观察、推理、想像等,才能准确完成译码任务,将语言信息正确地还原为语用信息。

二、公关言语的含义、特点及语言运用原则

(一)公关言语的含义

言语是对语言的具体运用及其成品,那么,公关言语就是语言在公关实务领域的具体运用及其表达活动所形成的言语成品——话语和文章。首先,公关言语是语言在公关实务领域的具体运用。公关实务工作的目的是使组织与公众相互了解、理解,进而使组织获得公众的信任、合作和支持,使组织在良好的社会环境中生存和发展,可见这是公关主体与公众的一个沟通与传播的过程,这个过程离不开语言的运用。其次,公关言语也指公关实务领域运用语言的结果、成品。公关言语活动包括表达和领会,表达的结果、成品是公关主体自己所说出来的话和所写出来的文章;领会的结果是公关主体对公众的话语、文章的听解、读解,并不形成言语成品,因此,公关言语活动的结果、成品,实际上只指公关言语表达活动的结果、成品,即公关主体为特定的公关目的所说出的话语和所写出的文章。

公关言语是公关主体的言语活动及其结果,因为公共关系是特定组织的公共关系,公关实务也是由特定组织所进行的公关实务,所以公关言语活动只指公关主体的言语活动,公关言语成品也仅指公关主体言语活动(表达活动)所产生的成品。虽然公众也参与了公关言语交际过程,但我们并不专门研究公众的言语表达和领会,公关言语不包括公众的言语活动和言语成品。

（二）公关言语的特点

言语表达的特点在不同领域各自不同：如日常生活言语、行业工作言语、演讲论辩言语、课堂教学言语、文艺创作言语等，各有各的特点。公关言语是为实现特定的公关实务目的而进行的言语活动及其结果，它具有以下几个特点：

1．公关言语的客观真实性

公共关系是一种客观状态，它是与社会组织相伴随的一种客观现象。只有当一个组织及其成员有意识地、自觉地去改善自己的公共关系状态，使组织与公众发生联系，才有真正意义上的公共关系活动。因此，在公共关系活动中，公关人员的言语内容也必须与之相适应，以实事求是为前提，采取客观的、真实的表述或转述。无论是收集信息、还是传播信息；无论是提建议，还是当参谋，言语都应客观实在，真实确凿，不能任凭自己个人喜怒好恶的情感左右，也不能依照自己的主观臆断随意说话，不说假话、大话、空话，一切都从实际出发。对于组织的成就实绩的分析应看到社会因素的作用，对支持过自己的有关单位与人士应表示真诚的谢意，同时还要看到组织自身的不足，承认自己的弱点，坦率地承认因水平或能力不够而造成的失误，须知“瑕不掩瑜”，这样做反而会产生更好的言语交际效果，更能够得到广大公众的谅解和好感。

2．公关言语的文明礼貌性

公关言语的文明礼貌性是公共关系的需要。公共关系学认为，一个组织的任何言行都必须考虑到公众的愿望和利益，都必须考虑到社会影响，因此，公关主体首先应该从自身做起，必须依照法律、道德、习俗等社会通行的准则来行事；公共关系学还认为，公众是上帝，公众永远是对的，他们对组织的生存、发展、信誉、成败起着举足轻重的作用，因此，公关主体在与公众的交往中必须采取积极热情的态度，必须具备真诚友善的品质。

公关言语的文明礼貌性也是公众的自我需要。根据马斯洛的需要层次论原理，人人都有获得尊重的需要，为了争取公众的了解和理解，为了获得公众的同情与支持，为了赢得公众的信任跟合作，必须尊重公众善待公众，努力发现其优点和长处，予以肯定和鼓励；即便是指出其缺点与不足，也要特别讲求方式方法，把握言语分寸，在公关活动中要尽可能地了解公众的需要和愿望，尤其是满足公众自尊、自爱、自我实现的需要。

公关言语的文明礼貌性是通过言语行为、言语内容、言语形式三方面表现出来的。言语行为的文明礼貌性包括积极交往举止文雅，谈吐谦和得体，对自己的话语认真负责，不强词夺理，不横蛮无礼。言语内容的文明礼貌性包括真诚友善不欺不诈，不粗俗不低级，不散布有悖于法律、道德、社会习俗尤其是特定公众的特定习俗的言论。言语形式的文明礼貌性包括语言规范表达科学，便于听读记忆。《礼记》说："言语之美，穆穆皇皇。"意思是言谈的优美，在于谦恭、和气、文雅。这就是公关言语文明礼貌性的三大要素。谦恭指谦逊诚恳，恭敬虚心。能真诚待人胸怀坦荡，能尊重公众的人格、尊严和隐私、权利；能坦诚地谈出自己的看法，虚心接受别人的批评；不自以为是不趾高气扬，不把自己的看法强加于人。和气指说话时态度温和，语气尽量婉转，使人感到和蔼可亲平易近人，愿意与你接近和交谈。在与人意见相左时，能克制自己的情感冲动，用温和的态度和言语去化解矛盾，消除磨擦。文雅指言语纯洁健康，高雅文明，不低级庸俗，不污秽粗野。文雅的言语能反映出公关主体的文化教养和高尚的道德情操。

公关言语的文明礼貌性广泛存在于公关言语行为及其成品之中，不管是双向交流的交谈、对话、磋商、电话往来，还是单向交流的发言、讲话、致辞、演讲，还是进行问卷调查、编写简报、新闻广告、致发信函、填写柬贴、拍发电报，都具有突出的文明礼貌性。

3．公关言语的情感认同性

言语在传播过程中不仅满载着具体的思想信息，而且充满了感情信息,伴随着对所交流的信息内容的理解和对象个体特征的认识,双方都会产生一定的情绪体验。它表现为两种情感状态:一种是感情共鸣,一种是情感排斥。当交往双方对所交流的信息有相同的情绪体验,交往对象的个性符合自己的社会定势时,就会产生感情共鸣。感情共鸣使双方互相吸引,导致良好的人际关系的建立和发展;反之,则产生情感排斥,导致人与人之间的疏远或敌视,造成人际关系的紧张,已经建立起来的关系也会因此而破裂。白居易说过:“动人心者,莫先乎情”。言语传播的目的,是使受众对所传播的信息产生认同感,从而改变原有的态度。作为传播者来说,要有丰富的感情、真诚的态度才能打动对方。

公关言语是融洽公众情感的重要手段。从内部公众看:一个组织事业上的成功,虽然有赖于管理水平的提高,但更有赖于员工对组织情感维系作用的增强。员工们不仅希望自己的工作有意义(价值观问题),自己在事业上有前途(人事环境问题),而且希望工作本身就是一种有人情味的生活(家庭情感问题),如果员工工作的组织形成一种融洽的家庭式感情气氛,工作上的焦虑与压力才能以种种方式得到缓解,获得成功的喜悦也会有人分享。这种情感需求的满足,必然得到升华,形成持久的工作动力和巨大的献身精神。上海液压三厂的厂长贾炳灿,上任后公布了一道“迟到法”:职工上班迟到不扣奖金、不扣工资,只需到工厂门卫室登记理由即可。当其他人对这条厂规不理解时,贾厂长却说出了职工上班乘车难,子女入托难,年轻人需要照顾孩子,年纪大的需要照顾老人等一大堆难处。职工们从贾厂长的话语中听到了理解与尊重,无故迟到的现象反而少了,正应了白居易所说的“功成理定何神速,速在推心置人腹”这句话。从外部公众看:外部公众是组织的衣食父母,对组织的生存和发展起着重要的作用和影响,因为公众的行为决定于公众的态度,公众的态度由公众的理智和情感构成,并且情感因素居于举足轻重的地位,是形成态度的重要因素。组织的外部沟通要充分利用公共关系感情沟通的作用，经常进行以联络感情为主要内容的内外部公众亲善联谊活动，比如赠送生日蛋糕、派送贺年卡、登门慰问安抚、认真接待投诉等；比如节假日、庆典剪彩、互致信函、出席庆祝活动等；比如出资出力帮助社会发展福利事业、教育文化事业、公益慈善事业等，通过这些公共关系活动表达组织真诚的善意和美好的祝愿，表达对公众的尊重和关心，增强公众对组织的信任和好感，建立稳固的友谊。公关言语的情感认同性是言语表达者内心真情实感的自然流露，而不是虚情假意或忸怩作态，至于那种“当面说好话，背后使坏招”，“嘴里叫哥哥，手里摸家伙”，“脸上挂着笑容，眼睛盯着钞票”的现象更是公关言语交际中的大忌。

4. 公关言语的沟通交流性

公共关系的日常工作之一是收集信息、传播信息和反馈信息。无论是收集信息还是反馈信息，语言都是不可或缺的媒介，没有语言作为工具，就无法进行沟通交流。比如收集信息。组织要发展要在竞争中保持优势，就要持续不断地、及时准确地收集和掌握各种信息，像政策法规信息、新闻媒介的信息、外部公众的信息、竞争对手的信息、目标市场的信息等，公关人员只有通过与各类公众的交往与接触，才能获得准确可靠的信息，只有有效的信息才能提高公共关系工作的效率。公共关系活动又是一种具有民主性的经营和管理活动，组织要塑造能为公众所接受的良好形象，求得公众对组织的支持，就必须倾听内外部公众对组织的各种建议和批评，这样才能创造民主气氛，融洽人际关系，提高组织活力。

比如传播信息，组织要提高自己的知名度和美誉度，就必须运用交流的技巧，将自身组织的的所作所为及时地宣传出去，如向公众宣传、说明和解释组织的有关观念、政策和行为等，争取公众的了解、理解和信任，促使公众的认同和接受，为组织的发展制造有利的社会舆论。如果公关人员缺乏积极主动的沟通交流意识则可能使组织丧失发展良机，造成工作上的失误。又如反馈信息，一方面公关人员要通过对全部信息的分析和研究，掌握对公众的动向，及时反馈给有关部门作为决策的依据；还要把通过各种渠道收集来的信息，结合已在档的信息进行整理，去粗取精，去伪存真更新并及时归类，供组织内部各部门参考查阅。另一方面在接受公众正确意见、合理建议的前提下，公关人员要把组织经过调整修改的新思路、新做法及时反馈给公众，让公众来检验组织的意念、意图、决策是否正确，是否符合公众的实际代表公众的利益。

5. 公关言语的协调激发性

在正常情况下，一个社会组织需要协调内部的员工关系、股东关系，需要协调外部的政府关系、同行关系、顾客关系、媒介关系、社区关系。在出现公关危机的情况下，需要妥善处理危机事件，协调与事件当事人的关系、新闻媒介的关系、司法行政部门的关系。为了预防和处理纠纷，需要协调与包括意见领袖、竞争对手在内的各类特殊公众的关系。出于协调关系的目的，需要经常开展各种类型的专题活动，如新闻发布、提供赞助、宴请公众、纪念庆典等。在开展各种活动，协调各种关系的过程中，无论是运用人际传播方式还是大众传播方式，其传播效果都与语言的应用息息相关。恰当准确的表达，可以避免产生误解；委婉含蓄的叙述，可以消除尴尬场面；风趣幽默的说明，可以化解矛盾冲突；热情真诚的解释，可以平息激愤风波——随机应变的公共关系语言艺术，在促进关系协调方面具有特殊的功效。

符合组织意愿的公众行为是建立在交流信息、联络感情、改变态度基础之上的公共关系传播的最高层次，也是开展公共关系工作所期望实现的最终目标。为了优化社会环境、营造良好的公共关系状态，既需要开展专门性的公关活动，也需要把公共关系目的渗透到交际、服务、广告、谈判、营销、演讲等各种活动之中。在各种专门性和相关性的公共关系活动中，公共关系语言艺术的方法和技巧，如彬彬有礼的称呼、恰到好处的寒暄、因势利导的提问、潜移默化的说服、认真耐心的倾听、随机应变的回答、触景生情的解说、不厌其烦的介绍、热情周到的接待、举止端庄的姿态、悦耳动听的声音、亲切感人的语调等，都能有效地满足公众欲望，强化公众动机从而激发公众行为。

(三)公关言语活动的语用原则

公关言语活动的语用原则指的是公关实务中运用语言的原则，具体表现在五个方面：

第一，必须为准确传递组织信息、实现公关实务目的服务，即言由旨遣。不同的组织在不同的时期，面对不同的公众，会有不同的公关实务目的，有时需要建立或维系与(某些)公众的联系，有时需要强化或改善与(某些)公众的公关状态，公关语言表达手段的运用都必须以准确完美地包装思想内容为前提。无论是语言要素的选择、语言表达手段的运用还是交际方式、传播媒介的选择运用，都必须为准确传递组织信息、实现特定的公关实务目的服务，不能偏离目的不顾内容片面追求语言形式美。

第二，必须适应不同公众的不同特点，即言因客异。由于公众有内部外部之分、有重要次要之分、有顺意逆意之分、有现在将来之分，公关语言表达应当根据不同的公众区别对待。由于公众的年龄特点、性别特点、职业特点、职务身份、性格心理、兴趣爱好、处境心情、知识水平、情绪情感、风俗习惯、利益要求等的不同，公关言语表达要适应不同的公众的不同特点有的放矢，对语言形式进行最佳选择。

第三，必须适应特定的言语环境，即言随境迁。公关言语表达一定要兼顾言外语境，即公关活动的时间、地点、场合与环境、气氛，因为一定的言语环境需要相应的话语；固定的时间地点也会因人因事的变化而出现不同的场合，变化的场合需要灵活的话语。公关言语的表达一定要注意特定的言内环境，即前言后语、上下文，要顺理成章地表达自己的观点、阐述自己的理由、抒发自己的情感，不能前言不搭后语，自相矛盾，缺乏内在的逻辑性。

第四，必须传递表达者的真情实感，即言贵情真。公关言语表达中的真情实感，是指语言表达和情态表露的真诚实在，尊重、同情与理解是否发自内心，是否表里如一，是否推心置腹。只有诚心诚意、推心置腹的语言表达，才能收到以情感人的良好效果。“言为心声”、“文生于情”、“情动于衷而形于言”，口头语言表达和书面语言表达都是如此。每一项成功的公共关系活动，都得益于成功的言语表达。成功的言语表达总是渗透着诚挚的感情，或传递信息，或交流思想，与公众达到心灵的沟通。

第五，必须遵守公认的语言规范。即国际国内公认或法定的语言及其具体语音、文字、词汇、语法标准，公关主体口语表达时应当尽量使用纯正普通话，以求取得良好的表达效果；书面表达时应当遵守词汇、语法规范，不写错别字，不出现语病。语言问题本身也是一种组织形象、工作作风。

（四）公关言语风格、公关语体及公关形象

公关言语的风格是指在公关实务领域里，由于公关人员运用语言表达手段和表现方法不同而形成的种种风貌、格调。根据表达手段和表现方法的异同，一般言语风格有平实与藻丽、简约与繁丰、明快与含蓄、庄严与幽默、通俗与文雅、豪放与柔婉等，它们既受公关目的、任务和交际环境制约，又由表达主体的个性和审美趣味决定，公关言语成品中，各种表现风格都有体现。

公关语体是指围绕着公关目的、任务的实现而运用语言所形成的一系列言语特点的综合体。公文语体要求有明确性、简要性和规格性；科技语体要求要有精确性和严密性；政论语体要求要有宣传鼓动性和严密的逻辑性；文艺语体要求要有形象性和情感性，公关言语活动中的语言表达手段和表现方法都必须与语体的语言特点和要求相适应，规范的公关言语运用无不是这样的。

公关形象是指公关人员代表组织与公众进行信息交流时所体现出来的个人修养、学识水平、思想境界、精神风貌。公关人员是组织的“门面”，又是对外联络中组织的代表。在信息的上承下达，组织的内外联系，公众的来信来访，业务的洽谈商办，对外的宣传沟通，单位的迎来送往等公关活动中，公关人员的仪表风度、言语风格都会受到公众的严格审视和评判。

在公关活动中，语言运用如果不注意各种不同的语言环境所需要的各种不同的言语风格，或者言语表达手段与言语风格类型的要求不协调，就会影响言语表达的效果，有损于公关形象；言语风格又要与语体总体要求相一致，大体说来，在口头语体的各类分体中，各类言语风格都有存在，在书面语体的公关文书体、新闻体中，以明快、朴实、简洁和庄严等风格为主，公关广告语体中以通俗、平实、幽默和藻丽等风格为主，外事公关文书中以含蓄、委婉、典雅和恭谦等风格为主，语言风格色彩与语体要求相悖，也会损害公关形象。

第二节 公关口语表达技巧

公关口语表达是公关活动中人际交往的重要形式，是用来传递公关信息，为实现特定公关目标服务的，因此使用范围很广。从非正规的社交寒暄，到正规的宴会致辞；从人数不多的对话、谈判，到面对大众的演讲、报告，公关口语表达无处不在，无处不用。它是公关言语最直接、最普通的一种形式，被广泛运用于公关实务之中。限于篇幅原因，在此，我们只介绍以下几种口语表达种类的言语技巧。

一、公关演讲的言语技巧

公关演讲是公关人员运用有声语言，辅之体态语言，面对公众宣传组织理念，表达思想观点，抒发情感感召公众的一种重要公关方式。公关演讲的言语技巧可分为有声语技巧、体态语技巧和时间语技巧等，在此只介绍有声语的言语技巧。

(一)制造悬念的言语技巧——有助于沟通传播

制造悬念指先不把要谈的对象或正面意思告诉公众，而让公众去关心，去猜测，去推究，吸引他们急切想知道下面内容，聚精会神地听下去。上海余德馨的《受骗的上帝》是这样开头的：我演讲的题目是《受骗的上帝》。这可是个离经叛道的题目，说它"离经"是因为在信教的人看来，圣经上明明白白地写着，一切都是上帝创造的，上帝又怎么能受骗呢？说它"叛道"是因为唯物主义观点是：从来就没有什么救世主，又哪来的上帝，更哪来受骗的上帝呢？此例先介绍自己的演讲题目，接着又别出心裁，否定题意的正确性，这种迂回地介绍就制造了悬念：到底有没有受骗的上帝？公众就有兴趣听下去。

(二)提问引发的言语技巧——有助于提高声望

善于用语言提问，启迪公众思索，是演讲成功的一个重要技巧，同时也能为点明主题蓄势。依据演讲中提问的作用，可归纳为这样几种形式：

1. 新颖独特，激起猜测的提问

这种提问作用是引发猜测。在"把青春献给内蒙古"的演讲赛中，有一男生一上场就举着一张条子说："在我即将登台演讲时，接到一张条子：'你连这儿的姑娘都不爱，还谈什么热爱内蒙古？'"场下一片哗然并响起一阵富有挑战意味的掌声，掌声过后便是沉默，听众急待他的下文。待这沉默到了令人难以忍受的时候，他突然高声讲道："好吧，现在我来回答这个问题。告诉你吧，我爱的是全自治区的姑娘！难道还有比这更能说明我对内蒙古的热爱吗？"顿时，掌声经久不息。这个突如其来的、自设障碍的提问，就是能激起猜测、引发兴趣的提问，收到了很好的效果。

2. 未讲先发，引起注意的提问

这种提问作用是引起公众对下面内容的重视。周总理《在文艺工作座谈会和故事片创作会议上的讲话》中说："——什么叫'白'呢？一个人只要在社会主义土壤上专心致志为社会主义服务，虽然政治上学习得少，不能算'白'。只有打起白旗，反对社会主义，才是'白'。例如有个外科医生，开刀开得很好，治好了很多病人，只是政治上不大开展，因此就说他是'白专道路'，岂不是荒谬？"周总理在对问题做准确的定义性回答之前提出"什么叫'白'呢？"的问题，目的在于引起听众的注意。

3. 激发反思，问中含答的提问

这种提问作用是加强语气，激起公众思考，共同判断问题的正误。陶行知《学做一个中国人》中说："我要讲的题目是《学做一个中国人》。要做一个整个的人，别做一个不完全的人。中国虽然有四万万人，试问有几个是整个的人？诸君，试想一想：我自己是不是一个整个的人？"陶行知的两个问题都是为了引起听众的思索：我们要做"整个的人"。这种提问在批驳性的、揭发性的、斥责性的演讲中用得很多，效果也很好。如闻一多的《最后一次讲演》中的"凭什么要杀死李先生？"就是这类提问。

4. 有疑而设，可答可不答的提问

这种提问作用是让公众产生回忆、思考或想象，为演讲者下面演说内容的接收做好准备。有一篇题为《为了我们的父亲》的演讲词："同学们，你们见过青年画家罗中立的油画《我的父亲》吗？如果见过，还记得那位动人的中国老年农民地形象吗？让我们再看看这幅油画，再看一看我们的父亲吧！"演讲者的提问对见过油画的人来说，是唤起回忆；对没有见过油画的人来说，是引起注意和想像，为下面的演讲打下坚实的基础。

(三)幽默诙谐的言语技巧——有助于塑造形象

有人说：没有幽默的语言是一篇公文，没有幽默感的人是尊雕像，没有幽默感的家庭是一间旅店，没有幽默感的社会是不可想像的。幽默是言语交际的一种风格类型，是思想、学识、智慧和灵感在语言运用中的结晶，是一瞬间闪现的光彩夺目的火花。它寓庄于谐，寓教于乐，在郑重正经的演说中透出某种喜剧性气氛，叫人既感到轻松愉快，又觉得意味深长。周总理为著名女记者斯特朗80寿辰祝寿致辞说："今天，我们为我们的女朋友，美国女作家安娜·路易斯·斯特朗女士庆贺四十公岁诞辰。——四十公岁这不是老年，而是中年。斯特朗女士为中国人民和世界人民作了大量的工作，写了大量的文章，但她的精神还很年轻。我们祝贺斯特朗女士继续为人民写大量的文章，祝贺她永远年轻！"周总理这番贺词幽默诙谐，斯特朗听了眉开眼笑，听众席上也笑声一片，整个宴会洋溢着欢乐的气氛。

（四）抒发感情的言语技巧——较强的劝服作用

演讲不同于背文章，也不同于宣读论文，它是一门将语言、感情、姿态等方面进行组合的艺术，有很强的感情成分，还能表现出临场效应。马克思对演讲术曾作过精彩的分析，指出一篇好的演讲必须包含理、情、形三个基本要素。

1. 寓理于事。即从事例人手，升华到一定的理论高度。发议论时，要善于抓住事物的本质，加以分析概括并达到一定深度。英国久负盛名的演说家迪克·史密西斯在作关于通货膨胀的演讲时说："当我还是孩子时，学校食品店做的馅饼质量很高，里面夹着实实在在的肉片，不像现在吃的馅饼那样除了一些花生、胡萝卜和土豆外什么都没有。一个味道鲜美内容丰富的馅饼只需要我两分钱。——过去的四十年我亲眼目睹了馅饼价格的稳步上升，从两分钱到今天的七角。对于我来说，这就是衡量通货膨胀的尺度；馅饼价格不断上涨而质量却不断下降。"这段演讲没有空洞的言辞，没有矫揉造作的情感，也没有笼统的指责和激愤的抨击，只是把反对通货膨胀的事理通过馅饼一例用朴实的语言表达出来，令听众心悦诚服。

2. 叙事抒情。即在叙述人们的经历、言行和事物的发生、发展、变化的过程中，抒发自己的情感，以情感人，给人留下鲜明深刻的印象。邸文远《拳拳父母心》的演讲中有这么一段：姐姐来信说妈妈因劳累过度患了肩周炎，一只胳臂疼得不能动还得咬牙挺着喂猪、做饭、干农活，并让姐姐不要告诉我，免得我分心影响学习——读到这里，我的泪水已经把信打湿了。我的母亲没有文化，可是，她有一颗慈爱和善的心，这就是一切文化的根。她用自己的勤劳与汗水写着世界上伟大女性共有的爱的巨著，她爱的是我这个不肖儿子吗？不，她爱的是我的及属于我的新的生活和前景！尽管现实生活仍然艰苦，可她以顽强的力量在拼搏，在争取，为了自己的下一代！这是多么可贵的品质，多么高尚的精神啊！演讲者通过讲述自己的母亲来歌颂母爱，语言朴素平实，亲切自然，字里行间倾注着感情，听起来非常有感染力。

3. 形随情生。公关演讲中要完成表情达意、传递信息的任务，应以自然有声语言为主，体态语只起强调、补充、修饰和渲染的作用。但在某种特殊情况下，体态语不但可以单独使用，甚至还可以表达出自然有声语言难以表达的思想感情，直接代替自然有声语言，关键是要准确得体、整体协调、形随情生、因事而异，切忌矫揉造作、动作繁多。体态语具体表现在三方面：一是表情语言。古人云："诚于衷而形于外。"人的喜、怒、哀、乐的情感总会外露在面部表情上。面部表情中最富有表现力的是眼神，最能倾诉情感，沟通心灵，又称目光语。运用眼神的方法有点视法、对视法、虚视法、环视法等，主体如果能恰当的运用眼神，可大大增强有声语言的表达效果。培根说："含蓄的微笑往往比口若悬河更为可贵。"微笑是善意的标志，友好的使者，成功的桥梁。它可以以柔克刚，以静制动，沟通感情，融洽气氛，缓解矛盾，开启成功大门。切不可无笑装笑、皮笑肉不笑、虚情假意的笑。二是手势语言。孔子说："说之，故言之；言之不足，故长言之；长言之不足，故嗟叹之；嗟叹之不足，故不知手之舞之，足之蹈之。”可见手势语具有很强的表现力，不仅应用广泛使用便捷，而且自由灵活主体感强，于是有人将手势语言称为“口语表达的第二语言”。很多手势语的涵义都是约定俗成的，主体对手势动作所蕴涵的意义应有正确的理解，配合自然有声语言有选择地使用。三是体姿语言。俗话说：“坐如钟、站如松、行如风。”即指人们平时交际时应有正确的身体姿势。演讲时总离不开站立、坐下、移动等体姿动作，这些动作变化的样式，都有其特定的含义，对自然有声语言起着强化、补充和修饰的作用。由于身体姿势具有实体性和直观性的特点，能直接反映说话者的情感状态，因而也就更容易为交谈对象所注意，所以主体选用体姿语言要以准确适度为好，既要有所节制还要有所变化，表现出优雅的风度美，切忌泥菩萨和不倒翁式错误姿态。

(五)临场适应的言语技巧——有效的信息交流

在维护或树立组织形象时，在遇到突发事件或危机公关时，常会碰到临时性演讲，或临讲时现场情况发生了变化，这都要求有较高的临场应变能力。在万隆会议上，帝国主义极尽破坏之能事，干尽挑拨、分裂之能事，致使一些不明真相的代表团歪曲会议宗旨，把矛头直指中国，会议出现分裂的危险，中国声誉受到挑战。在此严峻时刻，周恩来毅然决定把准备的演讲稿作为“主要发言”印发给大家，而采取更有针对性的即兴演讲形式，开宗明义地说“中国代表团是来求团结而不是来吵架的”，接着指明了“各国团结的共同基础”，然后提出了“会议应该求同存异”的方针，并陈述了我国代表团为此而付出的种种努力，争取了一些代表团的理解、支持和认同。周恩来的即兴演讲获得了全场的热烈喝彩，扭转了会议的局面，“求同存异”成为各代表团接受的方针，粉碎了敌对势力中伤我国的谰言，捍卫了祖国的尊严，拓宽了我国的外交领域，为会议的圆满成功做出了贡献。就连美国记者都承认：“周恩来用经过仔细挑选的措辞简单地说明了中国共产党对这次会议通情达理、心平气和的态度,他那准确选择时机的外交才能几乎达到炉火纯青的地步。”

(六)积极修辞的言语技巧——较强的表现力度

演讲的语言不仅要求准确、简明、严密,而且还要求形象、生动、有感染力。这就必须运用积极的修辞手段。这种修辞不同于文学创作,它必须符合演讲的特点,贴切恰当,通俗易懂,出色的演讲无不表现了修辞的重要性。郭沫若《科学的春天》结尾一段:春分刚刚过去,清明即将到来。“日出江花红胜火,春来江水绿如蓝”。这是革命的春天,这是人民的春天,这是科学的春天!让我们张开双臂,热烈地拥抱这个春天吧!郭沫若这段演讲词,综合运用了多种修辞格:引用,对偶,排比,反复,最后还用了拟人,将抽象的科学表现得那么鲜明、形象,像激动人心,催人奋进的战鼓。演讲语言中常用的修辞格有:设问、反问、双关、排比、反复、拟人、婉曲、对偶、比喻、对比等。演讲者可以根据不同的需要和不同的情境,恰当地使用,争取使演讲语言更有魅力。

二、公关交谈的言语技巧

交谈是公关活动中最基本的言语活动,它有自己的特点与规律,也有自己的要求与技巧。高明的交谈可以建立联系、增进了解、沟通感情、融洽气氛,蹩脚的交谈则会使交际出现冷场、遭遇尴尬、难以为继的场面。

(一)采集信息的言语艺术

采集信息是指广泛了解那些与组织行为与决策有关的社会公众的意见、态度和反映。其主要形式有座谈会、面访式、观察式、问卷式等,其中座谈会和面访式都离不开口语表达,并且对语言的要求也很高。公关人员应具有表达灵活,善于询问的语言能力。

1. 表达灵活。采集信息必须得到对方的密切配合,这就要求表达者能灵活运用语言,如果在任何地方,面对任何公众都只会说“请你谈谈对我们厂的要求”,“请你们谈谈对这种产品的意见”,公众很可能会不予理睬,或胡乱敷衍,得不到真正有用的信息。上海电钟厂就十分注重口头调查的灵活性,在水电部以聊天的方式问:现在国内用电很紧张吧?对方答:所以急需大量负荷计量器来控制用电。又问:不知你们有什么具体要求,如果可能,我们将想办法满足要求。对方答:负荷计量器中有一个部件就是开关钟。电钟厂获得了尚未公开的有价值的信息。在高级宾馆又以赞美话“你们这些钟真漂亮!这样美的钟一定会使外宾感到满意”开头。对方说:现在就缺世界钟,外宾感到十分不便。一条重要信息又被电钟厂获得。在长途电话局则直言相问:你们目前急需什么样的钟?对方要求能安装长途电话自动计时器,以保证精确计费。以上可见电钟厂灵活多变的交谈方式为赢得生产发展获取了宝贵信息。

2. 善于询问。采集信息还必须善于询问。“查户口”似的询问只会窒息友善的气氛,使谈话继续不下去,也很难了解到需要的信息,因此,问也要讲究艺术。只有问得勤问得巧才能获取重要信息。(1)勤问:就是要十分注意捕捉信息,从不起眼的问题中获取主要信息。日本某玩具公司公关人员发现不少中学生大学生在电影院门前排队,便上前询问:你们看什么片子?学生说:宇宙战。公关人员又发现一些小孩子也全神贯注地坐在电视前,问他们:看的是什么?回答说:宇宙战。公关人员敏锐地感觉到“宇宙战”在青少年中形成了一股“热”。抓住此信息及时开发出一种带微型电脑的电子玩具——宇宙人,销售量竟一下子突破了8000万个。如果公关人员缺乏信息意识,不愿开口询问,这大好机会也许落到了其他玩具公司。(2)巧问:就是要问得巧妙,尽可能避免单刀直入,意图直白的发问,而采用“遇物加钱”、“逢人减岁”的投其所好法,求得对方的心理相容,达到询问的目的。以色拉调料为主要产品的荷兰食品工业公司在调查和征求意见时,往往以请教的姿态出现,如问家庭主妇:“你们做莴苣菜要放些什么佐料?”妇女们很乐意地告诉他们,做莴苣不仅要放色拉调料,而且还要放胡椒、鸡蛋、洋葱、小黄瓜等调味品。这种请教式的询问很容易得到对方热情的回答,比“请给我们的产品多提宝贵意见”之类的说法巧妙得多。

(二)主客对话的言语技巧

主客对话主要指公关主体接待前来本组织公众的谈话,它直接关系到组织在公众心目中的形象与信誉。接待对象主要有两类:一类为一般公众。即组织特地邀请来的宾客,上级领导,前来联系工作的人员,消费者,推销员等。一类为特殊公众。即前来反映情况的公众,或投诉者。

1. 接待一般公众。接待一定要热情有礼,要使来者在自尊上得到满足,在工作安排上感到满意,在生活上感到舒适,在语言上要注意以下几点:(1)记熟人名,注意称呼。(2)引发话题,消除紧张。(3)避免独白,他人言先。(4)随机应变,适当赞美。切忌:(1)突出自我,卖弄自己。(2)老生常谈,严肃过度。(3)态度消极,麻木不仁。(4)阿谀逢迎,泛泛而论。

2. 接待特殊公众。特殊公众主要指投诉者。接待他们比接待一般公众复杂得多。投诉者来访目的不一,要求不同。有的是投诉自己的遭遇,有的是投诉购买的商品质量,有的是前来指责、诘问某人某事。投诉者态度也大有不同。有的心平气和讲清情况,通情达理配合解决;有的怒气冲天破口大骂,固执己见难以沟通;有的甚至胡搅蛮缠不讲道理。对不同的人必须选用不同的语言手段,使事情尽可能妥善解决。(1)对“得理不让人”的投诉者可采用“以静制怒”的方法,先冷静倾听,尽量让对方把话说完;同时要真切关怀,并站在投诉者的角度考虑一些问题。言语要平和亲热,询问要耐心仔细,安慰要真诚体贴,要敢于承认自己的不足,只有这样才能化干戈为玉帛,收到理想效果,使组织在投诉者心目中留下良好印象。(2)对“无理也要闹三分”的人,必须采取另一种语言策略。可先顺着对方的话题提出一些条件或设问,诱使对方落入圈套,走向自我否定的结局。也可采取反口诘问的方法,对对方的错误和明显的偏见直截了当给以反驳,要以平静的话语和确凿的事理给予必要的反驳,以显示自己良好的修养,塑造组织的良好形象。

(三)应答媒介的言语技巧

媒介公众是一个组织外部公众中最重要、最敏感的一个部分,媒介关系则是组织外部公共关系中最为特殊的一种关系。一方面媒介是组织必须争取的重要公众,另一方面又是组织与其他公众实现广泛有效沟通的必经渠道。自己宣传和由媒介宣传,其意义、效果大不一样,于是许多组织都利用答记者问的形式广而告之,常见的言语技巧有以下几种:

1. 实事求是,直言相告。无论是想通过媒体替自己产品扬名,还是出现危机,对媒体均应以事实相告。如果一味夸大其词,极力浮夸,会引起媒介公众的反感;如果一味文过饰非,轻描淡写,会使自己完全陷入被动境地。

2. 澄清事实,正面驳斥。对外界一些错误的言传,不明真相的误解,或媒介公众带有明显偏见或有意识的挑衅提问,要以平静可信的话语陈述事实,要用明白确凿的事理给予必要的反驳,以显示自己良好的修养,塑造本组织的良好形象。

3. 答非所问,巧予闪避。当媒介公众所提的问题涉及到国家、组织的机密时,如果纯粹玩弄外交辞令,容易造成媒介公众心理上的失望与不快,这时可采用该技巧,正如周总理回答西方记者中国人民银行共有一十八块八角八分钱那样,调换概念,巧妙闪避。

4. 积极应对,无效回答。对对方提出的不便或不宜在公开场合回答的问题,直接推委搪塞,显得不尊重对方,便可采用无效回答法。就像陈毅回答日本记者那样:中国已经爆炸了两颗原子弹,第三颗可能也要爆炸,何时?请您看公报。这种回答信息量为零,但不伤和气还显得幽默风趣。

(四)接听电话的言语技巧

电话是一种十分普及的通信联络方式,是现代社会组织对外展现自己形象的窗口,搞好电话接待也是公关人员经常性的工作之一。电话交谈的突出特点便是声音是惟一的信息载体,这就决定了声音形象对交际效果的重要性。在电话交谈中,声音可以体现双方的感情、态度、意愿——也可以体现交谈者的修养、性格、形象——公众很难从一个打电话时啰哩啰嗦、畏畏缩缩、满嘴粗话、言辞不清的听觉形象中去相信他所在的组织是一个有良好风范和实力强大的组织,如果公众听到的是一个说话严谨、谈吐不俗、充满礼貌和热情的电话形象,恐怕公众很难怀疑对方所在组织的素质和实力。铃木健二先生是日本著名的人际传播专家,经常有人通过电话邀请他前去演讲。他颇有体会地说:"凭这个人在电话里的讲话方式,就可以基本判断出其'教养水准',凭着对方在电话里的第一句话就可以基本决定我是去讲还是不去。"因此作为组织的公关人员必须注重电话声音形象,必须重视电话交谈的言语艺术。

1. 打电话的言语艺术。(1)预先思考,明确目的。(2)接通电话,莫忘客套。(3)控制音量,亲切稳重。(4)不用假声,自然柔和。(5)调整情绪,精神饱满。(6)用语文雅,表述清晰。(7)移动电话,勿扰他人。(8)聚精会神,注重形象。

2. 接电话的言语艺术。(1)铃声一响,尽快接听。(2)报出所在,语气和蔼。(3)重要电话,准确记载。(4)纠缠电话,礼貌回绝。(5)对方找人,礼貌待之。(6)煲粥电话,相机挂断。(7)代接电话,切记转告。(8)接话完毕,勿忘客气。

第三节 公关书面语表达技巧

如果用书面代码来完成传递信息的全过程，就是我们所说的书面交际或书面语言运用于交际的过程。书面交际主要靠文字传播，运用语言文字的能力与技巧直接影响书面交际的效果。公关人员时常要运用各种文字媒介进行对内对外、对上对下的沟通与联系，提高文字表达能力，完善书面表现技巧，是公关人员一个重要的基本技能。

一、公关书信的言语技巧

公关书信是公关部门、公关人员在业务工作中不可缺少的传播和交际工具，主要功能是建立和发展组织与内外公众的关系，树立本组织的良好形象，争取公众的理解信赖、支持合作。当公关人员要与外部公众、内部公众取得联系、沟通思想、联络感情时，书信便是一种简便、关切、自然的沟通形式。典型的公关书信有：慰问信、感谢信、祝贺信、商洽信、带有公关目的的邀请信和公开信等。公关书信有别于一般书信的主要地方是：公关书信代表本组织说话，带有一定的公关目的，而不是代表个人办私事。

一封合乎礼仪的公关书信，就是一次成功的公关活动。具体要注意以下几点：1. 讲礼貌。礼貌言语体现着公关人员的道德素养，体现着组织的精神面貌，因此公关书信特别讲究言语的礼貌性。具体体现为恰当运用敬辞，谦辞和委婉辞。公关书信中常用的敬辞有：表称呼的先生、女士、阁下、贵厂等；表祝颂的恭请金安、顺盼旅祺、敬颂夏安等；表赞誉的光临、惠顾、高见等；表拜托的请多关照、承蒙关照、多多拜托等。常用的谦辞有：拜读、谨祝、拙见、敝处、承蒙、斧正、包涵等；使用礼貌语一定要注意对象、范围和功效，要根据收信人身份和跟本组织、发信人的关系而恰当选用。2.

重典雅。公关书信不是个人的私事，而是关系到双方组织利益的大事，不能随心所欲，信手涂鸦，行文时既要真诚有礼，又要严肃庄重，还要优美文雅，切忌粗俗。公关书信中常见的典雅词语有：请人看稿称阅示、阅批，回称：拜读；请人评论称指教、指点，回称互相学习；请人解惑称指导、赐教，回称共商；求人办事称拜托、鼎助，回称照办；请求解难称恳求、恳请，回称尽力、效劳；请人回信称敬祈示复，回称遵嘱；自提意见称浅见、肤见，回称高见；代人做事称代庖，回称劳驾等。不同的信函，不同的内容，应选择相应的典雅词语。3. 程式化。公关书信的结构和内容都有一定的格式。(1)信函开头的称呼要顶格写，问候语要从第二行空两格起。中间要分清层次。结尾祝颂语一般分为两行，上一行空两格或写在中间，下一行顶格写。信封横写从上至下，书写从右到左依次是：收信者地址、名称、寄信者地址姓名。寄到国外的信函，寄信者的姓名地址写在左上角，收信者的姓名地址写在右下角。寄信者和收信者都按姓名、门牌、街名、城市名、寄达国名的顺序写。信封的顶头与末尾都要按照标准格式写上收信人与寄信人的邮政编码。(2)内容上有一套常用习惯语。如：启始用语：欣悉来信，不胜欣慰；结束用语：专此奉复，敬候回谕；感谢用语：承蒙教诲，不胜感谢；邀约用语：若蒙光临，不胜荣幸；商讨用语：相见以诚，请恕不谦；请教用语：倘蒙见教，感激之至；催促用语：翘首以盼，恭候佳音；抱歉用语：惠书早到，迟复为歉；请托用语：麻烦之处，日后面谢；思念用语：相离多日，别来无恙。

这些用语长期沿用，用法固定，加上它们多为书面词语和文言词语，语意简明，并具有典雅庄重色彩，对公关书信有较大的适应性。

二、公关柬贴的言语技巧

柬贴是公共关系活动中最礼貌又最简便的一种传播媒介方式，通过它的传播，可给组织与组织，组织与公众之间带来意向和情感。公关柬贴常用形式有请柬、贺年卡、聘书、邀请书等。不论是使用自行设计的柬贴还是使用固定的填空柬贴多要注意仔细核对书写的地点、时间、人名、内容,避免出现失误,字迹清晰工整,书写漂亮大方。公关柬贴的结构一般由标题和正文组成。标题只写"请柬"(或"请帖")、"聘书"、"邀请书"、"通知书"等字样。要写在正文上面的中间,或单独占一页。有封面的要在封面上印制鎏金艺术字样,以示醒目、庄重和美观。正文一般由称呼、内容、落款和日期组成。被邀请单位的要写全称,被邀请的个人姓名(姓名不能写错,同音字不能互相代替)后要写上其职称、职衔,并交代活动内容和举行活动的时间与地点。落款要著单位全称,并加盖公章。

公关柬贴的言语技巧:(1)礼貌典雅。公关柬贴与公关信函有相同的作用,只是公关柬贴的形式更凝炼,感情更蕴藉。所以公关柬贴的言语要像公关信函那样真诚有礼,措辞典雅,庄重得体,带有协商、盼望、请求口吻,要表现公关主体的热情与诚意,给人一种神圣感。(2)简明精炼。公关柬贴内容一般都比较简单,而且发文单位和收文单位之间存在的信息比较充分,文中所传递的信息,受文者一看便知,或原在自己意料之中,不需要过于详尽的叙说;再说要发放的柬贴又往往不止一张,而所发柬贴的内容又大致相同,为了节省时间和精力,柬贴一般是半成品,只需填上公众姓名、事由、时间、地点等要素,即便是言语表述,也必须高度简明扼要。

三、公关广告的言语技巧

公关广告是一种设法增进公众对组织的总体性了解,提高组织的知名度和美誉度,从而使组织的活动得到公众的信任与合作的广告。公关广告是由语言、字形、图片和音乐诸因素融合而成的艺术。由于宣传对象的性质不同,所用的传播媒介不同,公关广告组成的因素也不同,但不管哪一种传播媒介,语言文字几乎是必不可少的,公关广告的言语技巧问题应引起我们足够的认识。

公关广告一般由标题和正文组成。标题在广告中非常重要，它既能提出广告作品的主题，又能概括广告的内容，还能引起读者的注意和公众兴趣，起到美化广告版面的作用。标题是公关广告的灵魂，必须写得醒目、鲜明、新奇、简洁；语言要生动、形象、活泼、有新意；标题位置要显要、夺目。正文是广告的中心，是信息传递的主体部分，要人们注意并记住广告所传播的信息，就必须锤炼广告语言，将广告文词写得简明扼要、通俗上口，使广告易懂易记，一听忘不掉。可用押韵的方法把广告写成诗歌、快板、对联、顺口溜等形式，使之便于流传；也可用警句、格言、成语、谐音或双关语等，起到上口易记的作用。

公关广告的言语技巧主要有：(1)简明扼要。公众读听广告信息时，不一定有确定目标，多半是扫描式的，所以必须在片刻间抓住公众的视听，给其留下深刻的印象。这就要求公关广告的言语紧扣主题，词语高度精炼；多用简单句，少用复杂句；多用小短句，少用大长句；在最大限度内，用最经济形象的语言表达最复杂周密的意思，如“雀巢咖啡味道好极了”这则广告不仅言简意赅，上口易记，适应所有不同口味的公众，而且还成为人们评价其他饮品食物的经典名句了。(2)新颖独特。在现代广告战的汪洋大海中，要使自己的广告不被淹没，就必须标新立异，独辟蹊径。一句巧妙新奇的广告文词常常可以塑造出一个组织良好形象或者换来企业的一笔财富。但不能盲目地标新立异，而是针对公众心理，以自己诚挚的感情去打开公众的心扉。如日本在中国推销丰田汽车的广告文词“车到山前必有路，有路便有丰田车”，就是利用中国人耳熟能详的成语构思得来的。又如江铃汽车的广告文词“千里江铃(取“江陵”的谐音)一日还”，都是以其新颖独特的构思深入民心的。此外，还可以运用“以反衬正”的手法，不从正面夸赞，而是从反面诉说缺点和不足，给公众以坦诚的印象，使他们感到放心并产生一种会心的微笑和默契。如“这种表走得不太准确，24 小时会慢 24 秒，请君购买时深思。”(日本钟表广告)构思就很新颖。还可运用“幽默风趣”的手法,让公众在诙谐的话语中记住它接受它。如“凡向鳄鱼池内投掷食物者,必须自己捡回”(肯尼亚天然植物园广告词)。这种幽默效果远远胜过严厉的禁止,向世界展示了组织的美好形象。(3)用语形象。公关广告是一种明显的诉求行为,形象化的语言能制造出耐人寻味的意境,使人产生美好的联想和强烈的共鸣,打动公众的心,起到良好的宣传作用。增强语言魅力的手段有:(1) 注意运用语音手段,增强广告言语的声韵美感。如选用双声、叠韵、押韵、平仄、对偶等表现手段,使语句合辙押韵,音节匀称,抑扬有致,产生音律美感,在听觉上,在口感上,给人留下特殊的印象。(2) 适当运用修辞手段,增强广告言语的形象性和感染力。比如运用引诱、仿词、比喻、排比、设问、双关、拟人、衬托、拈连、析词、夸张、回环等修辞手段,可以使语言具体形象,鲜明生动。“初恋般的感觉”(阳光酸奶)运用了比喻,“今年二十明年十八”运用了夸张,“万家乐,乐万家”(热水器)运用了回环,“一毛不拔”(牙刷)运用了引用,这些广告脍炙人口,妇孺皆知,正是修辞手段的功劳。

四、标语口号的言语技巧

许多组织善用公关标语、口号进行宣传鼓动,将组织的方针、宗旨、目标告知公众求得公众的理解、支持和执行。拟订公关标语、口号首先要以国家或上级主管部门制定的方针政策为依据,其次要从本组织的实际出发,符合本组织的特点,否则不但不能打动公众,还可能会导致组织事业的失败。

公关标语、口号的言语技巧有:(1)简短。标语、口号过长会失去意义,接受者往往是一看即过、一听则过的,很少有人会仔细阅读认真思考,所以公关标语、口号常常是以单句(大多还是不完全句)形式出现,而且连标题和正文的划分都没有,一句标语、口号,既是标题又是正文。过于追求语言句式的完整性、过于追求词语表述的藻丽性、过于追求内容展示的深刻性都只会走入误区，效果适得其反。(2)通俗。公关标语、口号所宣传的内容都涉及组织的方针、宗旨、目标以及精神、作风，不容浮夸也不容渲染，只能如实宣传，准确反映客观信息，再说公关标语、口号的宣传效果是靠不同文化程度的公众来实现的，这就决定了它的语言表达必须通俗、朴实。构思公关标语、口号时只要注意它的简明性、准确性、通俗性、接受性、鼓动性就可以了。(3)谐美。公关标语、口号的表达不要藻丽，并不是不要言语的和谐优美，相反正因为它的辞藻不能华丽，才更用注重它的音律谐美，以此弥补它形象性不足的缺陷，所以我们写作时要注意尽可能使它节拍匀称，单双音节协调搭配，四六词语成双成对，这样才能醒目优美。此外还要注意尽可能地运用对偶句式，比如四字格、排比句、韵脚合辙等使语言结构和谐整齐，又有节律美，铿锵悦耳，好懂易记。

五、宣传资料的言语技巧

制作、散发介绍自己的宣传资料，是社会组织的一项日常公关工作。组织借这种方式把自身的形象推向社会，而公众则通过宣传资料来了解组织的大体情况，做好文字宣传工作是公关人员应尽的职责。国际社会公认的宣传资料包括：领导致辞、组织概况、专业特色介绍、宣传册页、公关专栏、报纸刊物等。具体言语技巧如下：

1. 领导致辞。由于组织领导人是代表该组织的最高权威，因此致辞应体现真诚和亲切的态度，每个词语，每个标点，甚至语气，都要精心考虑，仔细推敲。组织领导人的致辞主要是用自己的眼光来客观地评价自己的组织，既要谦虚，又要给予积极的肯定。致辞篇幅不宜长，内容要实际，言辞要恳切，切忌空话和套话。

2. 组织概况。宣传资料应将组织的发展过程作一个概括式的回顾，并对组织的现状作出清晰的描述，还要对组织的未来发展作一个美好展望，要使读过宣传资料的公众对组织的脉络有个提纲挈领的认识。具体手段要利用时空因素立体说明，利用数据增减前后对比，利用技术更替比较质量，利用管理机制相比素质。客观宣传自己的成绩，突出今后的发展目标，着力推出自己的组织。

3. 专业特色介绍。每一个组织在市场上、社会上都有一些有竞争力的产品和引以自豪的有特色的服务，为强化公众印象，引起公众的注意和兴趣，宣传资料中对此一定要集中说明，从技术水平的高低、专业人才的层次到服务特色的殊异、产品质量的高低，浓墨重彩隆重推出。

4. 宣传册页。宣传册页主要是用来综合反映组织的基本情况的，包括组织名称、性质、精神、风格，员工、设施、环境，主要产品、特色服务、组织的辉煌历史、重大业绩，以及组织领导致辞、与组织的联络办法等内容。由于它内容全面形态短小印制精良便于携带的优点，而成为组织对外宣传的最常用、最有效的资料，因此语言要求简洁明了，图片配话要贴切妥当，题词要庄重大气，介绍要详尽到位，描绘要真实形象。

5. 公关专栏。主要指板报、壁报、橱窗等适应于组织内部公共关系工作的传播媒介。由于它们制作方便，成本低廉，内容简短，直观新鲜，可以及时与员工沟通，国内外一些大型组织常利用这种形式通报每日的重要活动。语言运用上要注意讲究亲和力，表扬要发自内心，批评要及时中肯，协调话语婉转周全，赏罚用语力避模糊。

6. 报纸刊物。为满足与内外部公众充分沟通的需要，公关主体常创办自己的报纸刊物，免费赠送或廉价销售给本组织的特定公众，为实现本组织的公关目的服务。由于是以组织自身活动和员工生活为主要的报道和描写对象，文章的作者也大多是本组织成员，所以在语言表达上一定要注意报道的客观性和真实性，尤其是数据的援引上一定要有出处，不能无中生有，随意编造。

第十一章　公共关系礼仪

礼仪是人类文明与素养的表现,是人性美和行为美的结合,是道德、习惯、风俗及禁忌的综合体现,是人类必须遵循的三大规范之一(法律规范、道德规范、礼仪规范)。中国是礼仪之邦,遵从礼仪规范,讲求礼貌风度,注重礼俗禁忌,是中华民族的优良文化传统。

第一节　公关礼仪概述

从20世纪初开始,随着现代公关活动的普及和发展,公关礼仪是公关人员必须具备的基本知识和基本素养,它已成为直接塑造公关人员形象、间接塑造社会组织形象的基本条件,成为公关人员获得自尊与自信,社会组织获得理解与支持的重要手段,在社会组织"内求团结,外求发展"中发挥着其他公关形式不可替代的作用。因此,公关人员必须掌握基本的礼仪规范。

一、礼仪的基本涵义

"礼仪"一词,最早见于法语,意为"法庭上的通行证"。在古代的法国法庭上,人们必须领取写有进入法庭必须遵循的规则、规范的"纸条"(即礼仪)后方可进入法庭。后来人们意识到在人际交往中建立一些规则规范是有利于人类交往的顺利进行的,因而当礼仪一词进入英文社会后,就被理解为"人际交往的通行证"。从中国古代"禮"的字体结构上看,左边为神,右边为祭物,反映了礼是从古代祭祀神灵的仪式中演化而来的。

“礼”即礼节、礼貌、礼俗;“仪”即仪表、仪态、仪容、仪式。礼貌是指在人际交往及社会交际过程中人们相互之间应具有的友善和得体的气度与风范。礼节是指人们在日常生活,特别是在社交场合中相互问候、致意、致谢、祝愿、慰问等惯用的规则和形式,它是礼貌的具体表现。礼俗是指人们在交往过程中应遵循的不同地域、不同民族的民俗与风俗禁忌。关于仪表、仪态、仪容、仪式,我们在后面的章节中会专门论述。

礼仪,就是人们在社会各种具体交往中,为了互相尊重,在仪表、仪态、仪式、仪容、言谈举止等方面约定俗成的、共同认可的规范、程序。

公关礼仪,是公共关系工作人员或其他人员在与公众的社会交往中,为了塑造个人和组织的良好形象而应当遵循的尊重他人、讲究礼节、注重仪表、仪态、仪容、仪式等的行为规范、程序和办事准则。公关礼仪是组织风貌、员工精神状态、公共关系工作人员素质水准的集中表现。

二、礼仪的基本作用

礼仪是人类文明的重要标志,在人们的日常生活中,几乎一切行为都同它有联系。为了实现公共关系中的“人和”,保持良好的公关状态,就要懂得尊重他人的各种需要,讲究礼仪,充分发挥礼仪在公关活动中的作用。许多人认为礼仪只是一种“小节”而已。其实,礼仪虽小,但礼仪却是以小见大,从细微处见精神,从表象反映本质的“行为显微镜”,在公关活动中具有重要作用。

(一)沟通的作用

人际交往中,有大家需要共同遵循和认可的礼仪规范,如态度亲切、称呼得当、穿着得体、姿势正确,这都是礼仪。如果交往双方都能自觉遵守规范,把握好交往节度,则信息交流顺畅,感情易于沟通,交往气氛融洽自然,行为易于理解,利于达成共识。反之,非礼言行则会成为一种磨擦因素，阻碍相互的理解与沟通。

礼貌的言行，是交往情感中的“润滑因素”，公关人员掌握和应用交往的原则、规范、表现出好的礼仪修养，有利于塑造自身的良好形象，让公众信赖你、接纳你，从而促进彼此间的沟通交流，为公关活动创造一种融和的情感氛围。有人这样赞叹礼仪：礼仪是人类交往的台基和铺垫，它能够融化陌生的敌意，抚慰冷漠的心灵，搭起人际交往的桥梁。它教会人们如何在交际环境里举止不失礼，神色不失态，言语不出格。

（二）协调的作用

俗话说，人非圣贤，孰能无过？在工作和生活中我们不可能不出一点点差错。当人们由于失误、误解或某种过错造成了某种人际矛盾时，礼仪是化解矛盾、消除隔阂的最好“武器”。从一定意义上说，礼仪是人际关系和谐发展的调节器。人们在交际场合，按礼仪规范去做，有助于加强彼此之间的互相尊重、友好合作的正常关系，求得公众的同步心理反应，扩大自己的社交关系圈，缓解或避免某些不必要的情感对立与障碍，消除隔阂和矛盾，从而为社会组织的发展拓宽和铺平道路。

（三）首因效应和晕轮效应

首因效应即第一印象。公关人员良好的言谈举止、礼仪修养有助于在公众心目中留下良好的第一印象，这种深刻的第一印象易成为一种心理定势而难以忘记和改变。“公关活动注重第一次接触”，讲的就是这个道理。

心理学的实验结果表明：人们常常以对他人的第一印象来对此人的学识、涵养进行评估，对此人以后的行为进行推测，而这个人以后的具体行为表现，往往只能对第一印象产生或强化、或弱化的印证影响，很难从根本上改变第一次形成的印象。这也就是心理学上所说的“晕轮效应”，也称“光环效应”。

公关人员从“首因效应”和“晕轮效应”中获得的重要启示应当

是，注重在人际交往、公关交往中以礼仪为前导和后盾，增强与公众间的人际吸引。

三、礼仪的基本原则

礼仪作为人们社会交往中的行为准则与润滑剂，涉及到人际关系的各个方面。由于公关礼仪是建立在地缘或业缘基础上的现代礼仪，因而除了遵循人类共有的交往原则以外，还应注意以下几个方面的原则。

（一）系统整体原则

礼仪是一个完整体系，几千年来已经无所不包。因而在对外交往和公关交往中，公关人员一定不能忽视礼仪的整体性，要注意采集信息的完整性，因为公众的性别、年龄、籍贯、民族、信仰、职业的不同都决定了他适应、喜好什么样的礼仪规范，同时要注意礼仪规范的每一个细节，善始善终，"留下美丽的背影"。否则，搞错一个环节或细节都可能招来"100 - 1 = 0"的效果。"一口痰吓跑几千万的投资"的事例就是很好的教训。

（二）公平对等原则

"投之以桃，报之以李"，"礼尚往来"，是礼仪交往传统。马斯洛心理学告诉我们，人都有一种自尊与获得他人尊重的心理需求。社会交往中每个人都希望得到尊重，体现自我价值。如果公关人员在与公众交往中有亲有疏，表现出傲慢、冷漠，或曲意逢迎，或趾高气扬，都会被视为不礼貌。公平对等的原则就是要求公关人员不做社会交往中的"势利眼"，不可以以财富的多少、权势的高低、容貌的美丑等来取舍礼仪的繁简。而要"一视同仁"，充分尊重对方的人格。因此，公关人员应公平大方，不卑不亢，主动友好，热情高而又有所节制。

（三）遵时守约原则

我国传统文化讲究交往、做人都要以信义为本，提倡一诺千金。现代社会节奏加快，时间观念增强，遵时守约显得非常重要。深圳蛇口工业区在改革开放初期提出的“时间就是金钱，效益就是生命”的口号，具有一种划时代的意义，体现了特区人的时间观念和礼仪风采。无论什么理由，不遵时守约就是不礼貌。即使有非常充分的理由，不能按时赴约或失约，事前事后也都应该道歉。如果无故违约，那就正如鲁迅先生所说，浪费别人的时间无异于谋财害命。遵时守约是公关人员应遵循的最基本的礼仪规范。

（四）尊重习俗与风俗禁忌原则

我国幅员辽阔，人口、民族众多，可谓“十里不同风，八里不同俗”。作为公关人员，时常同各个不同地域、不同民族、不同风俗的人交往，应当要“出门问忌，入乡随俗”。一个见多识广、懂得并尊重他人、他乡习俗与禁忌以及懂得并尊重公众心理需求的公关人员，能够很快打开工作局面，与公众增进情感沟通，进而取得公众的认同与支持。

（五）和谐适度原则

据考，“礼”在古时能通“履”用，“履”即鞋子，大了小了都不合适，要合脚才舒适，礼也是如此。“礼仪使人们接近，礼仪又使人们疏远。”这话很有道理。陌生人初次见面，礼仪可以表现为富有教养，可展示气质与人格魅力。和谐，指应用礼仪时应与当时的场合、交往双方的年龄、身份、亲疏程度及交往活动的性质等相协调。适度，就是指要把握一定的分寸，运用得体。如果公关人员不分场合、亲疏，滥用礼仪，则表现为缺乏素养，难以与公众交往，甚至会伤害公众情感，弄巧成拙。因此，公关人员使用礼仪一定要具体情况具体分析，因人、因事、因时、因地地恰当处理。

此外，在涉外交往中还应遵循以下一些特殊原则，如外事礼宾顺序原则，女士优先原则、差异性原则等。

礼仪的主要表现形式是谦虚的态度、文明礼貌的语言、优雅得体的举止等。无论何时何地，运用何种礼仪表现形式，都应遵循这些基本原则。对于公关人员来说，遵从公关礼仪基本原则，懂得各种礼仪并能恰到好处地运用，是体现其修养水平和业务素质的基本标志之一。

第二节　公关人员的仪表美

爱美是人的天性，追求仪表美越来越成为人们的一种共识。人们通常用仪表端庄、容貌俊秀、风度翩翩、举止潇洒等来赞扬一个人的仪表美。

一、什么是仪表美

仪表，是指人的外表，包括人的容貌、服饰、风度等方面。仪表是一个人的精神面貌、内在素质的外在表现。在企业的公关活动中，每个人的仪容仪表，不仅反映着个人的精神风貌，也代表着一个企业的形象，甚至在一定程度上决定公关活动的成败。因此，在公关活动中，每个人都应当注意仪容仪表。一个人的仪容仪表，不单纯是由先天的生理条件决定的，也不仅仅是穿戴和修饰的问题，还与他的道德品质、思想修养、文化素质、生活情调密切相关。仪表美是一个综合概念，它应当包括三个层次的含义。其一，仪表美是指人的容貌、形体、体态等的协调优美，如体格健美匀称，五官端正秀丽，身体各部位比例协调，线条优美和谐，这些先天的生理因素，是仪表美的基本条件。其二，仪表美是指经过修饰打扮以及后天环境的影响形成的美。天生丽质这种幸运并不是每个人都能够拥有，而仪表美却是每个人都可以去追求和创造的。即使天生丽质，也需要用一定的形式去表现。无论一个人的先天条件如何，都可以通过化妆、服饰、外形设计等方式使自己具有仪表美。其三，仪表美是一个人纯朴高尚的内心世界和蓬勃向上的生命活力的外在体现，这是仪表美的本质。真正的仪表美是内在美与外在美的和谐统一，慧于中才能秀于外。一个人如果没有道德、情操、智慧、志向、风度等内在美作为基础，那么，再好的先天条件，再精心的打扮，也只能是一种肤浅的美。缺少丰富深刻内涵的美，不可能产生魅力。因此，人的仪表美是其内在美的自然展现。

二、仪表美的基本要求

周恩来同志青年时代在天津南开学校读书时，学校的一面大镜的上方悬挂一幅格言："面必净，发必理，衣必整，钮必结，头容正，肩容平，胸容宽，背容直，气像铁傲勿怠，颜色宜和、宜静、宜庄。"这段格言对周恩来一生为世人所景仰的风度和仪表是不无影响的。

仪表既然是一个人的精神面貌、内在气质的外在表现，那么，对仪表美的总体要求就应当是：容貌端庄，举止大方，端庄稳重，不卑不亢，态度诚恳，待人亲切，服饰整洁，打扮得体，彬彬有礼。具体要求可以概括为以下几点：

1. 秀外慧中

仪表美必须是内在美与外在美的和谐统一，要有美的仪表，必须从提高个人的内在素质入手。如果没有文明礼貌、文化修养、知识才能这些内在素质作基础，那么所有外在的容貌、服饰、打扮、举止，都会让人感到矫揉造作，而无法产生美感。

2. 整体协调

仪表美应当是整体的美，强调的是整体形象效果。柔嫩的皮肤，端正的五官，令人赞叹；修长的身材，优美的线条，让人羡慕；时髦的服装，精美的饰品，更使人增加几分姿色。但仪表美绝不仅仅限于此，仪表美是各方面因素的和谐统一。某一局部的美不等于是仪表美，而且过分突出某一局部的美会使变得支离破碎，破坏了整体的和谐。若是追求面面俱到的美，也会使美失去平衡。如果不顾自己的特点去模仿别人，难免会俗不可耐，有"东施效颦"之嫌。美是风格,美是和谐,美是设计,仪表美应当是一种独具匠心的和谐的整体美。

3. 卫生整洁

仪表美还必须讲究个人卫生,在与人交往时必须讲究仪表的修整与清洁。具体应做到:勤洗澡,勤换衣,勤擦鞋,男士要经常修面,女士要适度地使用化妆品,保持皮肤的细润修整。头发要适时梳洗,发型要大方得体,指甲要经常修剪,保持指甲清洁。保持口腔清洁,工作前一般不要食用葱、蒜、韭菜等有刺激性气味的食物,养成饭后刷牙习惯,防止口臭。

第三节　公关人员的仪容美

爱美之心人皆有之,容貌美丽总能博得人们的欣赏。容貌美在公关活动也具有一定的优势,带来许多的便利。

一、什么是仪容美

仪容美是指人的五官端正,容貌秀丽。仪容美不仅表现为人的面容长相,更重要的是体现为面容的精神风貌美。精神饱满,面带微笑,目光炯炯有神,面容整洁端庄等都是基本的仪容美的体现。仪容美同样是慧于中而秀于外的,拥有一颗善良、热情的心灵,保持一种良好的心态,不过于悲喜,是保持仪容美的一种有效方法。

天生丽质总是少数,大多数人只是相貌平平。即便是天生丽质的人,随着时光的流逝,也会感叹容貌衰老。怎样才能使自己的容貌美丽,青春常驻呢? 事实上,美是可以追求的,也是可以再现和创造的。人们可借助现代美容化妆艺术来展示仪容美。

在今天,美容化妆越来越受到人们的普遍重视。美容化妆对于良好的整体形象有画龙点睛的作用,因为它突出地表现了人体的最富于感情的部分。美容化妆,可以使人焕发青春的光彩,增强自信心,在工作和学习中精力充沛,在公关活动中增加魅力。同时,化妆也是公关活动中对他人表示尊重的一种表现。美容化妆有促进公关活动成功的神奇作用。

二、美容化妆的基本要求

化妆是一门综合的艺术,它涉及到美学、生理学、心理学、造型艺术等学科。化妆又是一种技术、技巧,它不是单纯的涂脂抹粉,而是运用色彩及各种化妆用品来突出和强调每个人面部自然美的部分,减弱或掩饰其容貌上的欠缺,使每个人的容貌都变得尽可能完美。化妆的目的不是要把自己打扮得花枝招展,而是塑造一副淡雅清秀、健康自然、鲜明和谐、富有个性的容貌。

(一)正确认识自己

化妆的目的既然是要突出自己的优点,掩饰缺点,那么,我们就要了解一下人的面部的基本结构和特点。人们常说"五官端正"就是指人的面部五官比例要协调匀称,这是五官美的前提。人的五官位置是有一定规律的,这个比例就是"三庭五眼"。"三庭"是指,上庭:从额头的发际线到眉线;中庭:从眉线到鼻底线;下庭:从鼻底线到颏底线。这三庭的长度是相等的。"五眼"是指从正面看,右耳孔到左耳之间的脸部横向距离正好相当于自己五只眼的宽度。一个人的脸型如果符合这个比例,就产生匀称感,如果不符,就要在化妆时运用一定的技法进行调整和弥补。

(二)修整、自然为准则

生活中的美容化妆,以修整统一、和谐自然为准则。恰到好处的化妆,给人以文明、整洁、雅致的印象。浓妆艳抹,矫揉造作,过分的修饰、夸张,是不可取的。

(三)选择使用化妆品

化妆品是美容化妆的物质条件。当前,化妆品琳琅满目,种类繁多,必须正确地选择和使用。根据功用不同,化妆品可以分为三大类:清洁类化妆品,用于修饰化妆;护肤类化妆品,用于保养皮肤;修饰类化妆品,可根据自己的皮肤选择;使用化装品要注意质量,也不要频繁更换化妆品。

(四)不同的场合,不同的妆色

化妆的浓淡视时间、场合而定。在白天日光下、工作时间、工作场合,适合化淡妆。浓妆艳抹,厚厚的粉底,重重的唇膏,与周围的工作气氛不相宜,让人感觉你不是在认真地工作,甚至认为你不稳重。在工作环境中,应当力求表现自然、质朴,采用不露痕迹的化妆手法。晚上参加舞会、宴会等社交活动,可穿着艳丽、典雅的服装,在灯光照耀下妆色可浓些,可使用发亮的化妆品。

外出旅游或运动时,不要化浓妆。天然秀丽的风光最宜表现一个人的自然美。

(五)化妆时应注意的问题

除非不得已,一般不要在众人面前化妆,因为那是非常失礼的,也是不自重的举动。假若需要修饰装扮,应避开众人;女性在社交活动中需补妆时,可进入洗手间,不可当众补妆;每个人都有自己的审美情趣和化妆手法,一定不要对他人的化妆评头论足;借用别人的化妆品既不卫生,也不礼貌;男士的化妆要能体现男子汉的气质,切不可油头粉面,花里忽哨。

第四节 公关人员的仪态美

仪态美是公关人员展示自身形象和魅力的重要方面,在公关活动中发挥着重要作用。

一、什么是仪态美

仪态是指人在行为中的姿势和风度。姿势是指身体所呈现的样子，风度则属于内在气质的外化。每个人总是以一定的仪态出现在别人面前，一个人的仪态包括他的行为举止、一举一动、一笑一颦、站立的姿势、走路的步态、说话的声音、对人的态度、面部的表情等等。而这些外部的表现则是他内在的品质、知识、能力等的真实流露。潇洒的风度，优雅的举止，总是令人羡慕、赞叹，给人留下深刻的印象，受到人们的尊重。

仪态美是指人的举止优雅，风度潇洒。仪态美是一种综合的美、完善的美。这种美是身体各部分器官相互协调的整体表现，同时也是人的内在修养与外在仪表的和谐统一。男性魁梧俊美，女性秀丽婀娜是仪态美的基础条件，但有了这些条件并不等于就是仪态美。与容貌、身材的美相比，仪态美则是更深层次的美。容貌的美只属于那些幸运的人，而仪态美的人往往是一些出色的人，因而仪态的美更富有永久的魅力。

二、仪态美的基本要求

在公关活动中，对每个人的仪态要求概括起来是：站有站相，坐有坐相，举止端庄稳重，落落大方，自然优美，彬彬有礼。具体地说，对各种动作、姿势都有要求。

(一)站姿

站立是人们在生活交往中最基本的举止，站是生活中静力造型的动作，站立不仅要挺拔，还要优美和典雅，站姿是优雅举止的基础。

正确的站姿是：1. 抬头，颈挺直，下颌微收，嘴唇微闭，双目平视前方，面带微笑；2. 双肩放松，气向下压，身体有向上的感觉，自然呼吸；3. 挺胸收腹，立腰，肩平；4. 双臂放松，自然下垂于体侧，虎口向前，手指自然弯曲；5. 两腿并拢立直，提髋，膝和两跟靠紧，脚尖分开形成“V”字型，身体重心放在两脚中间。这是基本的站姿。在此基础上还可以有所调整将两脚平行分开，比肩略窄，或将右手搭在左手上,放在腹部或臀部,或是将一只垂于体侧,另一只手放在腹上或臂部。站立时不可以双手叉腰,或抱在胸前,或放入衣袋;不可以探脖,弓腰,东歪西靠。训练站姿,可以靠墙站立,脚跟、小腿、臀、双肩、后脑勺都紧贴墙壁,每次坚持 15 - 20 分钟。

正确健美的站姿,会给人以挺拔向上、舒展俊美、庄重大方、亲切有礼、精力充沛的印象。

(二)坐姿

坐是最常用的一种举止,坐姿是静态的,也有美与不美、优雅与粗俗之分。正确的坐姿可以给人庄重安详的印象。

正确的坐姿是:入坐时要轻稳,女士入座时,应将裙向前收拢一下再坐下。上体自然坐直,立腰,双肩平正放松;两臂自然弯曲放在膝上,也可以放在椅子或沙发的扶手上,掌心向下;双膝自然并拢(男士可略分开些),双脚平落在地上;坐在椅子上,至少应坐满椅子的 2/3,脊背轻靠椅背时;起立时,右脚抽后放半步,尔后站起。

端坐时间过长,会使人感到疲劳,不自然,可变换一下姿势。男士可将双脚略向前伸或将两脚交叉;女士可将两脚并拢,两脚同时向左或向右放,两手叠放,置于右腿或左腿上;也可以两腿交叉重叠,但应注意将上面的小腿向回收,脚尖向下。总之,人坐在椅子上是要变换姿态的,只要端坐,腰立直,头、上体四肢协调配合,那么各种坐姿都是优美自然的。

坐时不可前倾后仰,或是歪歪扭扭,不可双腿伸得远远的,摇腿、跷脚、两腿过于分开都是不雅观的。坐在椅子的前边,身子稍向前倾是表示谦虚,但过于萎缩前倾,就是一种阿谀了。

(三)步态

步态属动态的美。对步态美的要求是:协调稳健,轻盈自然。

正确的步态是以端正的站姿为基础的。其基本要求是:上体正直,眼平视,挺胸收腹立腰,重心稍向前倾;双肩平稳,双臂以肩关节为轴前后摆动,摆动幅度以 30 - 40 厘米为宜;脚尖略开,脚跟先接触地面,依靠后腿将身体重心送到前脚脚掌,使身体前移。步位,即脚落在地面时的位置,应是两脚内侧行走的线迹为一条直线,而不是两条平行线。步幅,即跨步时两脚间的距离,一般应为前脚的脚跟与后脚的脚尖相距为一脚长。但因性别和身高不同,步幅会有一定差异,着不同服装,步幅也不同。女士穿旗袍、西装裙、礼服时,步幅应小些,穿长裙、长裤时,步幅可大些。

走路时不可弯腰驼背,不可大摇大摆或左右摇晃,脚尖内呈八字或外八字、脚拖在地面上等不良习惯都要纠正,也不能把双手插在裤兜内走路。

第五节　公关礼仪基本规范

公关礼仪的基本规范是公关人员的必修课。一个公关人员良好的修养、潇洒的气质、优雅的风度和友善的态度都可以通过礼仪规范得到体现。

公关礼仪内容很广,这里主要选择一些日常的基本礼仪规范加以表述。

一、见面礼仪

如前所述,如果礼仪在公关活动中具有"晕轮"、"光环"作用,那么见面的礼仪可称之为"光源"。公关人员在工作中要接触许多熟悉的或陌生的公众,见面礼仪必不可少。称呼、握手、介绍、递接名片等礼仪虽然看似简单,但在实际交往中作用很大,要注意运用得当。

(一)称呼

称呼礼节即在社会活动中称谓他人以表示礼貌和尊重的习惯形式。用什么称谓称呼人,即反映了说话人与被称呼人之间的上下、亲疏、厚薄等关系,也体现出说话人对被称呼人的敬卑、爱憎、谦骄、热冷等复杂的感情和态度。称谓是否恰当,即反映了说话人的思想修养和文化修养,也影响到公关人员开展公关活动的成果。公关人员在人际交往活动中使用称呼时应注意:

1.相应称呼,即根据对方身份、年龄、职业、职务等确定相应的称呼。对领导、长辈和客人不要直呼其名,可在其姓氏后面加合适的尊称或职务,如"王局长"、"杨老师"、"陈老"等。

2.内外有别,尊重不同国家和地区的称呼习惯。在国际交往活动中,男子一般称呼"先生",女子称呼"夫人"或"太太"(已婚或带有结婚戒指的年纪稍长者)、"小姐"(未婚女性)和"女士";在国内交往活动中,对一般交往对象,可分别称"同志"、"师傅"、"先生"、"小姐"等,对年长的可简称"老王",对年轻的简称"小李"等。较熟悉的朋友和同学可直呼其名。对客人切忌称呼外号,也不要说那些容易联想到生理缺陷的词语。但要注意的是,在广东等沿海地区,不可随意称呼"小姐"。可以其工作职务相称,如"服务员"、"管理员"、"经理"等。

3.上下有异,即对于上级或长辈要用尊敬、得体的称呼,对于下级或晚辈可使用习惯称呼。对长辈、对相交不深或初次见面的客人,应用"您"而不要用"你",以表示敬意。

4.主次有序,即在有若干人交谈的场合,注意称呼顺序。基本原则是:先外后内,先长后幼,先上后下,先疏后亲。

(二)握手

握手,是公关社交场合最常用的一种礼节。初次见面,握手作为认识的开导;久别重逢,握手则是问候的开始;告别、慰问、祝贺、感谢时都要用握手致意。美国著名盲人作家海伦·凯勒曾说过:"我握过许多的手,虽然无言却极有表现力。有的人握手能拒人千里,握着这样的手,如同和凛冽的北风握手一样,使人感到寒冷;而和有的人握手如同和灿烂的阳光握手,它使你感到温暖。"

握手的方式是多种多样的,握手的力量、姿势与时间长短,往往能够表达出握手人对对方的不同态度和礼遇。行握手礼时，应双目注视对方，微笑致意，不可低头俯视地面，更不能东张西望，同时应用一些寒暄语配合握手。通常应遵守以下规则：

1.与年长者、身份高于己者握手，应稍稍欠身，双手握住对方的手，表示谦恭；而对年轻女性切忌双手相握，即所谓“三明治式”握手。

2.与年长者、主人、身份高于己者握手，一般应等对方伸出手后，再与之握手。初次与人相见，可以主动伸手相握，也可以点头代替握手。

3.握手时不要毫无力气，也不要过分用力，握手时间应长短适宜，一般3-5秒为好，当表示真诚和热烈时，可以稍长一些时间握手，并可上下摆动几下，但一般来说不左右摇摆。

4.与公众见面握手，一般应按近（身旁）到远处顺序一一分别握手，不能跳跃、交叉握手，也不应同时握着两个人的手。

5.一般当别人伸手与你相握，不可拒握；握手时应脱去手套，若不易脱去手套或手有脏物不便相握，应说明并表示歉意。握手后，有意无意地掏出手帕来擦手都是不礼貌的。

6.为了避免尴尬场面发生，在主动和人握手之前，应首先想一想自己是否受对方欢迎；如果已察觉对方无握手之意，那么最好向他点头致意，或微微鞠躬，也是很礼貌的。

（三）介绍

社交场合中介绍别人、介绍自己以及被人介绍时，均要注意表示礼貌和尊重的习惯形式。

1.注意使用介绍礼貌用语和措词。如“请允许我来为你（们）介绍一下”，“这位是×××”，同时配合用右手手心向上指向被介绍人，对被介绍的职业、工作或其他情况作说明时要注意实事求是，不可吹嘘，也不可贬低，不可涉及他人隐私，以免使被介绍者尴尬、反感。

2.注意介绍的顺序。一般来说,先介绍谁后介绍谁要遵循以下惯例:先将年青者介绍给年长者,先将男士介绍给女士,先将职位低者介绍给职位高者,先将客人介绍给主人,先将晚到者介绍给早到者,即年长者、女士、职位高者、主人和早到者有优先知道对方身份的权利。

3.注意介绍的表情和反应。被介绍的双方应相互握手和微笑致意,被介绍者在介绍到自己时应站立起来握手,并微笑致意说"您好"、"幸会"、"久仰"、"很高兴认识您"之类礼节话。

4.若自己未被介绍给对方时也不宜插嘴,应在旁静候,或选择适当时机自我介绍。自我介绍时应注意简洁、谦和、用语得当。一般地说,以联系工作、结识他人为目的的自我介绍宜简,只要讲清姓名、身份、目的、要求即可。而以建立关系为目的的自我介绍则可适当详细一些。

(四)递接名片

递交和接受名片是社交场合中相互交流以示礼貌、尊重的形式,是现代社会交际中经常使用的方式。名片不仅仅是一种联络的纸片,它体现了一个人的身份,表现一个人的个性,是人格化的代表。递接名片应注意:

1.递交名片时,应用双手的拇指和食指分别夹住名片的左右上端,使名片上文字顺对着对方,双目含笑注视对方恭敬奉上,切忌发传单式地乱递。同时,还可边口头自我介绍,或说些"请多关照"、"请多指教"之类的话。

2.接受名片时,要认真仔细地拿着看一看,并小声重复一遍名片上的名字和职务。要对对方给你名片表示谢意,很郑重地把名片放入名片夹内,或放进上衣口袋,切忌看都不看就放进口袋里,或将名片扔在桌上,或拿在手上摆弄。

3.不能生硬地向别人索要名片,而应礼貌以求:"假如您方便的话,是否可留下名片,以便今后加强联系。"可以含蓄地询问对方单位、通讯处、电话等。

4.收到别人名片，同时也要把自己名片送给对方，如果没有应向对方道歉说明。

5.名片是取信于人的，不可滥发，以防被人假借利用。有不少细心的公关人员巧用名片，在名片背面简记与该人交往的一些背景材料，作为交往档案留存。

二、拜访礼仪

拜访是公关人员开拓事业，职络与公众情感的常见社交活动。无论是拜访单位还是拜访家庭，公关人员都应掌握拜访的基本礼节与技巧，以获得最佳的拜访效果。

1. 拜访应选好时机，注重预约。

拜访应安排在主人最方便的时候。最宜在节假日的下午及吃饭后，尽量避开吃饭、午睡和主人最繁忙的时候。为了选择适当时机，事先最好通过信函或电话预约，不要贸然前往，以使人家有所准备，也可避免空跑一趟。

2. 拜访要遵时、守约，不可随意失约。

拜访要遵时、守约，如有变动，要事先通知被访者，不可随意失约。拜访打扰别人要适可而止，礼节性拜访时间更不宜过长，除非事先约好长谈，一般在半小时内谈完面谈事宜便可告辞，若对方执意挽留可适当延长时间，见机行事。

3. 敲门要有礼貌。

敲门时，应以手指轻扣两三下，或按门铃，等主人开门时应后退两步，致以问候才进屋；即使门开着，也不可擅入，最好轻轻叫唤几声或在门上轻敲两下。敲门要把握好力度和节奏，切不可以掌拍门，以拳击门，以脚踢门。

4. 仪表要整洁，庄重，大方。

拜访时，仪表要整洁，庄重，大方，以表示对主人的尊重。要注意坐姿，不要叉开双腿或抖动双腿，不可在屋内来回乱走，左顾右盼，乱翻东西。主人有事，要恰到好处地帮忙。若有礼物，可在互道安好或道别时拿出来奉献给主人。

5. 拜访离开时，要作告别，不辞而别是不礼貌的。

告辞时，态度要干脆，不要拖泥带水，口里说走，身子却不动，主人送到门外，不要再说个不停，要坚决地请主人留步。也千万不要把人甩在后面，头也不回地扬长而去。告别时，只说声“再见”即可，至于“希望今后经常见面”、“今天见到你使我高兴”等话，要随见面的感受而定，分手时是否握手，并无定式，随己之便。对主人接待之热忱应表示感谢。

三、电话礼仪

电话是现代社会人们进行社交联络的重要通讯工具，是公关人员通过声音塑造形象的渠道。许多国家和地区的企业或教育培训机构已把接打电话作为一门必修课程开设。掌握电话交谈礼仪是公关人员应掌握的基本礼仪知识。主要应该注意：

1. 打电话时都应自报家门，使用礼貌用语，主动问候对方。

2. 打电话时应事先考虑好，用语应简洁、扼要，切忌啰嗦、冗长。在工作场合不宜打“马拉松”电话，以免影响工作。

3. 无论接、打电话都应语言谦和、热情，语气亲切，切忌乱喊大叫。

4. 接电话时应在铃声响起后最短时间里接听电话，若铃声响过多声之后应表示歉意，若接到找他人电话，可礼貌询问是否可以转告，不可盘问对方。

5. 电话要轻拿轻放，若对方为你所尊敬的长辈，打完电话后应请对方先挂机。

6. 公共场合应将传呼机拨到震动呼叫档，公共场合接、打手机应向周围人致意或避之一隅。

四、餐饮礼仪

公关人员在与公众的交往中，经常要通过用餐饮宴请活动开展联络工作，因而了解并遵循餐饮礼仪是公关人员必备的基本素养。在餐饮宴请活动中，公关人员主要应注意以下事项：

1．宴请要提前作准备，一般应提前1至3天或当面或通过电话告知宾客，特别的贵宾一定要当面递送请柬，并且应在宴请前夕再次落实宾客出席事宜。宴请时应在门口迎候。

2．入座时，应引导宾客在合适的位置上落座，一般来说坐席是主宾相邻，以右为尊，应将主宾安排在主人的右手席位上，而且入席时应从椅子的左侧入座。

3．祝酒时，应准备好得体的祝酒辞，向客人举杯敬酒，杯沿应低于对方的杯口，同时应在客人落筷之后再敬酒，不宜在客人正在进食时举杯。给客人斟酒时应站在客人的右后侧。

4．进餐时，应举止从容、文雅，新菜上桌应转至主宾面前，不可首先动筷。

5．陪餐人员不宜安排过多，就餐时不宜过多谈工作。

6．餐饮结束后，应将送客工作妥善安排好。

五、服饰礼仪

服饰是一个人穿着的服装和佩带的饰物。一个人无论以什么身份在社会上活动，在服饰方面都有一定的、起码的要求。着装反映了一个人的精神面貌、文化素养和审美水平。重视社交场合的服饰与仪表是对人际关系敬重、礼貌的表现，服饰仪表可帮助公关人员完善自我形象。一个合格的公关人员，在社交的各个不同场合里，必须把服饰仪表作为沟通人际关系、融洽感情和作为搞好本企业、本单位事业的重要窗口。因此，公关人员应高度重视自己的服饰与仪表，并把它看做是公关人员必备的素质之一。对公关人员的服饰要求有：

(一)整洁大方

服饰必须整齐、清洁、端庄、大方。整洁的衣着反映一个人振奋、积极、向上的精神状态；而褴褛、肮脏的服装，则是一个人颓废、消极、精神空虚的表现。公共关系人员如果衣冠不整、不洁、不修边幅，不仅显得本人懒惰、猥琐、缺乏修养，也有损社会组织形象，在社交中，必然会使对方产生不愉快、不信任的感觉，导致关系疏远。

服饰端庄、大方，可以让对方感到可亲、可敬、可信，乐于与你交往。出席社交场合，应事先把自己修饰整洁。一般来说，女服色彩丰富，轮廓较优美，面料较讲究，显示出秀丽、典雅、贤淑、端庄等气质。男服则要求线条简洁有力，色彩沉着，衣料挺括，显示出强健、威武、果断、潇洒等气质。公共关系人员的服饰要充分体现这些气质。在服饰上不赶时髦，比阔气，不要一味去追求高档次。

(二)整体和谐

我们在服饰礼仪中所说的服饰，不完全是指日常生活中的衣服和装饰物，而主要是指在着装后构成的一种状态。它包括所表达的人的社会地位、民族习惯、风土人情以及人在着装之后的美与丑。必须从整体综合的角度来体现各因素和谐一致。做到适体、入时、从俗。

1.适体，就是追求服饰与人体比例的协调和谐。服饰是美化人体的艺术，服饰应该与人体相结合，使服饰的色彩、式样、比例等适合人体本身的高矮胖瘦，从而把服饰与人全融为有机统一的整体。因此，过肥或过紧的衣衫、过小或过大的裤腿、过长的“火箭鞋”、过高的“高跟鞋”以及不恰当的颜色搭配等，都会扭曲人的形体，影响人的形象。显然，这都是公共关系人员在着装时要避免的。此外，还必须恰当地选择与服饰配套的其它物品，以达到适体的美学效果。如帽子、领带、鞋子、手套及提包等，都是服饰的重要组成部分。还要注意上装、裤裙的协调，切忌零乱、混杂。

2.入时,就是追求服饰和自然界的协调和谐。人与自然相适应,有春夏秋冬、风雨阴晴的不同服饰。根据时令的变化穿着衣物,不但合乎时宜,而且还有助于人体健康。一般来说,冬天衣服的质地应厚实一点,保暖性好一点的;夏天的衣料则以透气、凉爽、柔软为宜,但应注意不要穿透明衣物;而春秋衣服的质地则宜单薄挺括。可以设想,一位公共关系人员在寒冷的天气穿着单薄、浑身颤抖抖的,在炎热的天气穿着厚实、满头大汗淋淋的出现在交际场所是多么难堪。

3.从俗,就是追求服饰与社会生活环境、民情习俗的协调和谐。应努力使服饰体现出新时代的风貌和特征、各民族的不同习俗和特色、各种场合的不同气质和特点。

公关人员在社交场合不要穿着太过时、过旧的衣物,否则会给人以僵化、守旧、不合潮流之感,甚至影响交往的深化。

"时装不入办公室"的诫条对公共关系人员也是适用的。办公室是严肃的工作场所,上班办公的服装以庄重、整齐、实用、舒适为宜。

参加喜庆活动,可以穿着欢快一些,喜气一些,但应得体;参加婚礼时,不要打扮过分,以免别人误认为你是新郎或新娘。丧礼的穿着,则以穿着素色衣服为原则,最好是黑色服装,其它装饰物也应以暗淡色为主。旅游着装可随意一点,以合体、舒适、轻装、方便为好。参加正式的接待,特别是外事活动,穿着服饰总的要求是朴素、大方、整洁、美观。

(三)展示个性

选择什么样的服饰,在很大程度上体现出穿着者的个性。在服饰整体统一的同时,追求个性美可以说是现代生活的一大趋势。公关人员在服饰上,也应根据自己的特点和客观实际情况,发挥自己职业、年龄、性别、形体的优势,掩饰和缩小这方面的劣势,充分展示自己的个性,创造社交公关中的美好形象。

公关人员在社交场合展示个性要把握好三点：一是尽可能不与同伴穿一样的衣服，免得引起别人去比较谁好谁差。二是注意与同伴的服饰又不能反差太大，否则也会引起议论。三是在服饰的款式、色调、质地上要尽量与客人和在场领导协调，切忌衣着太突出自己，太“与众不同”。那样会颠倒“主从关系”，与公关人员的身份不合。

六、外事日常交往礼仪

随着社会的开放，对外交往日益频繁。公关人员在涉外交往中，应注意发扬我国礼仪之邦的优良传统，同时也应尊重各国、各民族的风俗习惯，做到不卑不亢，以礼相待。各国、各民族的习俗与礼仪差异很大，我们只介绍一些日常的外事交往礼节。

1. 正确使用他国称呼

与外宾交往，尤其是同陌生的外国人打交道时，要格外注意，一定要用该国的约定俗成的称呼方式来称呼对方。如果不知道怎么称，但又要表示尊敬，可用“先生”或“夫人”称呼。对方也许就会想到你不知道用什么称呼，于是会把正确的称呼告诉你。

另一种称呼他人的方式是直呼某人的职称或头衔。最常见的是用在法官、政府高级官员、医生、教授、博士和宗教领袖等的称呼上。

2. 尊重他国风俗习惯

不同的国家、民族，有不同的历史背景、宗教信仰、风土人情，并形成了各自的风俗习惯，公关人员对这些都应有所了解。这样才能避免不愉快或发生笑话，使涉外交往顺利进行。

在英美国家，几乎所有日常生活问题都能够得到答复。不过也有些情况是不能打听的，这就是英美人常说的“隐私”。英美人的年龄、婚姻、收支情况、宗教信仰、投票倾向等都属于个人隐私，在交谈中，想去了解这些情况将被认为是失礼的。

西方人比较忌讳“13”这个数字，尤其是“13”号、“星期五”，高楼的14层就在12层上面，宴会厅的餐桌也是14号紧接12号，因此，遇上这类日子，一般不要举行涉外庆典、宴请等活动。

与东南亚国家外宾相处时，不要跷起二郎腿颠来颠去。不用左手与他人接触，也不用左手传递物品。

伊斯兰国家的来客不吃猪肉，也忌谈猪。应邀到他们那里作客，不要问及女主人，特别是不要问及女儿如何。

对颜色的忌讳主要有：日本人忌绿色，比利时人忌蓝色，巴西人忌棕黄色，欧美某些国家忌黑色，埃及人忌黄色。公共关系人员在为外宾挑选、赠送礼品等时要对此加以留意。

此外，西方人的空间意识一般较强，当陌生人离他们太近时，他们会觉得很不自在，甚至觉得是一种威胁。尤其是站在一位女性面前时，尽量不要使用手势，如果要用，也要注意动作不要太大。

3．女士优先原则

西方的社交场合遵从女士优先原则，这一原则几乎体现在每处有女士和男士的地方。

公共关系人员在涉外交往中若与女士同行，男的应让女士走在前面，自己靠外侧一边；下车或上楼、进一道关闭的门、走进没人领路的餐馆或剧院，男士应在前开路；参加聚会，客人见到男女主人时，应先与女主人打招呼；女客人进入时，男士应站起来迎接；坐着的男士与站着的女士打招呼应站起来；如只有一个座位，应让给女士；在门口、窄楼梯、电梯口等处与女士相遇，不论认识与否，都应让女士先行、与女士一同外出时，应主动帮助拿一些笨重的背包、文件及脱下的外衣等物，但不要帮她背随身小包。

当然，在有老人在场的情况下，应先照顾老人，尤其是老年妇女。

4．多使用礼貌和客气语

“请”、“谢谢”、“对不起”，这些礼貌与客气语言在与外国人打交道中被普遍使用。

“请”。有什么事需人帮忙,应说“请”。如:“请你把门打开好吗?”“请你审阅一下这份计划好吗?”

“谢谢”。在西方,这个词的使用频率是非常高的。如在人行道上,别人给你让路,应对他说“谢谢”;在商店里买东西,要对售货员说“谢谢”;在餐厅里,对为你送菜单、送菜的服务员“谢谢”。但要注意,无论多大的事,谢一下就行了,不要没完没了,否则会被认为过于谦卑,或是太虚伪,是糟糕透顶的事。然而,同样的情况,在日本又截然相反,与日本人交往,记住一条:“礼多人不怪。”

“对不起”。欧美人的礼节是:凡是不小心干扰、妨碍别人时,都要说“对不起”。比如无意中碰撞人;需要打断别人的谈话;有时甚至打个饱嗝、咳嗽一声,都要说声“对不起”。否则,会被认为没有教养。但要注意,在欧美国家,如果碰到了一场事故或严重伤害,如汽车碰撞等,就不能随意说“对不起”,因为道歉就意味着自己承担责任。

5. 不得随意进入外宾办公室或住所

到外国人办公室或住所,应预先约定。因急事无法约定又须前往时,则应尽量避免在休息时间前往,尤其是在深夜打扰对方。如出现这样的情况,就应先表示歉意和说明原因。到达门口后,如无人迎,应先按门铃或敲门(按门铃时间不要过长),不得擅自闯入。

6. 努力做好接待工作

接待外宾要谦虚有礼,朴实大方,不卑不亢,既不要过分拘谨,也不能自恃傲慢。要尊重外宾生活习惯,对外宾的服饰和形貌不要评头品足,更不能讥笑或有怪表情。

总之,公关礼仪是公共关系日常工作中的基本素质要求,公关人员应该养成良好的礼仪习惯,提高公关礼仪修养,在工作中不断增添自己的形象魅力。

第十二章　公关专题活动

所谓公关专题活动,是指社会组织为了某一明确目的、围绕某一特定主题而开展的公共关系活动。公关专题活动是社会组织与广大公众进行沟通、塑造自身良好形象的有效途径。自现代公共关系产生以来,国内外许多企业就经常采用公关专题活动的形式来扩大影响、提高声誉。

社会组织可以根据具体情况,策划、实施各种不同主题的公关专题活动。公关专题活动的种类很多,常见的有新闻发布会、庆典活动、展览会、赞助活动、开放参观等。

第一节　新闻发布会

新闻发布会是一种由社会组织召开的、集中向各新闻机构的记者发布有关本组织新闻的特殊会议。社会组织召开新闻发布会可以达到两个目的:一是广泛传播有关本组织的重要信息,二是与新闻界保持一种密切的联系。需要指出的是,新闻发布会并不完全等同于记者招待会。因为不是所有的记者招待会都是新闻发布会,有些记者招待会只是社会组织出于一种与新闻界朋友联络感情的需要而举行的招待会,并不发布什么重要新闻。

一、新闻发布会的特点

作为一种特殊会议的新闻发布会有以下几个特点:

1. 以新闻发布会的形式传播组织的各类信息,显得很正式,给人们一种郑重其事的感觉。

2. 召开新闻发布会,可以使有关本组织重要信息的传播既有广度又有深度。

3. 以新闻发布会的形式传播组织信息成本较低。

4. 新闻发布会对会议主持人与新闻发言人的要求比较高。

二、会前的准备

新闻发布会是社会组织十分重要的公共关系活动。要取得这一活动的成功,需要公共关系人员在会前进行周密的计划,作好充分的准备。

(一)确定举行新闻发布会的必要性

在举行新闻发布会之前,必须对所要发布的信息进行认真的研究分析,分析一下这些信息是否重要、发布这些信息的紧迫性与最佳时机、以及这些信息是否具有广泛传播的新闻价值等。

社会组织在遇有重要的活动或重大的事件时有必要举行新闻发布会。以企业为例,有必要举行新闻发布会的重要活动或重大事件有:新开张;新产品的开发、生产与投放市场;企业重组上市;发生重大(或紧急)事件,如厂房起火、爆炸等严重事故;受到公众和新闻界的公开批评;开展重大的社会公益活动;重要的人事变动;企业的重要庆典或纪念活动等。

(二)选择举行新闻发布会的时机与地点

举行新闻发布会需要选择最佳时机,以便有关本组织的重要新闻能在最合适的时间里向社会公众进行传播。这一时间的选择应遵循两个原则:一是要在所要传播的信息最具新闻价值的时候,二是被邀请的记者都能到会。

举行新闻发布会需要选择最佳地点,以便充分发挥新闻发布会的效能。这一地点的选择应根据具体情况而定。如果新闻发布会的主题内容侧重于介绍本组织的发展情况、或是推介企业的新产品,那么这种新闻发布会的地点就可选择在组织内部、或组织附近的某个适合举行新闻发布会的地方；如果新闻发布会所要发布的是本组织的重大新闻、或其主题内容侧重于澄清某一事实以挽回某种社会影响，那么这种新闻发布会的地点就可选择在省、市政府所在地甚至京城，或者放在发生某种事件所在地的某个适合举行新闻发布会的地方举行。

例如：广州万宝冰箱厂一度由于产品质量低劣而受到公众和新闻界的公开批评，以至声誉一落千丈。该厂很快就选择在北京举行新闻发布会，既认真分析冰箱一度质量低劣的原因，又诚恳地向社会公开道歉，并郑重宣布了处理产品质量问题的措施和对受害消费者进行赔偿的办法。由于这次新闻发布会选择了最佳的时机与地点，所以取得了良好的效果。

(三)确定邀请记者的范围

邀请哪些记者出席新闻发布会？这要根据所要发布的信息的重要性和影响程度来确定一个邀请的范围。以地域范围而言，如果新闻内容仅限于本地，则以邀请当地新闻单位的记者出席为主；如果新闻内容涉及到较为专门的业务，则以邀请专业性新闻单位的记者出席为主；如果新闻内容涉及到全国，则应邀请中央新闻单位的记者出席。以传媒范围而言，应该邀请各种传播媒介的记者出席，既要有电台电视台的记者、也要有报纸杂志的记者，既要有文字记者、也要有摄影记者，以便使本组织发布的重要新闻在社会上形成立体传播的态势。

(四)选定主持人和发言人

新闻发布会这种公关活动的目标公众是新闻记者，而记者的职业要求和思维习惯会使他们在新闻发布会上提出一些深刻、尖锐、甚至很棘手的问题，这就对新闻发布会的主持人与发言人提出了较高的要求。为了开好新闻发布会，必须选出思维敏捷、反应快、有较高的文化修养和专业水平、口齿伶俐的人员担任主持人和发言人。而且，会议的主持人一般应由有较高专业技巧的人(如公关机构的负责人)担任,新闻发言人则应由掌握方针政策、熟悉本组织整体情况的的人(如本组织的高层领导)担任。

(五)准备材料

在召开新闻发布会之前必须充分准备好有关的材料,包括文字、实物、图片或影视资料等。如有必要,还应提前向与会记者提供与本次新闻发布会有关的背景材料,以便让记者对会议有比较多的了解。会议的主持人与发言人必须熟悉所有与本次新闻发布会有关的材料,尤其是新闻发言人还须作好回答记者提问的材料准备,拟好发言提纲,以便心中有数。为了让记者方便而又准确地报道本次新闻发布会,还要为记者准备好报道提纲。发言提纲和报道提纲的内容应在新闻发布会召开之前在本组织内部进行通报,统一口径。

(六)组织记者参观的准备

在新闻发布会召开之前或之后,可以配合会议主题组织记者进行参观,给记者创造一些实地考察、采访、摄影、录像的机会,使他们对新闻发布会有一个感性认识。为使这种参观活动达到预期的目的,应该在会前安排好将要参观的地点,并派专人接待、陪同及介绍情况。

(七) 布置会场

布置会场是召开新闻发布会之前的重要准备工作之一。要为新闻发布会创造一个良好的会议环境,即:安静、无干扰,室内座椅舒适、灯光适宜。如果是小型新闻发布会,还可以把会场布置成圆桌会议形式,这样会议气氛更好。如果是大型新闻发布会,则可采用设主席台席位、记者席位、来宾席位等的会议形式。要为到会记者准备好录音和摄像的辅助器材,如电源、电传及其它设备。如有必要,还须准备好多媒体设备,以便提高信息发布的效果。另外,还要在会场主席台正上方挂好本次新闻发布会的会标等。

三、会中的注意事项

社会组织举行新闻发布会就是在开展一项十分重要的公关专题活动，在开展这样的公关活动的过程中，需要注意以下事项：

第一，所发布的信息必须是准确无误的。

第二，在新闻发布会上，会议主持人与新闻发言人是以组织代表的身份出现在记者面前的。他们应该维护组织的形象，精诚团结，配合默契，共同为开好新闻发布会而努力。

第三，会议主持人要以轻松、富有幽默感的言谈和感染力活跃整个会场的气氛，既要调动记者提问的积极性，又要控制好会场。当记者的提问离会议主题太远时，要善于巧妙地将话题引向主题。当会场的气氛有些紧张时，应该及时进行调节缓和。同时，也不要随便延长预定的会议时间。

第四，新闻发言人对于不愿发表的意见和不便透露的信息，应婉转地向记者进行说明和解释，不要吞吞吐吐，否则便会使记者追根究底，造成难堪的局面。不要随便打断记者的提问，也不要以各种语言、表情或动作对记者表示不满。遇到回答不了的问题时，不能简单地说"不清楚"、"不知道"或"我不能回答你"等，而应采取灵活的方式予以回答，否则会引起记者的不满甚至反感。即使记者的提问带有很强的偏见甚至具有挑衅性，新闻发言人也不能当场激动发怒，而应表现出很有涵养，以平静的话语和确凿的事理给予纠正或反驳。

四、会后的工作

要使新闻发布会这一公关专题活动取得预期的效果，在会议结束以后，社会组织还应做好以下几项工作：

1. 尽快整理出新闻发布会的记录材料，同时对新闻发布会这一活动的筹备、组织与实施情况进行评估，总结经验，找出不足之处,并将评估材料归档备查。

2. 对照会议签到簿,看与会记者是否都发了与本次新闻发布会有关的稿件。尽量搜集到已经发表的新闻稿,进行分类登记,并对记者所发稿件的内容及倾向做一分析,检查是否达到了举办新闻发布会的预定目标。

3. 若出现不利于本组织的报道,应采取良好的应对策略:若是不正确或歪曲事实的报道,应立即采取行动,说明真相,向有关新闻报道机构提出更正要求;若报道的虽然是正确事实,但却是不利于本组织的负面报道,则应通过该报道的媒体向公众表示歉意,并续以改进的措施,以挽回企业声誉。

4. 收集与会记者及其他来宾对新闻发布会的反应,看看他们对本次会议有什么意见,以便今后改进工作。

第二节　庆典活动

社会组织一般会在内部发生值得庆祝的重要事件时,在人们共同庆祝的重大节日里举行隆重的庆典活动。这种庆典活动实际也是一种展示组织形象、提高社会知名度的公关活动。

一、庆典活动的类型

(一)开业典礼

为了引起人们的注意,很多商场、公司、酒店等在开张之时都要举行隆重的庆典活动,这便是开业典礼。

开业典礼是社会组织第一次向公众“亮相”,也是社会组织提高知名度、树立良好形象的极好机会。要使这种第一次的“亮相”在公众心目中留下美好深刻的印象,举行开业典礼就应该遵循庄重、热烈的原则。由于开业典礼既是社会组织的第一次“亮相”,又是一种很容易雷同的常见活动,因此,举办开业典礼既要精心策划，又要力求创新。

在举办开业典礼之前，公共关系人员需要做好充分的准备。要做好宣传，通过电视台、报纸、电台等各种新闻媒体，将组织就要开业的信息向社会进行广泛的传播，为开业庆典活动制造一种气氛。同时，还要确定好出席典礼的宾客名单、剪彩人及致辞人名单，安排好接待事宜、典礼程序、及助兴的节目等。

由于开业典礼一类的活动司空见惯，很难引起人们的注意。如果没有较高的立意和较强的创新意识，这类活动很容易流于形式。这就要求公共关系人员在策划开业典礼活动时，对所要举行的开业典礼活动有一个恰当的定位，以新颖的创意、完整的程序、丰富的内涵来吸引公众的注意。要使开业庆典办得既隆重热烈、又富有情趣，把组织的生日变成社区公众共同参与的节日活动。

成功的开业典礼活动既可以树立良好的组织形象，又能在公众心目中留下美好的印象。温州华联商厦的开业典礼就是一个典范。

温州华联商厦是全国华联商厦集团成员单位之一，是温州市建国以来建设规模最大、投入资金最多的全民商业企业，也是当时浙南地区功能最齐全、设施最先进的大型综合性商业企业。为了从开业伊始树立起良好的"华联印象"，公关人员成功地策划了"华联"的开业庆典，从而为"华联"展开了光辉的一页。

在举行开业典礼之前，温州华联商厦的公关人员就有一个共识，那就是：商厦仅有一流的设施，一流的商品，一流的服务是不够的，还应塑造一流的企业形象。为此，他们确定了商厦开业庆典活动的两个日标。一是做到家喻户晓：通过开业庆典活动，让社会各界和市民普遍了解商厦经营范围的广泛，横向联系的优势，资金实力的雄厚，服务设施的现代化等，使消费者产生到"华联"购物是最理想的去处、到"华联"购物是一种超级享受的心理；二是做到先声夺人：通过开业庆典活动，引发全市所有新闻、传播媒介的广泛报道、宣传，形成具有一定强度的舆论震动波，使商厦在温州商界成为一枝独秀，给市民留下深刻的印象，从而在市民面前树立起良好的"华联形象"。为此，他们确定了以"满意在华联"为主题的系列公关和广告宣传活动。同时，他们还把"隆重、热烈、亲切、得体"作为开业庆典活动的基本格调。然后，他们对整个活动的过程进行了精心策划。

1990 年 9 月 21 日，温州华联商厦的开业典礼在商厦西门广场上隆重举行。商业部、中国商业对外贸易公司、省商业厅、华联集团总部、市政府等单位领导，以及全国各成员单位代表、有关单位代表、新闻记者等 200 余人应邀前来参加。在商厦四周的台阶上，100 名青年职工身佩绶带，手持鲜花，站立迎候宾客。在一片鞭炮声、鼓乐声中，伴随着白鸽、氢气球的升空，商业部领导、省商业厅厅长、华联集团董事长、温州市副市长等为开业剪彩。然后是别开生面的"滚龙队"时装表演。现场气氛非常热烈，对公众产生了强烈的吸引力。

"温州华联"的开业庆典活动比预期的效果还要好。商厦的大门一开，成千顾客蜂拥而至。仅开业的第一天，客流量就达 5 万多人次，营销额突破 60 万元。

(二)周年纪念庆典

社会组织利用本单位的周年纪念日，尤其是逢 5 年、10 年的纪念日举行庆典活动，既可以对外宣传本单位的成就，扩大社会影响；又可以对内展望未来的远景，鼓舞士气，凝聚人心。从这个意义上说，周年纪念庆典也是一种很好的公关活动。

与一般的庆典不同的是，周年纪念庆典一般都备有纪念册，通过文字、图片、图表等，全面介绍该组织的成就、现状和远景。如加拿大太平洋公司，就在百年纪念时印制了一本精美的画册，把创办以后所用的广告汇集起来，从中可以看到它的发展过程。在举行周年纪念庆典活动时，还可以专门制作有纪念意义的纪念章、印有本单位庆典活动字样的茶杯、毛巾、T恤衫、提包等。把这样的纪念册、纪念章和纪念品作为礼物送给来宾与记者,有助于树立组织形象,扩大社会影响。把一些纪念品发给员工,还可以使员工感到有一种主人翁的自豪感,起到鼓舞士气的作用。另外,在举行周年纪念庆典活动的同时,组织还可以举办到该年为止的成就展览,利用实物、文字、图片、幻灯、录像等传播媒介,集中展示、宣传本单位所取得的成就。

四川泸州老窖酒厂就利用荣获国际金奖之机,举办了一次成功的庆典活动。

1987年9月,泸州老窖酒厂生产的泸州老窖大曲酒荣获曼谷国际饮料食品展览会惟一金奖——“金鹰杯”奖。喜讯传来,全厂上下欣喜若狂!以这一事件为契机,厂里精心策划,开展了一系列的庆祝活动:首先,他们组织了迎金奖大游行。游行队伍敲锣打鼓,到火车站迎接金鹰奖杯。此举轰动了整个泸州城,市民们争睹金奖奖杯,纷纷赞扬他们为泸州人民争了气,为国家争了光。其次,他们专门向省、市领导报喜,感谢上级的支持与指导。为此,省政府马上发来贺电,市政府专门召开全市大会给予高度赞扬。再次,到首都人民大会堂召开庆祝大会,邀请全国人大和政协的领导人、有关部委的领导人以及首都各大新闻单位的记者到会祝贺。会后,50多家新闻单位发了专稿,泸州老窖的美名传遍了全国。自1987年以来,四川泸州老窖酒厂每当荣获国际金奖时都举办庆祝活动,企业的知名度与美誉度不断提高。

(三)剪彩仪式

通常,在开业、展览时,或在具有较大意义的工程项目的开工与竣工时,一般都会举行一个剪彩仪式。

剪彩仪式起源于商店开张。据说,美国人做生意保留着一种习俗,即一清早必须把店门打开。为了使人们知道这是一家新开张的店铺,还要特地在门前横系一条布带。因为这样做既可以防止店铺未开张前闯进闲人，又可起到引人注目、标新立异的作用。等店铺正式开张时才将布带取走。1912 年，美国圣安东尼奥州的华狄密镇上有一家大百货公司将要开张，老板威尔斯严格地按照当地的风俗办事，在早早开着的店门前横系着一条布带。万事俱备，只等开张。不曾想，威尔斯 10 岁的女儿牵着一只哈巴狗从店里匆匆跑出来，无意中碰断了这条布带。这时在门外等候的顾客及行人以为百货公司正式开张营业了，便蜂拥而入，争先恐后地购买货物，一派生意兴隆的景象。不久，当威尔斯的一个分公司又要开张时，他想起了第一次开张时的盛况，便如法炮制。这次他有意让小女儿把布带碰断，果然财运又不错。于是，人们认为让女孩碰断布带的做法是一个极好的兆头，因而争相效法，广为推行。此后，凡是新开张的商店都要邀请年轻的姑娘来碰断布带。后来，人们又用彩带取代色彩单调的布带，并用剪刀剪带代替碰断彩带，有更讲究的还使用金剪刀。这样一来，人们就给这种做法正式取名叫“剪彩”。为了提高剪彩仪式的档次，人们还请来一些德高望重的社会名流甚至是国家领导人进行剪彩。

在剪彩的过程中，剪彩者应该始终保持一种庄重的姿态：当走向剪彩的绸带时，要不慌不忙，步履稳健，面带微笑；当礼仪小姐用托盘呈上剪彩用的剪刀时，要点头微笑表示谢意；剪彩之时，要全神贯注，张开剪刀，对准绸带，干净利索地将它剪断；剪彩完毕，放下剪刀，要面向公众鼓掌致意。

二、庆典活动的策划与实施

虽然庆典活动司空见惯，但要把庆典活动办得圆满成功却又不是那么容易的。尤其是大型的庆典活动，牵涉面广，工作具体而复杂，公关人员一定要精心策划，周密实施。具体地说，要办好一次庆典活动必须认真做好以下工作。

1. 确定邀请宾客的名单。邀请的宾客应包括政府有关部门负责人、社区负责人、知名人士、社团代表、同行业代表、新闻记者、公众代表等。请柬应尽可能早地寄出,以便被邀请者安排时间,按时出席庆典活动。

2. 制定典礼程序表。庆典活动的一般程序为:宣布典礼或仪式开始,宣读重要来宾名单;剪彩或授旗、授勋、签字与互换文本;致辞。程序表要提前印制好,在宾客到来之前分发到每个座位上,也可以在签到时发给宾客。

3. 确定致辞人员名单,并为本单位负责人拟写演讲稿,如要请贵宾致辞时,应提前通知他们,以便让他们作好充分准备,并在活动开始前逐一落实。

4. 确定剪彩人员或发奖人员名单。在剪彩人与发奖人名单中,既要有一些请来的上级领导、社会知名人士,也要有本单位的负责人。

5. 安排好工作人员与服务人员。应事先确定接待、放鞭炮、摄影、录像、播音等有关的工作人员与服务人员,这些人员要在庆典活动开始前和庆典活动过程中在指定的岗位上各司其职。为剪彩服务的礼仪小姐以穿红色旗袍为宜,身披绶带,化好淡妆。

6. 接待好新闻记者。要安排专人接待新闻记者,为他们提供方便。大型的庆典活动最好设立新闻中心,其组织方法与新闻发布会相似。

7. 典礼开始前5分钟,要有专人引导贵宾及本单位负责人进入既定区域。主席台上的座位以正中间为大,分左右两边依次排开。对一般宾客也应热情周到地安排座次,切不可冷淡他们。

8. 有些庆典活动还要在仪式结束后由专人陪同来宾进行参观。

第三节　展览会

举办展览会也是社会组织常用的公共关系专题活动方式之一。展览会是一种通过实物、文字、图表来展示某组织的成果、风貌、特征的宣传形式，它对塑造和巩固组织形象起着重要的作用。

一、展览会的类型

有各种类型的展览会。下面就从展览会的规模、内容、性质、时间、地点等几个方面对展览会进行分类：

(一)按展览会的规模分

1. 大型展览会。其规模可大至世界性的博览会，如在我国昆明举办的"世界园艺博览会"等。这类展览会是综合性的，参展的组织多，展出的项目多，涉及面也广，需要有较高的专业技术水平才能办好。

2. 小型展览会。规模较小，如"某某绘画作品展"、产品展示等。这类展览会常常由一个组织自己举办，展出的项目比较单一。

3. 微型展览。这是一种最小规模的展览，如商店橱窗的商品展览、某组织的宣传橱窗展示、流动展览车等。

(二)按展览会内容分

1. 综合性展览会。综合展示一个国家、一个地区或一个组织的建设成就，既有整体概括，又有具体形象，观众参观后会有一个比较完整的印象。如"中国改革开放 20 年成就展"、"世界博览会中国馆"等。

2. 专业专题性展览会。介绍某一专业或专题的情况，虽不要求全面系统，但也要内容集中、主题鲜明、有一定深度。如"上海市仪表工业展览会"、"防火安全展"等。

（三）按展览会性质分

1. 贸易性展览会。举办这种展览会的目的是为了促进商品交易，展出的也是一些实物产品和新技术等。这种展览会有一个最大的特点，那就是商品展览与订货销售融为一体，如我国每年春秋两季在广州举行的“中国出口商品交易会”等。

2. 宣传性展览会。通过展品向观众宣传某一思想或观点，或让观众了解某一史实，其特点是重在宣传，没有商业色彩，展品通常是照片、资料、图表及实物等。如“肩负人民的希望——中国共产党建党80周年纪念展”、“反邪教展览”等。

（四）按展览会时间分

1. 长期展览。展览形式是长期固定的，如故宫博物院、敦煌博物馆等。

2. 定期展览。展出内容定期进行更换，如北京和上海的工业展览会。

3. 短期展览。这是一种展出时间较短，展览结束后即行拆除的展览会。如“秋季服装展销会”等。

（五）按展出地点分

1. 室内展览。在室内举行，不受天气影响、不受时间限制，可展出较为精致、价值很高的展品。如“中国著名书法家作品展”、“景德镇名瓷艺术展”等。

2. 室外展览。在室外举行，规模可以很大，布展也比较简单，但会受到天气的影响。如“洛阳牡丹展”、“国产轿车展”等。

3. 巡回展览。这是一种流动性的展览，往往利用车辆运往各地巡回展出。如“农业科技书刊巡回展”等。

二、展览会的特点

作为公共关系专题活动方式之一的展览会，有着以下一些特点。

(一)直观、形象、生动,能产生强烈的传播效果

从传播的角度看,展览会能够运用多种信息载体进行立体传播,如声音(讲解、交谈、广播等);文字(说明书、介绍材料等);图像(照片、幻灯、录像、电影等);实物(模型、产品等);人物(模特儿等),可以利用各种媒介的优势强化传播的效果。

一般展览会的展品以实物为主,辅以现场宣传讲解和示范表演。精致的实物,形象的画面,动人的解说,优美的音乐,再加上生动的艺术造型,这种有机的结合,能产生一种引人入胜的感染力。如时装展览会,不仅陈列有各种款式新颖、色彩鲜艳、风格各异的时装,还有文字、图表介绍服装的性能特点;不仅有服装设计师和缝制师的当场介绍、示范,还有时装模特儿的精彩表演,深受人们的欢迎。这样的展览会会场气氛往往十分热烈,信息传播的效果也极其强烈。

(二)能有效地引起新闻媒介的注意

由于展览会本身及其展示的内容都具有一定的新闻价值,因而会吸引新闻界的注意力。也正因如此,许多组织经常举办各种形式的展览会、展销会,进而制造新闻由头,引来新闻记者进行报道,提高组织的知名度和美誉度。

(三)能给组织提供与公众直接进行双向沟通的机会

在展览会上,本组织的工作人员可以广泛接触社会各界人士,直接与观众就双方感兴趣的问题进行交谈与讨论,并可利用这一机会解答一些问题。这样,既让公众了解了组织,组织也对公众有所了解,能及时收集反馈信息,根据公众意见和需求改进组织的工作。这种双向沟通针对性强,收效大,而且具有人情味。

三、展览会的策划与实施

举办展览会是一件比较复杂的工作,需要公共关系人员用自己的聪明才智对其进行策划与实施。

(一)必要性和可行性分析

在举办展览会之前,首先要分析其必要性和可行性。展览会是大型综合性的公关专题活动,需投入较多的人力、物力、财力,如不对其必要性和可行性进行科学的分析论证,就有可能造成两个不良后果:一是费用开支过大而得不偿失,二是盲目举办而起不到应有作用。所以,应对展览会的投入与产出(物质的、精神的)算一笔细账。如果经过分析论证,认为有必要举办并且举办方案也切实可行的话,才能决定举办展览会。

(二)会务工作

在确定举办展览会之后,应认真做好各项会务工作。

1. 明确展览会的主题和目的、展览会的传播方式和沟通方式,确定整个展览活动的领导者、策划者、执行者和工作人员。

2. 确定参展单位和参展项目。根据主题和目的组织参展单位和参展项目,可采用广告和发邀请的形式体现展览会的宗旨、项目类型、要求及费用预算等。

3. 有针对性地搜集各种参展资料,把所有展品作有机的排列、组合,以便使展览会办得井然有序。

4. 指定展览文本的主编。主编要负责设计并确定会标,构思整个展览文本的结构,撰写前言及结束语,并向各分展区(或展版)文本的编辑说明总体布局、以及各部分之间的衔接要求。

5. 选择展览场地。首先要考虑方便参观者,如交通便利、容易前往参观等;其次要考虑场地的大小、质量、设备等;第三要考虑场地周围的环境是否与展览会主题相协调;第四要考虑辅助设施是否容易配备和安置,如停车场地等。江苏某地举办展览会,开幕式那天,不少来宾乘着大小车辆而来,因展览场所地处繁华地段,交通相当拥挤,又无停车场所,结果交通堵塞。许多新闻记者目睹此景,电视台记者还录了像,在晚上的新闻节目中播出,给主办单位带来了负面影响。

6. 预计参观者的类型和数量。使展览会的策划者能针对观众特点设计、制作版面。

7. 搜集展品,完成设计制作。展览会各分部的负责人要根据展览大纲到各参展单位搜集实物和有关资料,撰写展览文稿并提交设计室,由设计师、摄影师、美术师完成设计、排版、绘制、放样,再由制作组负责版面上的文字图表制作、裱贴和版面的加工、美化等。

8. 培训工作人员。展览会工作人员的素质和工作技能对整个展览的效果影响很大。理想的工作人员应具备三个条件:一要懂得展览项目的专业知识,能为观众提供专业咨询服务;二要善于交际,讲文明、懂礼貌,能得体地与各类观众交流;三要仪表端庄、大方。应对所有工作人员进行必要的专业知识和公关技能培训。

9. 成立专门的新闻发布机构,负责与新闻界进行联系,制订新闻发布计划,邀请新闻界采访、报道,撰写新闻稿。及时向社会传播有关展览会的各种信息,扩大参展单位及整个展览会的影响。

10. 准备辅助设备和相关的服务项目。落实观众接待室与休息室,划定停车场地。在入口处设置签到处、咨询部、服务台,绘制展览会平面图等。

11. 准备好辅助宣传资料。设计与制作展览会的会徽、会标及纪念品,制作好介绍参展单位和参展项目的幻灯片、录像带,印制说明书、目录表、宣传小册子和传单等,供展出时分发。

(三)评估展览效果

展览会结束后应做好评估,总结经验、吸取教训,以利于以后的展览办得更好。评估应在展览期间就开始,如在出口处设置观众留言簿;召开观众座谈会听取意见和建议;留心新闻媒介对展览会的报道和评价。会后还可通过上门访问、发调查问卷等进行民意测验,了解展览会的实际效果。

四、展览会的经费预算

做好展览会经费的预算和使用计划，是举办展览会的重要工作之一。展览的经费开支主要有以下几项：

1. 场地使用费，包括各种设备使用、能源等费用。

2. 设计制作费，包括材料费。

3. 工作人员酬金，主要是工资、津贴、差旅费等。

4. 传播媒体租用费，包括电视台、电台、报社、杂志社发布展览广告的费用等。

5. 纪念品、宣传品制作费。

6. 联络与交际费，包括举行招待会、购买茶点、接待宾客及交际应酬的各种费用。

7. 运输费，即展品运送的费用。

8. 保险费，贵重物品在展览期间要办保险所花的费用。

除以上费用外，还应有一定的预备金，以备调剂补充之用。预备金一般占总费用的5%－10%为宜。

第四节　赞助活动

社会组织的生存与发展，需要有一个良好的外部环境。融洽与政府和社区的关系，是社会组织创造良好外部环境的重要途径；而开展赞助活动则是社会组织融洽与政府和社区之间关系的最为有效的方式之一。

开展赞助活动是社会组织对社会作出贡献的一种表现，而赞助活动本身也是综合运用多种传播手段树立本组织良好形象的公共关系活动。现在，越来越多的社会组织、企业家认识到，自身的发展离不开社会的支持，作为社会的一员，自己也应对社会的发展承担一定的责任和义务，为社会贡献一份力量。因此，现在越来越多的社会组织(尤其是企业)拿出一定的资金对社会的福利事业等进行赞助。

从数量上看,现代社会开展赞助活动的主要是企业。因此,我们在这里主要以企业的赞助活动为例。

一、开展赞助活动的作用

企业开展赞助活动,可以起到以下作用。

(一)为企业赢得良好声誉

赞助是一种现代的施舍形式。企业通过对某些社会福利事业、社会慈善事业、社会公益活动进行赞助,可以在社会公众心目中留下关心社会、致力于公益事业的美好印象,受到社会舆论的好评,从而为企业赢得良好声誉。法国巴黎有一家服装公司,每年为社会免费培养一批金融人才。在政府组织的一次民意测验中有这样一个问题:"您以为有哪三家企业最为社会利益着想。"揭晓时该公司名列榜首,赢得了公众的广泛赞誉。

(二)扩大企业的社会影响

企业在对公益事业,尤其是对体育比赛、文娱活动的赞助过程中,企业的名称和产品的商标等都会频繁出现在新闻媒介的广泛报道之中,进而形成一种广告攻势,本企业的知名度会大大提高,社会影响也会进一步扩大。如电视台转播的"卡西欧家庭演唱赛"、"健牌杯桌球赛"等,都使企业的名称和产品商标深入人心。尤其是通过对世界性体育比赛,如亚运全、奥运会的赞助,更能让企业的知名度得以在世界范围内弘扬,"健力宝"饮料就是通过对国内国际几次大型体育赛事的赞助之后畅销全国、走向世界的。

(三)博得社会公众的好感

开展赞助活动首先是能使企业赢得与赞助项目直接相关的组织与公众的好感,同时也能使企业赢得其他社会公众的好感,从而产生一种口碑效应。广州白云山制药厂在某地发生大水灾时,把大批药品运往灾区，免费赠给灾民，赢得社会公众的普遍好感，人们盛赞该厂行为高尚。

（四）提高企业的社会效益

开展赞助活动之后，企业赢得了社会公众的普遍好感，知名度与美誉度高了，企业的整体形象也好了。这些虽然不能直接取得经济效益，但却为企业的生存、发展创造了一个良好的外部环境，提高了企业的社会效益。在20世纪70年代，日本轿车在印度尼西亚不受欢迎，常在雅加达街头遭到焚烧。后来，日本人在印度尼西亚策划实施了许多赞助活动，赞助该国的各类慈善事业，这样一来，日本在印尼的贸易环境很快得到改变。到80年代初，印尼的轿车大多数都是日本货了。

二、赞助活动的类型

现代企业的赞助活动有多种类型，常见的主要有以下几种：

（一）赞助体育运动

这是企业赞助最常见的一种形式。随着人民生活水平的提高，人们对体育运动的兴趣也越来越大。这样，企业通过对体育运动的赞助，给公众施加影响的广度和深度都增大了。进行体育运动的赞助，一般都出于增强广告效果的目的。例如，广东神州热水器厂赞助研制替代进口的轻型亚运火炬，随着第11届亚运会圣火在全国各地的传递，神州热水器厂的名声大噪。又如，从1982年起，日本电器公司（NEC）每年耗费10亿日元赞助戴维斯国际网球赛、女子网球联合赛等一系列国际体育比赛，使该公司自1982年起的3年内，营业额净增5000亿日元，收入净增240亿日元，出口份额从15%跃至32%。无怪乎该公司一位要员直言不讳地宣称："这真是一本万利的买卖，投入少见效快，无论何人，只要他看到如此巨大的产出与投入之比，是不可能对此撒手不干的。"

(二)赞助社会福利与慈善事业

这是企业与政府和社区融洽关系的重要途径,也是企业向社会表明其承担义务和责任的手段。例如:1984 年,中美合营的香满楼畜牧有限公司投产时曾开展义卖活动,把近一个月的 30 多万元收入全部捐献给广州残疾人福利基金会。这一做法,迅速提高了该公司的知名度和美誉度。又如:海南九龙集团捐款 100 万人民币,支持中国儿童综合发展事业。1993 年 6 月 1 日晚,海南九龙集团为中国儿童综合发展事业赠款的仪式在北京人民大会堂隆重举行,林佳楣、雷洁琼、王光英、秦基伟、王丙乾等人出席了捐赠仪式,中央电视台进行了专题报道。通过这一赞助活动,使公众对该企业产生了好感,极大地提高了海南九龙集团关心社会公益事业的良好形象

(三)赞助教育事业

赞助教育事业,既有助于教育事业发展,又能使企业取得良好的公关效果,是一举两得的好事。据《中国教育报》报道:知名发明家、中国咸阳保健品厂厂长来辉武,1993 年 6 月捐赠 50 万元,设立了延安大学"505"奖励基金,该奖励基金旨在奖励延安大学的模范教师、优秀学生等。来辉武近年来已先后为我国科技、教育、医疗卫生、文化、体育、残疾人、老龄人等社会公益事业捐资 1800 余万元,其中用于支持教育事业的捐款达 1300 余万元。香港企业家霍英东、李嘉诚、邵逸夫、曾宪梓等人也先后捐资设立各种教育奖励基金,资助国内教育事业的发展,其中邵逸夫一人即捐资 6 亿元,资助数 10 所学校建图书馆和教学楼。这些赞助活动极大地提高了这些企业家在人们心中的美誉度。

(四)赞助文化事业

进行文化事业方面的赞助,不仅可以培养与公众的良好感情,而且还可以大大提高企业的社会效益。例如:1985 年 5 月,广州花园酒店和广州市妇女联合会,共同举办了我国首次"母亲节"征

文比赛和表彰模范母亲的活动,征文获奖者和模范母亲当选者在“母亲节”那天到酒店参加文娱活动并领取奖品。这次活动引起新闻界和社会各界的普遍兴趣,也为这家开业不久的酒店赢得了很高的声誉。1993年3月,海南国际招商股份公司无偿赞助中央乐团60万元,资助一些严肃音乐的高水准演出,以及聘请一些专家进行艺术指导和学术交流。“海国招”赞助高档文化事业的行动,受到各界的好评。正如闻名全球的菲力浦公司经理乔治·威斯曼所言:“容纳艺术将使一家公司更强大。”企业赞助文化艺术事业确实是一举多得的好事。

三、赞助活动的策划与实施

现代企业应该重视并善于参加赞助活动。但是,企业应该怎样进行赞助才能获得最佳的信誉投资效果呢?这就需要公共关系人员对赞助活动进行精心策划和周密实施。

(一)选好赞助对象

赞助有两种形式,一是企业主动对某些组织予以支持。例如:1998年长江、松花江流域特大洪灾发生后,不少企业都纷纷赞助药品、防汛器材、群众生活物资及现金等。二是根据某些组织的请求,企业提出申请予以赞助。例如,第23届奥运会在筹备阶段发出赞助请求,两个月内就收到1.2万余家企业的申请。大多数企业都依据后者进行赞助。但是,如果企业想获得更好的信誉投资效果,就应该采取第一种赞助形式,即主动赞助。无论采取哪种形式的赞助,选择赞助对象都应该从企业的公共关系目标和经营政策入手,从被赞助的公益事业的具体情况出发,从而确定企业的赞助对象、赞助政策及具体办法。

企业开展赞助活动最根本的要求是使企业和社会同时受益,必须防止出现赞助与企业的公共关系目标和企业的整体目标相脱离的现象。为此,企业一方面要调查了解接受赞助的组织其公益事业情况怎样,主要内容有:接受赞助的组织过去开展公益事业的情况,包括社会公众的舆论与评价;现在请求赞助将开展哪些公益活动?这些活动是否有益于社会?有哪些措施保证?等等。另一方面,企业要组织一个专门的赞助机构,负责赞助的事宜,以便从组织上保证赞助工作的顺利进行。

(二)制定赞助计划

在选择赞助对象的基础上,由负责赞助工作的机构,根据企业的赞助方向和政策,制定出切实可行的赞助计划。赞助计划一般包括:赞助的宗旨、赞助的对象、赞助的费用预算、赞助的形式、开展赞助的组织管理等。赞助计划是赞助研究的具体化,一定要尽量具体和留有余地,控制赞助范围,做到有的放矢,防止赞助的规模超过企业的承受能力。

(三)评估赞助项目

对每一项具体的赞助项目,赞助工作机构都应进行评估。首先是对赞助项目进行总体评估,检查是否符合赞助方向;其次是对赞助效果进行质和量的评估。质的评估内容主要是:这次赞助向社会表明企业承担了哪些社会责任和义务?社会公众将会有什么评论?能否起到树立企业良好形象的作用?这种作用有多大?量的评估则主要是从通过赞助对公众的影响面究竟有多大等方面进行,可用数量进行估测。在可行性分析的基础上,再确定赞助的款额、赞助的具体方式、及赞助的时机,以便制订此项赞助活动的具体实施方案。

(四)实施赞助方案

赞助方案的实施应由赞助机构指派专人负责落实。要与接受赞助的组织联系赞助事宜,有的赞助还需要签订赞助协议书或合同(如奥运会、亚运会、全运会的赞助)。在实施的过程中,公关人员应该充分运用各种有效的公共关系技巧,使企业尽可能借助赞助活动扩大其对社会的影响。

在中国第6届全运会(1987年)上,富士公司的赞助就颇有新招。公司除了提供赞助款、为采访全运会的每位摄影记者免费赠送15卷富士胶卷、并设立服务台免费为采访记者冲洗外,还给采访全运会的每位记者提供一件色彩鲜艳的太空背心,上面赫然印着"富士胶卷——第6届全运会指定胶卷"字样。全运会开幕不几天,广州市的气候突然下降十几度,无衣御寒的记者们不得不纷纷穿上"富士背心"。他们为抓新闻四处奔波,自然成了富士公司的活广告。

(五)检测赞助效果

一次赞助就是企业的一次重大公关活动。因此,在赞助活动结束时,应该进行活动效果的检测。在检测过程中,大量的工作是调查,要广泛收集各个方面如公众、新闻媒介、赞助对象等对此次赞助的看法与评论。看看预定的计划与评估的内容是否相符?完成了或达到了哪些预定指标?还有哪些差距?出现差距的原因是什么?并把这些写成总结报告上报有关领导,然后归档留存,为以后开展赞助活动提供参考。

四、赞助的注意事项

企业在进行赞助时,应该注意以下三个问题。

第一,要优先考虑对各种社会福利事业与活动、公共设施建设、以及教育事业的赞助。这样做既能表明企业对社会承担了一定的责任和义务,又比较容易获得社会各界的普遍好感,从而树立企业的良好形象。

第二,任何形式的赞助,都不能超出企业的承受能力。因此,制定赞助计划一定要留有余地,以防突然发生重大灾害等需要企业提供赞助时而造成被动。并注意留存一部分机动款项,作为遇到临时、重大活动时的赞助备用金。

第三,对各种明显不能满足其要求的征募者,应坦率而诚恳地解释企业的有关政策。也不要屈服于某种威胁利诱，必要时可诉诸社会舆论和法律，以保障企业的合法权利。

第五节 开放参观活动

这里的开放参观，指的是社会组织邀请内外公众(主要是外部公众)参观本组织的工作条件、环境设施、成就展览等。请公众代表参观本组织，可以争取公众对组织的了解和支持，扩大组织的影响，在社会公众中树立良好形象。从这个意义上说，开放参观也是一种公共关系专题活动。

一、开放参观的作用

社会组织对外开放参观可起到以下几方面的作用：

(一)提高社会组织的透明度

社会组织对外开放参观，无疑是主动把自己暴露在公众的视线之下，让公众直接了解组织各方面的情况，大大提高组织的透明度。

(二)增加社会组织的“人情味”

组织对外界开放，通过对来宾的礼貌接待，可博取公众对自己的好感，缩短组织和公众之间的距离，促使感情互动，增添组织的人情味。

(三)为组织与公众直接沟通提供机会

开放参观的过程就是组织领导人与工作人员同各界参观者直接接触的过程。通过演讲与座谈，介绍组织的情况，回答和解释参观者提出的问题和疑虑，倾听参观者的意见、感想和建议。这样，就为组织与公众之间进行双向沟通提供了极好的机会。

(四)形成一种压力，促使组织总体素质的提高

组织要对外开放参观，就必须注意自己的环境形象，人员素质

形象等，以便给观众留下一个好的印象。所以，无形中会对组织产生一种压力，促使管理者努力提高管理水平，促使全体员工注意自己言谈举止的文明礼貌和仪表服饰的端庄大方，使组织的总体素质得以提高。同时，公众代表参观之后也会提出一些意见和建议，这会形成另一种压力，促使组织再根据反馈信息，修正组织的方针、政策，完善各种措施，把工作做得更好。

(五)消除公众对组织的误解或疑虑

一个组织难免会由于某些客观或主观因素的影响，让某些公众产生误解或疑虑。在这种情况下，对外开放参观就是一剂消除误解、排除疑虑的良药。例如：上海纺织局第三医院添置了一台医用X光直线加速机，用来为癌症病人作放射性治疗。但当由山口百惠主演的日本电视剧《血疑》风靡上海时，居住在医院机房附近的居民，由于对机房的结构及医用X光直线加速机工作原理不了解，怀疑会因高能X光射线的影响而致癌，于是由恐惧发展到愤怒，继而强烈抗议医院的做法，坚决要求停止用X光机，引起了一场不大不小的风波。这时候，医院便摘下了“机房重地、闲人免进”的牌子，打开大门组织居民参观并作介绍，让居民了解事实真相，一场误解和即将引发的纠纷就在开放参观中消除了。因此，国外一些公关专家把对外开放参观称为“回天之术”。

二、开放参观的类型

对外开放参观一般有以下几种类型：

(一)专题性参观和常规性参观

专题性开放参观是有特定的目的、围绕一个专门确定的主题而进行的。如上海电视台为了使本台职工家属支持和协助职工工作，曾组织过一次本台职工家属参观电视台的活动，让他们知道自己的亲人所从事的工作多么崇高，多么重要，使他们为自己的亲人感到骄傲。通过参观，产生了很好的效果，家属们都能体谅亲人，毫无怨言地主动承担家务，支持亲人的工作。

常规性开放参观一般没有特定的主题，是组织常规工作的一项内容。如每逢工厂周年纪念日、传统节日、或每月一次的定期开放参观等。

(二)特殊参观和一般参观

特殊参观，就是对特定公众对象开放的参观。如上级部门领导人的视察参观，组织学生来单位参观等等。一般参观，就是对公众对象不加限制的参观。这种参观应事先通过“安民告示”或其他传播手段广泛宣传开放参观的目的、时间及参观须知，争取尽可能多的参观者来组织进行参观。

三、开放参观的对象

社会组织应该请哪些人来组织进行参观呢？一般情况下，开放参观的对象主要有以下九类：

1. 社区居民、一般公众。
2. 企业团体、生产协作者、原料供应者、经销商、运输公司等。
3. 股东、股票经纪人、金融舆论专家等。
4. 金融机构、律师协会、新闻界团体、保险公司、卫生检查团、环境保护组织等。
5. 各级政府部门、上级主管单位、党政要人。
6. 专家学者、各界名人、记者、舆论领袖等。
7. 高等院校的师生、科研院所的研究人员、各类智力团体和文化组织。
8. 各种慈善组织和社会福利团体。
9. 海外的客商、投资者、观察家等。
10. 员工代表及员工家属。

四、开放参观的组织

要使对外开放参观活动取得良好的公关效果,必须做好周密的组织工作。在组织参观活动之前,要成立一个专门小组,并指定一位高层领导人进行负责。其成员应以公关人员为主,包括人事部门、行政部门的负责人及与参观主题有关的职能部门的负责人等。他们既要做好参观前的准备工作,也要做好参观过程中的接待工作。

(一)开放参观前的准备工作

1.确定对外开放参观的时间。注意开放参观时间的合理性,如要考虑节假日因素,天气变化等。

2.准备好宣传资料。主要是供参观用的小册子及说明书,内容应简明扼要、深入浅出,不用或少用深奥的概念和专业性很强的术语,可介绍参观的一般过程及本单位的基本情况。小册子要带有纪念意义。还须准备好介绍组织情况的幻灯片、录像带和电影资料等。

3.准备好展览用的实物和模型。展示一些实物可以起到引导参观的作用,规模大或较分散的组织,适当使用模型可以起到见微知著的作用。

4.准备好辅助设施和纪念品。如停车场地、休息场所、会议室等。参观场所应设路标,对特殊参观还应根据对象作特别准备,如用餐、用车等。另外还要准备好象征着组织产品、代表和组织形象的小型纪念品

5.挑选和训练工作人员。主要是挑选和训练接待人员、陪同人员和讲解员。

(二)参观过程中的接待工作

当参观者进入组织以后,就须按照以下程序做好参观过程中的接待工作:

1. 先给参观者放映介绍组织情况的幻灯、录像或电影，分发说明书、宣传小册子，并请组织负责人讲话，帮助观众了解组织的概况。

2. 引导并陪同参观者沿预定路线参观，同时作必要的介绍、解说，回答提问。参观人数多时，可分为5人－10人的小组，也可让参观者自行参观，只在主要场所让讲解员作些说明。

3. 时间较长的参观，中间要安排适当的休息。

4. 参观结束后，可与参观者座谈，最后分发纪念品。

5. 在参观过程中，若参观者提出特殊要求，工作人员要先与有关管理人员或负责人商讨后再作答复，以免妨碍正常工作或发生意外问题。

后　　记

当新世纪的曙光照耀大地时,开放的中国终于迎来了世界的微笑。伴随着申奥的成功和即将加入世界贸易组织,中国正以坚定的脚步走向世界,向世界展示自己的形象和魅力。

作为一门塑造组织形象的社会科学和管理艺术,公共关系正面临难得的发展机遇,必将为我国的政治、经济、文化的发展发挥更大的推动作用。总结我国公共关系的实践经验,推动我国公关理论的不断发展,是新世纪我国公关界的迫切任务。《实用公共关系学》的撰写和出版即是我们为普及公关知识,探索公关理论的新发展而作出的努力。

本书由江西省自学考试办公室肖辉研究员任主编,江西师范大学赵卫宏副教授、北京联合大学程德林博士、江西省自学考试办公室蔡寿春副研究员任副主编。在编著过程中,首先由肖辉、蔡寿春、赵卫宏策划酝酿,后由赵卫宏、杨颖、程德林设计全书框架,制订内容纲目,并组织编写。编写成员几次会商,对全书的体例和章节内容进行了充分的讨论和认真的修改。编写成员有:江西省自学考试办公室肖辉、蔡寿春,北京联合大学程德林,江西师范大学赵卫宏、杨颖、吴艳、欧阳芬,南昌大学刘桂莉,江西财经大学王晓春,江西行政干部管理学院傅箭星,南昌高等专科学校周丽云。编写工作按照文责自负的原则,采取集体讨论、分散撰写、集中审定的方式进行。具体分工如下:第一章:杨颖;第二章:傅箭星;第三章:欧阳芬;第四章:赵卫宏;第五章:刘桂莉;第六章:肖辉;第七章:王晓春;第八章:王晓春;第九章:周丽云;第十章:吴艳;第十一章:蔡寿春;第十二章:程德林。在本书的编写过程中由于我们水平有限,书中肯定会有不少的疏漏和缺点,在此恳请专家、读者批评指正。

作　者

2001 年 7 月